2024년 12월 3-4일 국회에 침입한 707특공대와 대치하는 국회 보좌진들

넘고
넘어

넘고 넘어

12월 3일 비상계엄의 밤,
국회의장의 기록

부드러운 강골, 우원식의 결단

우원식 지음

"동이 트기 전, 계엄을 끝낸다"

아시아

들어가며

담장을 넘다

    2024년 12월 3일 22시 23분, 비상계엄이 선포되었다. 숨이 멎는 듯했다. 나도 모르게 1980년 광주가 떠올랐다. 친구들이 끌려가고 민주주의가 군홧발에 짓밟히던 기억에 소름이 돋았다. 다시는 그런 비극을 허락할 수 없었다. 나의 슬픔과 분노는 그때와 다르지 않았다. 그러나 책임은 달랐다. 1980년의 나는 군인이었지만 2024년의 나는 국회의장이었다. 계엄령을 해제할 수 있는 유일한 기관은 국회였다.

    국회 담을 넘어 집무실에 도착한 것은 23시 5분 무렵이었다. 헌법은 대통령이 계엄을 선포하면 지체 없이 국회에 통고해야 한다고 규정한다. 그러나 통고는 오지 않았다. 법과 원칙을 파괴하고 삼권분립의 질서를 교란하며, 총칼을 앞세워 민주주의를 짓밟으려 들었다. 시계는 흘러가고, 계엄군은 점점 국회를 조여왔다.

정명호 의사국장이 꺼내놓은 낡은 기록철 속에는 1964년 6·3 사태 당시의 〈계엄 해제 결의안〉이 들어 있었다. 먼지가 쌓인 기록이 그날 우리의 유일한 길잡이가 되었다. 우리는 60년 전에 만들어진 지도를 펼치고 가야 할 길을 더듬었다. 그사이 국회의장실 비서관들과 국회사무처 직원들은 뛰어다니며 모든 사무실의 불을 켰다. 나의 위치를 숨기기 위해서였다. 다급하게 사무실을 돌며 불을 켜다가 다쳐서 피를 흘리는 사람도 있었다. 한편에서는 계엄군의 진입을 막기 위한 준비에 나섰다.

돌아보면, 민주공화국을 지켜야 한다는 무거운 책무는 나 자신에게서만 시작된 것이 아니었다. 외조부 김한 선생은 항일독립전쟁기에 가장 피가 뜨거운 투사들이 모인 의열단의 단원이었다. 또한 임시정부의 법을 지키는 법무국 비서국장을 지냈다. 그분은 연해주의 고려인을 죽이고 강제추방하는 스탈린의 광란 속에서 비극적인 생애를 마쳤다. 시신조차 찾지 못한 채 연해주의 바람으로 사라졌다. 외조부와 함께한 수없이 많은 독립투사가 그토록 그리던 고국 땅을 밟아보지 못하고 서럽게 죽어갔다. 그렇게 목숨 바친 그들의 투쟁과 희생으로 되찾은 이 나라다. 광주시민의 희생과 항쟁으로 지켜낸 대한민국의 민주주의다. 그 피와 헌신 위에서, 나 또한 그날의 담을 넘어야 했다.

사람들은 자주 묻는다. 왜 목숨을 잃을지도 모르는 다급한 상황에서 그렇게까지 철저하게 절차를 지키려 했는가. 답은 분명하다. 그것이 헌법이 국회에 맡긴 책무이고, 국민이 국회의장에 맡긴 임무이기 때문이다. 나는 한 치의 빈틈도 없이 내게 주어진 임무를 수행하려고 했다. 민주주의는 누군가 대신 지켜주는 것이 아니다. 국민이 선출한 대표가 헌법이 부여한 권한을 바르게 행사할 때 민주주의는 숨을 쉰다.

　이 책은 나의 개인사가 아니다. 2024년 12월 3일, 대한민국 모두가 함께 써 내려간 민주주의의 기록이다. 담장을 넘은 다리와 의사봉을 두드린 손은 나의 것이었다. 그러나 그 순간의 결단을 가능케 한 힘은 거리에서, 가정에서, 일터에서 민주주의를 지켜낸 국민의 의지였다.

　국회와 광화문의 수많은 응원봉들, 남태령고개와 한남동 대통령 관저 앞의 키세스 시민단은 나를 비롯한 국회의원들에게 큰 감동과 영향을 주었다. '모든 권력은 권력은 국민으로부터 나온다'는 헌법의 조문이 우리의 삶 속에서 역동적으로 살아 숨 쉬고 있음을 확인시켜주었다.

　또한 그 위험한 상황에서도 목숨을 걸고 국회로 모여 훼손당한 민주주의를 살려내기 위해 끝까지 노력해준 동료 국회의원들과 정당들은 대한민국의 역사에 길이 남을 것이다. 한편 유흥식 추기경님은 윤석열 대통령 탄핵심판 선고를 앞두고 '우리 헌법이 말하는 정의의 판결'을 해달라고 헌법재판소에 호소했다. '정의에는 중립이 없다'라고 하신 말씀은 평소 내가 '중립은 몰가치가 아니다'라고 하는 말과 취지가 같아 크게 용기를 낼 수 있었다.

민주주의는 멀리 있는 이상이 아니다. 일상의 작은 선택과 용기로 지켜내는 것이다. 그날 대한민국은 무너질 수도 있었지만 무너지지 않았다. 국회가 있었고, 국민이 있었다. 그리고 그날의 기록은 앞으로도 민주주의의 등불이 되어 대한민국이 가는 길을 밝힐 것이다.

이 책은 담을 넘어, 나를 넘어, 우리 모두의 민주주의를 위해 쓰였다.

차례

들어가며_담장을 넘다   4

1 비상계엄의 밤

국회로 가야지	15
아! 이걸 하려고 그랬구나	20
강변북로를 달리며	25
한덕수 내각의 이상행동	33
함께 넘다	42
긴급회의 40분, 결의안으로 가자	48
'지체 없이'는 언제까지인가	53
동트기 전에 끝낸다	59
'지체 없이'는 여기까지다	64
사정의 변경이 발생했다	70
안건은 어떻게 되었는가	76
국회의장도 마음이 급하지요	82
계엄 해제 결의안 가결을 선포합니다	86
영웅의 이름	92

2 비상계엄을 해제하고

고개 숙인 계엄군	97
계엄법 위반을 경고한다	103
풀 죽은 한덕수 총리의 사과	109
안가를 준비하다	114
이심전심 유언비어 유포죄	118
내게는 넥타이가 있다	124
골드버그 미국대사와의 통화	131

3 탄핵의 길

탄핵소추안 발의	139
길었던 72시간이 지나가다	143
그 발을 들여놓지 말라	147
국회의원 선서로 돌아가자	153
혼신을 다해 호소하다	158
권력은 주머니 속에 있지 않다	163
'자진사퇴'와 '임기단축'의 함정	170

상설특검 대 일반특검	175
분노에 기름을 끼얹다	179
D-2	185
D-1일 밤	187
김대중 대통령의 100만 원	189
국민의 명령이다	193
계수기 소리를 읽다	198
땅! 땅! / 땅!!!	202
취소했던 송년회, 재개하시기를 당부드립니다	208
을지로위원회, 현장에 답이 있다	212

4 제2의 비상계엄

국회의장이 쏜다	223
국정조사를 결단하다	227
경제계와 군을 만나다	231
한덕수, 왜 다른 사람이 되었을까	235
최후통첩을 보내다	239
어느 것도 좋지는 않았다	247

151석인가 200석인가	252
참사와 위기의 국내 상황	258
최상목 부총리를 만나다	263
그래도 태양은 떠오른다	270
체포에 저항하는 대통령 윤석열	276
이익이 보이면 정의를 생각하라	283

5 파면의 밤

스스로 걸어 나오는 것이 최선이다	291
서부지법 난동을 부추긴 사람들	296
길어지는 탄핵심판, 가중되는 혼란	300
제주는 우리에게 묻는다	305
대통령 윤석열을 파면한다	310
권한 없는 요청은 접수하지 않는다	315
헌법재판소에 손대지 마라	320
할 일과 하지 말아야 할 일을 구별하라	325

6 역대 최고 신뢰도

징역 3년으로 다 갚지 못한 빚	333
5월 광주를 헌법 전문에 반드시 새기겠다	337
노무현 대통령님, 보고 계십니까	341
우리는 대한민국입니다	349
민주주의 최후의 보루	353
더 단단한 헌법을 만드는 개헌으로 가자	358
기억하는 것만이 역사다	363
광복 80주년 전야제	370
다시 현장민원실로	375
국회, 신뢰도 역대 최고가 되다	380

나오며 _ 우리가 함께 써 내려갈 내일	383

1

비상계엄의 밤

국회로 가야지

2024년 12월 3일, 화요일.

잊을 수 없는 그날의 시작은 다른 날과 크게 다르지 않았다. 첫 일정은 구미국가산업단지에서 올라온 외국투자기업 노동자들과의 만남이었다. 일본 기업이 100퍼센트 지분을 가진 이 회사는 그동안 대한민국 정부와 지방자치단체의 지원을 바탕으로 17조 원이 넘는 매출을 기록했다. 그런데 공장에서 화재가 발생하자 바로 회사 청산을 결정했다. 어려움에 처한 현장의 목소리를 듣는 일은 늘 무겁지만, 그럴수록 정치가 제 역할을 해야 한다고 다짐하게 된다. 나는 페이스북에 국회 차원에서 노동자들을 도울 방법을 찾아보고, 회사가 노동자들의 고용 승계 문제 해결에 나설 것을 촉구하는 글을 올렸다.

오전 10시 30분에는 국회의원, 직원들과 함께 김장을 했다. 이 행사를 마련한 것은 백혜련 의원이 회장을 맡고 있는 국회의 '생생텃밭' 모임이었다. 유네스코 세계문화유산에 등재된 김장 행사가 열리는 국회 앞마당에서 웃음꽃이 활짝 피었다.

저녁에는 키르기즈공화국 대통령과 만찬이 진행되었다. 당초에 계획된 만찬은 아니었다. 주한 키르기즈공화국 대사가 조오섭 비서실장에게 요청해서 결정된 만찬이었다. 키르기즈공화국은 이슬람 국가이기에 포도주로 하는 통상적인 건배사와 달리 포도주스로 건배사를 했다. 외교는 국회의장의 중요한 책무 중 하나이며, 그 기본은 상대국의 문화를 세심하게 배려하는 것이다. 우호적인 분위기가 이어지며 만찬이 길어졌고, 늦은 밤이 되어서야 공관으로 돌아왔다.

샤워를 마치고 침대에 누워 하루의 일과를 돌아보았다. 체력 하나는 타고났다는 이야기를 듣는데도 피곤이 몰려오기 일쑤다. 잠잘 준비를 하고 있는데 전화기가 울렸다. 발신자는 김민기 국회사무총장이었다.

"의장님, 계엄이랍니다. 계엄."

짧은 한마디는 내 가슴을 무겁게 짓눌렀다. 그 시각이 22시 29분이었다. 서둘러 텔레비전을 켜니 익숙한 목소리가 화면을 가득 메웠다.

"……비상계엄을 선포합니다."

순간 숨이 멎는 듯했다. 윤석열 대통령은 목에 잔뜩 힘을 준 채 '종북 반국가세력을 일거에 척결하고 자유 헌정 질서를 지키기 위해 비상계엄령을 선포한다'고 밝히며 '망국의 나락으로 떨어지고 있는 자유 대한민국을 재건하고 지켜낼 것'이라고 눈을 부라렸다.

윤석열 대통령의 계엄령 선포는 명백한 헌법 위반이었다. 대한민국 헌법은 계엄령의 선포 요건을 엄격하게 제한하고 있다.

헌법 제77조 제1항: 대통령은 전시·사변 또는 이에 준하는 국가비상사태에 있어서 병력으로써 군사상의 필요에 응하거나 공공의 안녕질서를 유지할 필요가 있을 때에는 법률이 정하는 바에 의하여 계엄을 선포할 수 있다.

윤석열 대통령이 내세운 사유는 계엄령 선포의 조건 어디에도 해당하지 않았다. 이건 명백한 위헌이었고, 친위 군사쿠데타였다.

나도 모르게 1980년 5월의 광주가 떠올랐다. 계엄군의 총, 진압봉, 처참한 시신…. 대학 시절, 끌려가던 동료들의 얼굴, 감옥에 갇힌 친구들, 군홧발에 무너져 내린 민주주의. 그 기억이 생생하게 되살아났다. 다시는 그런 비극을 허락하지 않겠다고 다짐하며 살아왔는데, 그 악몽과 같은 44년 전의 과거가 현실이 되어 눈앞에 닥쳐왔다.

국회의장은 계엄 해제 권한을 가진 국회를 대표하는 자리다. 계엄세력이 가장 먼저 노릴 대상이 바로 국회의장인 나였다. 아내 신경혜에게 먼저 비상 상황을 알리며 말했다.

"나, 나가야겠어."

"어디로 가려고요?"

아내가 물었다.

"국회로 가야지. 당신이 운전 좀 해줘."

나는 그렇게 말한 다음에야, 내가 국회의장 공관에 살고 있다는 걸 깨달았다. 국회의장이 된 지 6개월 가까이 지났는데도 나는 자주 그 사실을 잊어버리곤 했다.

'아, 나 국회의장이지.'

국회의장 공관에는 야간에도 당직 경호관 한 명이 근무했다. 그날 당직자는 최우영 경호관이었다. 김성록 경호대장도 퇴근하지 않고 같이 있다고 했다. 나는 경호대장에게 정문 앞을 먼저 확인하라고 했다.

"수상한 사람은 없소?"

공관 앞에 대기 중인 정보요원이나 계엄군이 있다면 모든 것이 끝날 수 있었다. 정문 근처에 체포조가 배치되었으면 공관 뒤편에 있는 쪽문으로 나갈 생각이었다. 쪽문도 이상한 기미가 보이면 담을 넘어 나갈 작정을 했다. 신속하게 상황을 확인한 김성록 경호대장이 짧게 보고했다.

"이상 없습니다."

나는 양복을 꺼내 입고, 늘 입는 바바리를 걸친 채 방을 나섰다. 공관은 정적에 휩싸여 있었다. 숨소리 하나하나가 벽을 울릴 만큼 크게 들렸다. 함께 1층으로 내려온 아내가 현관 앞에서 착잡한 표정으로 나를 바라보며 팔을 펼쳤다. 평소 하지 않던 행동이었다.

"나쁜 사람들! 절대 지면 안 돼요. 그리고 몸 조심해!"

나를 안아주는 아내의 목소리가 떨렸다. 전두환 치하의 광주 학살을 기억하는 우리에게 계엄령은 체포와 폭행, 죽음이란 단어와 떼어놓을 수 없었다.

당직 경호관 최우영이 운전하는 차에 김성록 경호대장이 함께 탔다.

정문을 빠져나가기 전에 공관 마당에 혼자 남은 아내를 돌아보고 나서 시계를 보았다. 22시 37분이었다.

공관에 홀로 남게 된 아내는 모든 창문과 문을 잠그고 내가 국회에 도착한 것이 확인되기까지 50분 동안 걱정과 두려움에 떨었다. 내가 무사히 도착한 것을 확인하고서야 비로소 안심했다고 한다. 나중에 아내는 그 50분이 인생에서 가장 불안한 기다림이었다고 말했다. 떨어져 살고 있던 딸이 아이들과 함께 새벽 1시에 공관에 와서 아내와 함께 밤을 새웠다. 딸에게도 참 고마웠다.

아!
이걸 하려고 그랬구나

　우리를 태운 차량은 한남동 골목길을 내려와 남산 밑에서 유턴한 다음 쏜살같이 한남대교 방향으로 내리막길을 질주했다. 한남대교 직전에서 우회한 차량이 강변북로를 탔다. 강변의 야경은 여느 때와 다르지 않았을 텐데, 이상하게 내 눈에는 모두 유난히 춥고 낯설게 느껴졌다.

　"아! 이걸 하려고 그랬구나."

　나는 혼잣말처럼 내뱉었다. 계엄령을 선포하는 윤석열 대통령의 모습을 텔레비전으로 보면서 가장 먼저 든 생각이었다. 자못 위압적으로 '종북 반국가세력을 일거에 척결'하기 위해 비상계엄을 발동한다는 그의 말을 들으면서 지금까지 풀리지 않았던 의문이 한꺼번에 풀렸다. 그동안 국정을 운영할 생각이 있는 대통령이라고 보기 어려운 그의 태도에 많은 국민이 의아해했다.

나는 개인적으로도 도무지 이해할 수 없는 그의 이상행동을 너무나 가까이에서 직접 느껴왔다.

2024년 6월 5일, 내가 국회의장이 된 첫날부터 그랬다. 국회의장은 국민이 직접 선출한 입법부를 대표하는 직책이다. 따라서 국회의장이 선출되면 대통령이 축하를 보내는 것은 관례였다. 그것은 국가 공식 의전서열 2위라는 국회의장의 형식적 지위에 따라 전하는 단순한 인사가 아니었다. 입법부와 행정부가 서로 존중하며 협력해나가자는 신호였다. 그러나 나는 축하는커녕 연락조차 받지 못했다. 윤석열 대통령은 나에게 전화 한 통 하지 않았다. 왜 그랬을까?

6월 6일에는 더 이상했다. 현충일이어서 동작동 현충원에서 만났는데 아는 척하지 않았다. 그 자리에서라도 '정부와 국회가 잘해보자'라는 말은 않더라도 '축하한다'라는 말은 할 줄 알았는데, 아니었다. 새로 선출된 입법부 수장을 모르지 않을 텐데 의례적인 악수를 하면서 말 한마디 없이 지나쳤다. 의도적인 무시였다. 사소해 보일 수 있지만, 아주 이상한 행동이었다. 단순한 예의의 문제가 아니었다. 행정부의 수반과 입법부의 수장이 협력하는 건 국정의 기본이다. 그런데 국정의 책임자인 그의 태도는 입법부와 협력할 생각이 전혀 없는 것 같았다.

유쾌하지 않았지만 나는 그래도 입법부와 행정부가 잘 협력하면서 국정을 운영하려는 노력을 포기하지 않았다. 대통령이 오해하고 있는 것이 있다면 내가 먼저 연락해서 풀어야겠다고 생각했다. 풀 수 있고, 풀어야 한다고 믿었다.

'내가 먼저 전화할까?'

사실, 윤석열 대통령의 전화번호는 이미 알고 있었다. 하지만 입법부의 대표인 국회의장이 행정부 수반인 대통령에게 사적으로 전화하는 것은 원칙에 어긋난다고 생각했다. 그래서 조오섭 비서실장에게 지시했다.

"대통령님 전화번호를 공식적인 선에서 요청하세요. 그쪽에서 하지 않으면 나라도 하겠습니다."

선후관계가 뒤바뀌긴 했지만 입법부와 행정부가 이끌어가는 국정운영은 국민의 삶과 국가 미래의 핵심이었다. 이를 위해서라면 몇 번이고 먼저 전화할 수 있다고 생각했다.

그런데 몇 시간 뒤 비서실장이 떨떠름한 표정으로 돌아왔다.

"대통령 비서실 쪽에서 대통령의 전화번호를 알려줄 수 없다고 합니다."

나는 내 귀를 의심했다. 비서실장도 말하면서 무안하고 황당한 기색을 감추지 못했다. 쟁점으로 대립하고 있는 와중도 아니었다. 참으로 이상하고 황당했지만, 이것이 국정의 단절을 암시하는 메시지라고까지는 생각하지 못했다.

내 생일에도 그랬다. 헌법기관장의 생일에는 대통령을 비롯한 다른 헌법기관장들이 축하 화분을 보내는 것이 관례였다. 내 생일에도 다른 헌법기관장들은 모두 축하 난을 보내왔다. 윤석열 대통령만 보내지 않고 카드를 보내왔는데, 좀 이상했다.

– 우원식 의원님의 생신을 축하합니다.

국회의장의 생일을 축하한다는 말이 아니었다. '대체 이건 뭐지?' 기이한 느낌을 떨치기 어려웠다. 대통령의 국회 무시가 대통령실 실무진까지 그대로 이어지는 상황이 걱정스러웠다. 내가 모르는 어떤 개인적 감정 때문이라고 하기에는, 국회에 대한 태도까지 너무나 이상했다.

윤석열 대통령은 국회 개원식에 참석하지 않고 시정연설마저 거부했다. 22대 국회의원 선거 결과 전체 300석 중 더불어민주당 175석, 국민의힘 108석, 조국혁신당 12석, 개혁신당 3석, 새로운미래 1석, 진보당 1석을 차지했다. 투표율도 32년 만에 최고를 기록했다. 여당의 참패였고, 야당의 압승이었다.

윤석열 정부의 중간평가 성격을 지닌 총선에서 참패했으면, 대통령이 자세를 낮추고 국정운영 방식을 개선하겠다는 태도를 취하며 국회의 협조를 요청하는 것이 상식이었다. 그런데 윤석열 대통령의 태도는 정반대였다. 개원식 날짜를 잡을 때마다 대통령실에서 불참 통보가 왔다. 몇 차례 연기한 끝에 96일이나 늦어진, 정기국회 개회일인 9월 2일에야 개원식을 열었다. 그런데 윤석열 대통령은 끝내 참석을 거부했다. 1987년 민주화 이후 국회 개원식에 대통령이 불참한 것은 처음 있는 일이었다.

'아! 이걸 하려고 그랬구나' 하는 생각이 '아! 그럼 이 계엄은 6개월 이상 준비한 건데…', '아! 굉장히 위험한 상황이구나!' 하는 결론으로 이어지는 데 몇 초 걸리지 않았다.

정신 바짝 차리고 잘해야 되겠다 싶었다.

강변북로를 달리며

강변북로를 타고 여의도로 달려가는 차 안에서 누구도 입을 열지 않았다. 엔진 소리와 내 심장의 고동 소리만이 들릴 뿐이었다.

한남동 공관에서 국회까지 평소에는 30분 정도 걸린다. 그러나 그날은 시간 감각이 뒤엉켜 있었다. 몇 분이 몇 시간처럼 길게 늘어졌다. 김영진 의원에게 전화가 걸려왔다.

"의장님, 지금 빨리 국회로 가셔야 합니다."

"그렇지 않아도 가고 있어!"

조용히 눈을 감고 있었지만 조금 전 텔레비전에서 계엄령을 선포하던 윤석열 대통령의 모습이 눈앞에 아른거렸다. 그는 어쩌다 해야 할 일은 하지 않고 결코 해서는 안 될 일을 벌였을까.

내가 윤석열 대통령을 작심하고 비판한 것이 딱 한 달 전의 일이었다.

윤석열 대통령은 내년 정부예산 편성에 따른 국회 본회의 시정연설마저 거부했다. 앞으로 1년 동안 국정을 어떻게 운영할지 국민에게 보고하는 시정연설은 대통령의 의무에 해당한다. 국민에게 국정 목표와 방향을 설명하고 국회와 국민의 협조를 요청하는 자리가 바로 시정연설이다. 그러한 대통령의 국정 구상을 듣는 것은 국민의 권리에 해당한다. 윤석열 대통령은 그러한 자신의 의무와 국민의 권리를 외면하고 무시했다.

더구나 여소야대의 조건에서 국정을 원만히 운영하려면 국정을 책임진 대통령이 더 적극적으로 소통하면서 국회와 야당의 협조를 얻어내려고 노력해야 할 텐데 주어진 시정연설마저 '대독' 시키겠다고 했다.

지금까지 인내해온 나로서도 시정연설 거부에 대해서는 엄중하게 그 잘못을 비판하지 않을 수 없었다.

2024년 11월 4일, 나는 한덕수 총리가 대통령의 시정연설을 대독하기에 앞서 마이크를 잡고 시정연설을 회피하는 대통령의 잘못을 지적했다.

"국민께 설명해야 합니다. 이 난국을 어떻게 타개해 국민이 편안해지도록 할 것인지 소상히 밝혀야 합니다. 국민은 대통령의 생각을 직접 들을 권리가 있고, 대통령은 국민께 보고할 책무가 있습니다. 대통령의 시정연설 거부는 국민의 권리 침해입니다. 국민의 대표기관인 국회의 수장으로서 강력한 유감의 뜻을 밝힙니다. 국민의 목소리를 외면해서는 안 됩니다. 국정 기조를 전환하라는 국민의 요구 앞에 겸손해야 합니다."

그가 나의 지적을 조금이라도 진지하게 듣고, 고민했다면 이런 무모한 불법 계엄의 길로 들어서지는 않았을 것이다.

그런데 그는 왜 진심을 담은 나의 지적에도 불구하고 계속해서 야당은 물론 국회 자체를 무시했던 것일까. 대체 어떤 방법으로 국정을 운영하려고 그랬던 것일까.

바로 그 답이 비상계엄이었다. 이걸 하려고 그랬던 것이다. 계엄령으로 다 잡아들이겠다고 생각했기 때문에 국회도, 국회의장도 우습게 보일 수밖에 없었다. 계엄령 준비에 들어간 그의 눈에는 국회의장인 내가 곧 잡아들일 대상에 불과했던 것이다. 의사봉을 두드리는 내 손목을 바라볼 때마다 그는 수갑을 채운 내 손목을 상상했을 것이다.

차가 한강철교 아래를 통과했다. 경호대장이 뒤에서 따라오는 차량이 있는지, 좌우에 수상한 그림자가 없는지 신경을 곤두세웠다. 나는 휴대폰을 주머니에 집어넣고 김성록 경호대장을 물끄러미 바라보았다.

김성록 경호대장은 지난 2024년 22대 총선 당시 이재명 더불어민주당 대표 경호팀장이었다. 국회의원 선거에는 경찰이 당대표에게 전담경호대를 파견한다. 김성록 경호대장은 2024년 1월부터 4월까지 이재명 대표를 경호했다. 그런데 김성록 경호대장은 묵묵히 이재명 대표 경호 업무를 수행하는 와중에 총선이 끝나고 본대에 복귀하면 팀장에서 팀원으로 내려가야 한다는 통보를 받았다. 그 누구도 이유를 자세히 알려주지 않았다고 한다.

나는 그 사실을 알고 화가 나기보다 슬펐다. 이게 말이 되나. 그가 특정 후보를 경호하겠다고 자원한 것도 아니었다. 상부의 명령에 따라 임무를 수행한 경호 책임자에게 그가 경호한 후보가 야당의 대표라고 해서 불이익을 주는 것이 말이 되는가. 나는 너무나 옹졸한 인사에 서글픔을 느꼈다.

국회의장이 된 다음 나는 여러 명의 후보자 중 그를 경호대장으로 요청했다. 그의 정치성향 같은 건 알려고도 하지 않았다. 내가 아는 건 그가 직무에 매우 성실하고 과묵한 경호 전문가라는 사실뿐이었다. 그는 의장실 일정이 늦게 끝나거나 다음 날 일이 많은 날은 퇴근하지 않고 당직자를 챙기며 공관에서 숙식했다. 퇴근하라고 해도 알았다고 하고서는 여전히 그렇게 일했다. 이날도 그렇게 남았다가 계엄령을 맞이한 그가 앞으로 어떤 태도를 취할지는 알 수 없는 일이었다.

그는 나의 경호대장이었지만 서울지방경찰청장의 지휘를 받았다. 그가 나를 경찰이나 계엄군에게 넘기려 든다면 나는 붙잡힐 수밖에 없었다. 나는 그를 바라보며 아무 말도 하지 않았다. 모든 것은 그의 선택이었다.

평소에는 국회경비대에 출입 예정 시각을 통보해주었는데, 이날 김성록 경호대장은 국회로 달려가는 강변북로 위에서 국회경비대에 우리의 위치를 알리지 말라고 경호관들에게 지시했다. 그는 경호팀 외에는 경찰에서 걸려오는 전화도 받지 말라는 지시도 했다.

강변북로 위에서 김성록 경호대장의 전화기는 쉬지 않고 울렸다. 그는 국회에 도착해서도 단 한 통의 전화만 받았다. 서준오 서울시의원의 전화였다. 나와 오랜 시간 함께했으며, 내 지역구이기도 한 노원구에서 활동하는 의원이다. 그를 비롯한 많은 사람이 나를 걱정하고 있었을 것이다. 나도 그들을 안심시켜주고 싶었다. 김성록 경호대장도 그것을 잘 알기 때문에 그의 전화만 짧게 받았다.

"의장님은 국회에 잘 도착하셨습니까? 어디에 계십니까?"

"의장님 잘 계십니다. 위치는 보안입니다. 서준오 의원님 전화니까 받은 겁니다."

그렇게 전화는 끊어졌다. 김성록 경호대장의 목소리에 깊은 긴장감이 흘렀다.

대통령의 직접 시정연설은 국민에 대한 예의이고 국회에 대한 존중입니다

2024.11.4. 한덕수 총리의 대통령 시정연설 대독 전,
우원식 의장의 국회 본회의 발언

    시정연설은 정부가 새해 예산안을 국회에 제출하면서 예산 편성 기조와 주요 정책 방향을 국민께 직접 보고하고 국회의 협조를 구하는 국정의 중요한 과정입니다. 대통령께서 직접 시정연설을 하는 것이 국민에 대한 예의이고 국회에 대한 존중입니다. 국민적 인식이 그렇습니다.

    불가피한 사유 없이 '대통령 시정연설'을 마다한 것은 온당치 않습니다. 국민들께서도 크게 실망하셨을 것입니다.

    민생위기가 국민의 삶을 심각하게 위협하고 있습니다. 의료대란, 세수 펑크, 남북대결과 북·러 군사밀착 등 국민의 고통과 불안을 가중시키는 문제가 한둘이 아닙니다. 총체적 국정 난맥의 심화라고밖에 할 수 없는 비상한 상황입니다.

국민께 설명해야 합니다. 이 난국을 어떻게 타개해 국민이 편안해지도록 할 것인지 소상히 밝혀야 합니다. 국민은 대통령의 생각을 직접 들을 권리가 있고, 대통령은 국민께 보고할 책무가 있습니다. 대통령의 시정연설 거부는 국민의 권리 침해입니다. 국민의 대표기관인 국회의 수장으로서 강력한 유감의 뜻을 밝힙니다.

대통령께서는 국회 개원식에도 불참했습니다. 민주화 이후 단 한 번도 없었던 일입니다. 불참의 이유도 국민적 동의를 얻었다고 보기 어렵습니다.

이렇게 계속 국회를 경원시해서는 안 됩니다. 국회의 협력을 구하지 않으면서 국민이 위임한 국정운영의 책임을 할 수 없는 현실을 직시하기 바랍니다.

국민이 하늘입니다. 오늘 대독 시정연설이 끝난다고 해서 대통령께서 직접 연설했어야 하는 이유가 사라지지는 않습니다. 국민의 목소리를 외면해서는 안 됩니다. 국정 기조를 전환하라는 국민의 요구 앞에 겸손해야 합니다.

한덕수 내각의 이상행동

불법적인 비상계엄에 대한 경고는 여러 차례 있었다. 김민석 의원은 더불어민주당 수석최고위원 활동을 통해 공개적으로 의혹을 제기했다. 김민기 국회사무총장도 내게 비상계엄 가능성을 얘기했다. 내가 가장 심각하게 비상계엄을 생각한 것은 윤석열 대통령이 김용현 국방부 장관을 임명한 날이었다. 그날 내게 한 통의 전화가 걸려왔다. 육군사관학교의 교수를 지낸 예비역 장성이었다.

"그 사람, 굉장히 위험한 사람입니다. 혹시 쿠데타 같은 거 계획하고 있을지도 모릅니다. 조심하세요."

나는 고개를 갸웃했다. 지금이 어느 시대인데, 대한민국에서 군사쿠데타라니. 쿠데타는 한국 현대사의 낡은 그림자이고, 이미 역사의 뒤안길로 사라진 줄로만 여겼었다. 선진국 반열에 들어섰다고 자부하는 대한민국에서, 군홧발로 국회를 짓밟는 광경을 다시 목격하게 되리라 누가 상상이나 할 수 있었겠는가.

"설마…."

그러나 김용현 국방부 장관을 잘 아는 예비역 장성의 말을 무시할 수 없었다.

여기에 더해 통상적인 관례를 완전히 무시하는 행동이 대통령 한 사람으로 그치지 않고 이어졌다. 국회를 무시하며 금기를 서슴없이 깨뜨리고 넘어서는 대통령의 행동을 장관들이 일상적으로 따라 했다. 대통령실도 오만불손했다. 안하무인이었다. 심지어 정부 산하 기관장들까지 국회에 와서 무례를 일삼았다. 정상적인 방법으로 일할 생각이 조금이라도 있다면 절대 취할 수 없는 태도였다.

돌이켜보면 한덕수 총리를 필두로 한 내각이 국회를 대하는 태도는 정권 차원의 의식적, 무의식적 신호였다. 국회 개원 지연, 법안 거부권 남발, 대통령 핵심 측근들의 국회 무시 발언들이 모두 그랬다. 입법부를 대화의 대상으로 여긴다면, 가능하지 않을 언행들이었다. 정부가 추진하려는 일에 대해 국회에 설명하고 야당의 협조를 구하려고 하기보다는 오히려 대립을 부추기는 것 같았다. 2025년 예산안 심의가 임박한 11월에 접어들면서 그러한 태도는 더욱 심해졌다.

국가예산안 처리의 법정기한은 회계연도 개시 30일 전까지였다. 어떤 정부든 예산안 처리를 위해서 야당의 협조를 구하고자 최선의 노력을 다한다. 여당이 다수당일 때도 마찬가지다. 그런데 한덕수 총리를 비롯한 각 부처는 법정기한이 임박했는데도 야당의 협조를 얻으려는 노력을 보이지 않았다. 경기 회복과 민생 지원, 연구개발과 문화예술, 복지에 관한 예산을 대대적으로 삭감한 지극히 비상식적인 예산안을 국회에 제출하고 야당의 비판에 귀를 닫았다.

다른 안건과 달리 예산안 처리는 여야가 줄다리기를 하면서도 어떻게든 합의를 이끌어내는 것이 지금까지 관례였다. 정부·여당은 야당에 어느 정도 명분을 내주면서 안정적인 국정운영에 필요한 중요한 예산을 관철하는 선에서 접점을 찾는데, 이번 정부·여당은 전혀 그러지 않았다. 국회의원을 다섯 차례 하면서 예산결산위원장과 더불어민주당 원내대표로 예산안 처리를 해봤던 나조차 한 번도 본 적이 없는 정부와 여당의 낯선 태도였다.

법정기한을 넘기는 12월 2일, 나는 예산 편성과 운용의 책임자인 최상목 경제부총리를 만났다. 이상했던 것은 예산안 처리에 관해 국회의장의 협조를 한마디도 구하지 않았다는 점이다. 나는 입장문을 내고 직접 정부·여당의 태도 변화를 촉구하기로 결심했다. 요지는 다음과 같았다.

"정부의 자성과 태도 전환이 필요합니다.

예산안 확정이 늦어지면 중앙정부는 물론 이와 연계된 지방자치단체의 예산집행까지 늦춰집니다. 경제와 민생안정이 시급한 상황에서 그 피해는 결국, 국민의 몫이 되고 그 책임과 부담은 국정운영 주체인 정부에 가장 크게 돌아갑니다.

설명이든 설득이든 필요한 모든 것을 하면서 정부가 더 적극적으로 나서기 바랍니다. 민생과 미래를 위한 예산 확충에 정부가 더 열심이어야 합니다.

거듭 여야 간 더 성숙한 논의와 정부의 적극적인 노력을 당부합니다."

나는 정부·여당이 야당과 협의에 나설 명분을 주기 위해 다음과 같은 말도 빠뜨리지 않았다.

"여야가 그간 합의에 이르지 못한 데에는 여러 이유가 있을 것입니다. 진지하고 성의 있는 논의가 부족해 보이는 것도 사실입니다. 다수당은 다수당으로서, 여당은 집권당으로서 그에 걸맞은 책임과 도리를 다하는 것이 국민에 대한 예의입니다. 합의를 위한 최선의 노력을 기대하고 요청합니다."

그러나 윤석열 정부는 어떤 태도 변화도 보이지 않았다. 나는 그 이튿날인 12월 3일, 윤석열 대통령의 계엄령 선포에 이어 내려진 포고령을 보고서 비로소 기이하기 짝이 없었던 그동안의 태도를 이해할 수 있었다. 비상계엄을 염두에 두었기에 예산안 통과 따위는 애초에 필요치 않았던 것일까? 계엄의 조짐을 사전에 알았던 사람이 과연 없었을까? 그런 의심은 지금도 머리를 떠나지 않는다.

시신 처리용으로 사용하는 '영현백'과 구금시설을 준비하고, 국회의장을 체포하려 한 혐의를 받는 자들의 눈에 국회 따위는 가소로웠을지 모른다. 군의 내부 사정을 잘 아는 군사 전문가들의 '계엄 가능성' 경고는 정확했다.

한덕수 내각의 이상행동과 김용현 국방부 장관에 대한 전문가들의 경고에도 불구하고, 나는 '설마' 했다. 계엄령에 대비하면서도 12월 3일 밤까지 실행할 것으로는 믿지 않았다. 전 세계가 부러워하는 선진 민주국가 대한민국에서 불법 계엄과 친위 쿠데타가 일어난다는 것은 '비현실적'이었다. 그것은 우리가 피로 쟁취하고 지켜낸 민주주의에 대한 믿음 때문이기도 했다.

젊은 시절, 친구들과 나는 독재에 저항하다가 잡혀가고 고문당했다. 우리는 그러한 세상을 끝내기 위해 두려웠지만 물러서지 않고 치열하게 싸웠다. 1987년의 6월 항쟁 이후, 다시는 독재의 망령을 경험하지 않아도 될 줄 알았다. 계엄 따위는 군사독재의 낡은 유물로만 여겼다. 민주주의가 정착되었다는 믿음이 그만큼 강했다. 하지만 그러한 믿음은 여지없이 무너졌다. '그럴 리 없다'는 생각이야말로, 그들이 노린 빈틈이었다.

정기국회가 끝나는 12월 10일까지는 예산안을 처리해야 합니다

2024. 12. 2. 국회의장 예산안 처리 노력 촉구 기자회견

존경하는 국민 여러분, 국회의장 우원식입니다.

오늘 12월 2일은 국회의 내년도 예산안 의결에 관한 법정기한입니다. 국가예산안의 심의·확정은 헌법이 부여한 국회의 책무이고, 국회는 회계연도 개시 30일 전까지 예산안을 의결하게 되어 있습니다.

예산결산특별위원회가 의결한 예산안이 본회의에 부의되어 있습니다만, 의장은 고심 끝에 오늘 본회의에 예산안을 상정하지 않기로 했습니다. 결과적으로 법정기한을 지키지 못하게 되었습니다. 국민 여러분께 대단히 송구합니다.

국회의장이 법정기한 미준수를 감수하면서까지 예산안의 본회의 상정을 미룬 이유는 현재로서는 예산안 처리가 국민께 희망을 드리기 어렵다고 판단해서입니다.

민생을 더 깊게 살펴야 합니다. 지금 우리 경제는 대내외적으로 큰 위기에 직면해 있습니다. 가뜩이나 어려운 국민의 삶에 더 큰 곤란이 닥칠 수 있습니다. 최근 한국은행은 내년, 내후년 우리 경제의 성장률을 1%대로 전망했습니다. 유례없는 일입니다. 빈부격차는 더 커졌고, 중산층과 서민의 지갑은 날로 얇아지고 있습니다. 골목마다 '코로나는 양반'이었다는 호소가 끊이지 않습니다.

민생과 경제를 안정시키고 경제적 약자와 취약계층이 희망을 품을 수 있는 예산을 만들 책임이 국회에 있습니다. 법정기한을 지키는 것 못지않게 막중한 책임입니다. 여야 정당에 엄중히 요청합니다. 정기국회가 끝나는 12월 10일까지는 예산안을 처리해야 합니다. 나라 살림이 민생에 실질적 힘이 되게 하고 미래를 준비하게끔 만들어야 합니다. 우리 22대 국회가 국민께 약속한 목표 지향처럼 '국민을 지키는 예산, 미래로 나아가는 예산'에 합의해주십시오.

여야가 그간 합의에 이르지 못한 데에는 여러 이유가 있을 것입니다. 진지하고 성의 있는 논의가 부족해 보이는 것도 사실입니다. 다수당은 다수당으로서, 여당은 집권당으로서 그에 걸맞은 책임과 도리를 다하는 것이 국민에 대한 예의입니다. 합의를 위한 최선의 노력을 기대하고 요청합니다.

정부가 국회의 예산심의권을 얼마나 존중하고 충실히 뒷받침했는지도 묻지 않을 수 없습니다. 정부의 자성과 태도 전환이 필요합니다.

예산안 확정이 늦어지면 중앙정부는 물론 이와 연계된 지방자치단체의 예산집행까지 늦춰집니다. 경제와 민생안정이 시급한 상황에서 그 피해는 결국, 국민의 몫이 되고 그 책임과 부담은 국정운영 주체인 정부에 가장 크게 돌아갑니다.

설명이든 설득이든 필요한 모든 것을 하면서 정부가 더 적극적으로 나서기 바랍니다. 민생과 미래를 위한 예산 확충에 정부가 더 열심이어야 합니다.

거듭 여야 간 더 성숙한 논의와 정부의 적극적인 노력을 당부합니다.

함께 넘다

22시 53분, 드디어 국회 제3문 앞에 도착했다.

단 17분 만에 한남동에서 국회까지 달려온 것이었다. 그러나 국회 안으로 들어갈 수 없었다. 경찰 버스가 막 후진하면서 출입문을 봉쇄하는 중이었다. 우리 앞에는 승용차 2대가 들어가지 못하고 멈춰 서 있었다. 나는 분노가 치밀어 올랐다. 국회의원이 국회로 들어가는 문을 경찰이 틀어막다니. 순간 차에서 뛰어내려 야단치고 싶은 충동이 일었다. 그러나 곧 이성을 되찾았다. 계엄군을 피해 달려왔는데, 여기서 그들에게 지휘받는 경찰 앞으로 걸어갈 수는 없었다. 그러다 체포되면 모든 것이 끝이었다. 내가 끌려가면 계엄령을 해제하기 위한 국회를 여는 것 자체가 불가능했다.

"의장님, 이 길은 아닙니다."

정문을 봉쇄한 경찰을 바라보며 김성록 경호대장이 낮고 단호하게 말했다. 우리를 가로막고 있는 경찰은 그를 지휘하는 상급자인 서울지방경찰청장의 지휘를 받고 있는 동료들이었다. 나는 고개를 끄덕였다. 차는 곧바로 방향을 틀어 국회식물원 옆으로 향했다.

국회 담장은 높고 매끄럽게 세로로 솟은 철제로 되어 있어, 발을 딛고 올라갈 만한 데가 없었다. 국회의원이 된 후 수없이 보아온 담장이었지만, 이날은 전혀 다른 얼굴로 서 있었다. 그것은 단순한 경계가 아니라, 민주주의를 가로막는 장벽처럼 다가왔다.

차에서 내려 넘어갈 만한 곳을 찾아 걸어가다 보니 평소 잘 사용하지 않는 문이 나타났다. 그 문에는 담장과 달리 큼지막한 철제 문양이 박혀 있었다. 그 문양을 밟고 올라가면 넘어갈 수 있을 것 같았다.

밤공기가 차가웠다. 숨을 들이마시는 순간 폐부까지 얼어붙는 듯했다. 학생운동 시절, 경찰에 쫓기며 담장을 넘던 기억이 손끝에 되살아났다. 나는 철제 문양에 발을 딛고 몸을 끌어 올렸다. 어둠 속에서 들려오는 것은 서걱거리는 바바리 옷자락 소리와 내 거친 숨소리뿐이었다.

문 위에 몸을 올리는 순간, 1976년 대학에 입학해서부터 48년 세월이 주마등처럼 떠올랐다. 그렇게 민주주의를 위해 싸웠고,

이제 대한민국의 민주주의는 세계에 자랑할 만하다고 믿었는데 이렇게 허약하다니. 이 나이에 국회의장이 되어서도 또 담을 넘어야 하다니. 비통한 마음을 가누기 어려웠다. 심장이 터질 것 같았다. 그러나 다시 마음을 다잡았다.

'단호해야 한다.'

이날의 월담은 단순한 행동이 아니었다. 그것은 불법 계엄의 장벽을 넘어서고야 말겠다는 결의였다. 문 너머로 몸을 던졌다. 땅에 발이 닿는 순간 온몸이 무겁게 내려앉았다. 숨을 고르며 나는 국회 안쪽을 바라보았다. 곧 폭풍이 몰아칠 것이 분명했다. 그 시각이 22시 57분이었다.

함께 담장을 넘은 김성록 경호대장이 내가 담장을 넘는 순간을 사진으로 남겼다. 그 장면이 알려지면서 나는 '월담 의장'이라는 별명을 얻기도 했다.

그 장면은 외국에도 널리 알려지면서 강렬한 인상을 남긴 것 같다. 그 뒤에 어느 나라를 가도 그 나라의 지도자와 기자들이 다 그 순간을 이야기하며 '엄지 척'을 해보이곤 했다. 그들은 이 월담 장면을 나 개인이 했던 한순간의 결단과 행동이 아니라 민주주의를 지키려는 한국인의 의지와 상징으로 받아들이는 것 같았다.

그날 밤 담장을 넘은 것은 나뿐이 아니었다. 지금은 대통령이 되신 이재명 더불어민주당 대표와 수많은 국회의원들, 국회 보좌진과 직원들이 민주주의를 지키려 담을 넘었다. 이재명 대표가

라이브방송을 하면서 한 손으로 담을 넘는 모습은 당시의 긴박함을 그대로 보여주었다. 어떻게 한 손으로 담을 넘었는지, 정말 대단했다. 놀라운 의지였다. 이재명 대표가 국민께 국회로 모여달라고 호소한 덕분에 국회가 고립되지 않을 수 있었다.

비상계엄 국면 이후 몽골을 방문했을 때는 몽골 국회의장이 말을 선물로 주었는데, '월담'이란 이름을 붙였다. 몽골 말로는 '하샤 다와흐'였다. 하샤는 담장이나 울타리를 뜻하는 말이고 다와흐는 넘다, 건너다는 뜻이었다. 나는 만찬사에서 이렇게 말했다.

"의장님께 선물받은 말에 '월담'이라는 이름을 붙였습니다. 우리 양국관계에 여러 현안이 있고 그중에는 난제도 있지만, 서로에게 갖는 호의와 우정을 바탕으로 어려움을 훌쩍 뛰어넘어 관계의 발전을 이룰 수 있기를 바랍니다."

양국관계에 놓인 비자발급과 불법체류 문제 등의 어려움을 양국 국민이 지닌 서로에 대한 호의를 바탕으로 훌쩍 뛰어넘자는 나의 말에 참석자들 모두 뜨거운 박수로 화답했다. 선물로 받은 말은 데리고 올 형편이 아니어서 몽골의 테를지 국립공원에 맡겼다.

이탈리아를 방문했을 때는 현지 한인회장이 내 사진 밑에 '월담, 민주, 을지, 연두, 침착' 다섯 단어를 넣은 사진 액자를 선물로

주었다.

의장실 비서관들은 '월담'을 두고 말이 씨가 되었다고들 했다. 월담, 국회의 담장을 넘자는 말은 내가 국회의장이 된 다음 한 첫 일성이었다.

2024년 6월 5일, 국회의장에 선출된 다음 본회의장에서 동료 의원들에게 나는 이렇게 말했다.

"좌도, 우도 아닌 국민 속으로, 국회 담장을 넘어 국민 속으로 가야 합니다."

그리고 6개월 뒤, 나와 많은 의원이 비상계엄 해제를 위해 한밤에 '담장을 넘어' 국회로 들어왔다. 담을 넘는 방향은 반대였지만, 이 월담은 앞서 내가 했던 말을 실행한 것이었다.

"나라를 구하고자 했던 독립운동가의 결기를 가슴속에 품고, 민주주의를 수호하고자 했던 민주운동가의 정신으로, 개혁·민생 국회를 만들겠다."

2024년 5월 16일, 더불어민주당 의총에서 국회의장 후보로 선출되었을 때 내가 밝힌 각오였다. 나는 국회의장으로 일하며 그 각오를 잊은 적이 없었다.

긴급회의 40분,
결의안으로 가자

　국회 담을 넘어 들어간 다음 내가 가장 먼저 만난 사람은 차규근 의원이었다. 나처럼 담을 넘어 국회로 들어온 모양이었다. 깜깜한 밤에 만나니 그렇게 반가울 수가 없었다. 나중에 차규근 의원은 내가 그의 손을 잡으면서 이렇게 말했다고 했다.

　"미쳤다. 미쳤어!"

　본관 1층에서 엘리베이터를 타고 3층에 내렸는데 복도가 깜깜했다. 김성록 경비대장이 앞장서 어두운 복도를 걸어갔다. 김민기 국회사무총장실 앞을 지나 국회의장실로 갔다.
　23시 5분, 마침내 집무실에 도착했다. 안도의 숨을 내쉴 겨를도 없이 긴급 대책회의에 들어갔다. 지체 없이 비상계엄 해제 절차에 들어가야 했다. 김민기 국회사무총장과 조오섭 비서실장, 곽현 정무수석, 조경숙 메시지수석, 이원정 정책수석, 박태서 공보수석, 정명호 의사국장, 진선희 입법차장 등이 참석했다. 나에게 가장 먼저 전화를 걸었던 김영진 의원도 합류했다. 김영진 의원은 나를 보자마자 대국민 담화문을 내자고 했다.

"의장님이 기자회견을 통해 국민과 국회의원들에게 메시지를 내야 합니다."

나는 조경숙 메시지수석에게 최대한 간결하게 특별담화문을 준비하라고 한 다음, 김영진 의원과 조오섭 비서실장에게 먼저 말했다.

"오늘 동트기 전에 이 계엄 끝내야 해요. 안 그러면 유혈사태가 일어납니다."

그리고 덧붙였다.

"그리고 흠이 없도록 해야 합니다. 상대는 법조인입니다."

김영진 의원과 조오섭 비서실장 모두 비장한 표정으로 동의했다. 그들은 내 말이 무슨 뜻인지 알았다. 우리는 그 순간, 함께 1980년 피의 광주를 떠올리고 있었다.

다행히 우리는 당황하지 않고 비상계엄에 대처할 기본 절차를 알고 있었다.

　계엄령이 선포될 것이라고 믿고 준비한 것은 아니었다. 여러 달 전부터 비상계엄에 대한 우려가 나왔지만 나는 믿지 않았다. 2024년 대한민국에서 비상계엄을? 윤석열 대통령과 정부의 태도가 아주 기이하긴 해도, 설마 비상계엄을 선포하고 군대를 동원하리라고는 상상할 수 없었다. 상상하는 것만으로도 모욕적이었다.

　그럼에도 만에 하나 일어날지 모를 상황을 대비하지 않을 수 없었다. 특공여단 장교 출신으로 국회 정보위원회에서도 활동했던 김민기 국회사무총장은 계엄법과 국회 법령집에 따른 국회의 권한과 의무, 그 실행을 위한 기본 절차를 보고하면서 내게 말했었다.

　"계엄이 선포되면 국회의장이 제일 먼저 표적이 됩니다. 어떤 수를 쓰시더라도 국회의장은 국회로 오셔야 합니다."

　국회사무총장인 그에게 계엄은 정무적 판단의 대상이 아니라 실무적 대비의 대상이었다. 의장실의 참모들도 '2024년인데 설마 그러겠어요.'라고 말하면서도 이상한 조짐을 느꼈다. 나 또한 '설마' 하면서도 계엄령과 관련된 법령을 살펴두었던 것이 이렇게 쓰이게 될 줄은 몰랐다.

우리는 사전에 검토했던 법령에 따라 비상계엄 해제 절차 논의를 시작했다. 국회의 모든 의결은 정확한 절차를 거쳐야 한다. 절차에 논란이 발생하면 헌법재판소에 권한쟁의심판 청구가 들어가고, 잘못이 드러나면 무효가 되어버린다. 윤석열 대통령과 그 주변에 포진한 법 전문가들은 무효를 선언하고 계엄령을 강행할 가능성이 매우 크다고 나는 생각했다. 따라서 국회법이 정한 순서에 따라 어느 하나도 빠뜨려서는 안 되었다. 순서가 뒤바뀌어도 안 되었다.

문제는 헌법과 계엄법에는 국회의 계엄령 해제 권한을 명시하고 있었지만, 의안을 어떻게 상정하고 의결 절차를 밟아야 하는지에 대한 세부 방법은 나와 있지 않다는 것이었다. '법안'으로 해야 하는지 '결의안'으로 해야 하는지도 불분명했다. 전례가 있으면 그에 따르겠는데, 전례 자체가 없었다. 비상계엄 해제에 관한 법은 있었지만, 그 법을 실행한 적이 한 번도 없었다는 것이다. 확실한 절차를 결정하지 못하고 있을 때 정명호 의사국장이 낡고 바랜 기록철을 내밀었다. 정명호 의사국장은 자타가 공인하는 국회법의 도사였다.

없는 줄로만 알았던 전례 하나가 거기 있었다. 한자투성이의 문서였다. 한글로 된 건 조사 정도였다. 젊은 직원들은 보고도 무슨 내용인지 알 수가 없는 문서였다.

거기에는 1964년 6·3 사태 당시 국회가 계엄령 해제를 '결의안' 형식으로 처리한 전례가 기록되어 있었다. 1964년 6월 박정희 대통령이 선포한 계엄령에 대해 국회는 그해 7월 28일 해제를 의결했다. 그때 적용된 법 조항은 '계엄 선포 시 대통령은 지체 없이 국회에 통고'하게 되어 있는 당시 헌법 제75조 제4항과 '국회가 해제 요구하면 대통령은 해제'하게 되어 있는 헌법 제75조 제5항이었다.

우리는 1964년의 전례를 근거 삼아 계엄 해제 의결 절차를 진행하기로 하고, 현행 헌법 조항을 재확인했다. 대한민국 현행 헌법 제77조 제5항은 '국회가 재적 과반 찬성으로 계엄 해제 요구 시 대통령은 이를 해제'해야 한다고 규정하고 있다. 또한 계엄법 제11조는 '평상 회복 또는 국회의 해제 요구가 있으면 대통령은 국무회의 심의를 거쳐 지체 없이 해제'하게 명시하고 있다. 무려 60년 전의 낡은 문서 한 장이 이날의 유일한 길잡이가 되었다.

'지체 없이'는 언제까지인가

 마지막 문제는 결의안 성립의 조건이었다.

 비상계엄 해제 결의안을 의결하려면 비상계엄 통고가 국회로 와야 했다. 계엄법은 비상계엄을 선포하면 '지체 없이' 국회에 통고하게 되어 있었다. 그런데 그 시각까지 국회 의안과로 와야 할 통고가 오지 않았다.

 정부에서 오는 의안과 관련된 문서는 모두 의안과로 왔다. 형태는 거의 전자문서였다. 혹시 운영지원과로 통고가 온 것이 있는지도 확인했다. 계엄령 통고를 의안이라고 보지 않았을 수 있기 때문이었다. 해당 부서가 어디인지 불분명할 경우 운영지원과로 통고가 왔다는데, 거기도 온 것이 없었다. 마지막에는 입법정보화담당관실로 연락해 국회로 온 모든 문서를 다 확인했다. 역시 없다고 했다.

계엄령 통고가 와야 그걸 근거로 계엄 해제 요구 결의안을 상정할 수 있는데, 통고도 받지 않은 계엄령에 대해 해제 결의를 하면 절차 위반이 될 가능성이 있었다. 그러면 정부에서 통고가 올 때까지 하염없이 기다려야만 하는가.

윤석열 대통령은 국회로 보내야 할 계엄령 통고는 하지 않고, 이미 경찰을 보내 국회를 봉쇄했다. 포고령까지 발령되었으니 계엄군이 들이닥치는 것은 시간문제였다. 헌법이 정한 절차는 무시되었다. 국회에 계엄령을 통고하지 않음으로써 회의를 열 근거조차 없게 만들고, 그렇게 절차의 기반을 무너뜨려 계엄 해제를 원천 봉쇄하려는 시도로밖에 해석할 수 없었다. 그럼 언제까지 기다릴 것인가.

또 다른 논의의 초점은 '지체 없이'였다. '즉시'는 말 그대로 '즉시', 하자마자인데, '지체 없이'는 대체 언제까지를 의미하는가. 당장이나 즉시와 같은 것인가. 1시간을 의미하는가. 아니면 하루를 의미하는가. 행정처리에서는 3일까지를 '지체 없이'로 볼 수 있다는 해석이 나왔다. 그 해석에 따르면 계엄령 통고가 아직 오지 않은 것을 불법이라 할 수 없는데, 통고도 받지 않은 계엄령을 해제하라는 안건 처리를 위한 본회의 소집은 불가할 수 있다는 주장도 나왔다. 하지만 이미 계엄령은 선포되고, 포고령이 실행에 들어갔다. 이 상황에서 사흘을 기다린다는 것은 있을 수 없는 일이었다. 이미 윤석열 대통령이 생방송을 통해서 전 국민에게 통고했기 때문에 국회도 그것을 통고로 간주할 수 있다는 반론 또한 제기되었다. 우리가 고심 끝에 어렵게 찾아낸 방법이 국회의장의 의사정리권이었다. 국회의장은 본회의장에서 의사진행에 관한 세부사항을 정할 수 있는 권한이 있었다. 나는 그 권한을 쓰자고 했다.

"계엄령이 이미 실행 중인 비상한 상황에서, 계엄령을 국회에 통고하게 되어 있는 '지체 없이'가 대체 언제까지를 의미하는지, 국회의장인 내가 본회의장에서 정하는 것으로 하자."

정치인인 김영진 의원과 조오섭 비서실장은 그 방법을 강하게 지지했다. 반면에 공직자 출신들은 대체로 신중했다. 절차 위반의 빌미를 줄 수 있다는 것이었다. 결단이 필요한 순간이었고, 그 결단은 내가 해야 했다. 책임도 내가 져야 했다. 잠시 침묵이 흘렀다. 나는 숨을 길게 몰아쉬고 나서 말했다.

"계엄법에 지체 없이 통고하게 되어 있는데, 지금까지 통고하지 않은 건 대통령의 귀책사유입니다."

나는 '지체 없이'를 본회의장에서 '지금까지'로 하겠다고 결단했다. 그것으로 모든 결정은 끝났다.

김성록 경호대장이 문을 열고 뛰어 들어왔다. 한겨울인데 얼굴에는 땀방울이 맺혀 있었다.

"의장님, 계엄군이 국회 내로 진입했습니다. 언제 들이닥칠지 모릅니다."

그의 목소리는 절박했다. 나는 그가 나와 민주주의를 지키기 위해 각오하고 있음을 확실히 느낄 수 있었다. 고마웠다. 완전무장한 계엄군이 본관에 들이닥치는 것은 시간문제였다.

회의 중에 나가서 대국민 특별담화문을 준비하던 메시지수석이 원고를 들고 들어왔다. 간명했다. 담화문은 준비되었는데, 카메라가 없었다. 회의 시작 전에 국회방송 생방송으로 내보낼 수 있게 준비하라고 했는데 국회방송 담당 직원들이 봉쇄를 뚫고 국회로 들어오지 못했다. 이 상황에서 나의 목소리를 전할 수 있는 유일한 통로는 유튜브 채널 〈우원식TV〉뿐이라고 판단했다.

담화문 발표는 집무실 바로 옆 접견실에서 하기로 했다. 공관에서 급히 찾아 입고 나온 양복에는 배지가 없었다. 나는 집무실을 나서기 전에 배지를 달려고 했는데 서두르다 보니 잘 끼워지지가 않았다. 옆에서 지켜보던 김성록 경호대장에게 눈으로 도움을 청하며 말했다.

"국회의장이 국회에 들어왔는데 의원배지를 달지 않고 있으면 안 되지."

김성록 경호대장이 배지 다는 것을 도와주었다. 눈이 날카로운 경호대장은 그때 내 손이 조금 떨렸다고 나중에 말했다. 나는 집무실 바로 옆 접견실에 섰다. 즉석에서 준비한 조명이 켜지고, 카메라가 돌아갔다. 23시 57분. 나는 짧고 단호하게, 대국민 특별담화를 발표했다.

"국민 여러분, 국회의장입니다.
대통령의 비상계엄 선포에 대해 국회는 헌법적 절차에 따라 대응조치하겠습니다.
국민 여러분께서는 국회를 믿고 차분하게 상황을 주시해주시기 바랍니다.
모든 국회의원께서는 지금 즉시 국회 본회의장으로 모여주시기 바랍니다.
특별히, 군경은 동요하지 말고 자리를 지켜줄 것을 당부합니다."

단 다섯 문장, 담화는 짧았다. 그러나 그것은 국회가 살아 있음을 전 국민에게 알리는 신호탄이었다. 그리고 앞으로 국회가 이

상황을 어떤 원칙에 따라 헤쳐나갈지, 그 의지와 다짐을 국민 앞에 약속하는 것이기도 했다. 그날 밤의 계엄 해제 요구 의결만이 아니었다. 대통령 탄핵소추, 12·3 비상계엄 사태에 대한 국정조사 추진, 대통령 권한대행에 대한 탄핵소추, 그리고 또 극도의 혼란한 상황에서 국회가 길을 내야 했던 모든 일이 '헌법적 절차에 따른 대응조치'였다.

동트기 전에 끝낸다

〈우원식TV〉를 통해 대국민 특별담화를 발표하면서 나의 현 위치가 공개되었다. 내가 곧 본회의장으로 갈 것이라는 사실도 알려졌다. 본관으로 접근 중인 체포조가 언제 내 방으로 들이닥칠지 알 수 없었다. 이런 다급한 상황에서 국회는 긴급히 비상대응에 나섰다. 국회 전체 상황은 김민기 국회사무총장이, 내 주변 상황은 조오섭 비서실장이 중심이 되어 판단하고, 직원과 비서진을 지휘하기 시작했다. 나는 두 사령탑을 통해 국회 경내에 들어온 계엄군의 이동과 대응 상황을 보고받았다.

그사이 날짜가 바뀌었다.

12월 4일 0시 1분, 국회의원 전원에게 본회의장 소집 문자를 발송했다.

나는 조오섭 비서실장의 조언에 따라 의장실을 나와 엘리베이터를 타고 5층으로 올라갔다. 엘리베이터에는 조오섭 비서실장과 진선희 입법차장, 최승원 수행비서관, 김성록 경호대장이 함께 탔다. 서로 아무 말도 하지 않았다. 3층에서 5층으로 올라가는 그 짧은 시간의 적막함이 아주 길게 느껴졌다. 5층에서 내린 것은 계엄군의 위협에서 어떻게든 해제 결의를 성공하기 위한 전략적인 판단이었다. 4층은 3층에 있는 본회의장에서 너무 가까워서 위험하고, 6층과 7층은 너무 멀었다. 6층, 7층에서는 엘리베이터를 사용하지 못하는 상황이 닥치면 본회의장으로 이동하기가 쉽지 않았다.

5층에서 내리자 문화체육관광위원회 사무실과 농림축산식품해양수산위원회 사무실이 보였다. 나는 농림축산식품해양수산위원회 사무실로 들어갔다. 입법조사관실은 너무 좁아서 전문위원실로 들어가 불을 켰다. 그 순간 함께 이동한 비서실 직원들이 서로 바라보았다. 체포조가 이미 국회 경내에 들어왔다는데 이 방에만 불이 켜진 것을 알면 안 될 것 같다고 했다.

조오섭 비서실장이 곧장 3층 비서실로 내려가 본관 전층의 불을 다 켜고 계엄군의 진입을 막기 위해 3층 복도 양 끝과 계단 입구에 바리케이드를 설치하도록 지시했다.

국회 본관의 불은 한꺼번에 켤 수 없다. 모든 방에 가서 하나하나 불을 켜야 했다. 원은설 비서관과 남선우 서기관이 본관의 모든 문을 열 수 있는 마스터키를 받으러 1층 데스크로 뛰어 내려 갔다.

김성록 경호대장은 내가 있는 방문 앞을 지켜섰다. 결연한 표정이었다. 나는 그에게 지켜달라고 말하지 못했는데, 그는 나를 지키기로 결심했음을 알 수 있었다.

계엄이 해제된 다음, 불법 계엄령에 가담한 경찰관들의 재판에 증인으로 출석한 그는 이날 밤 영화 〈서울의 봄〉의 한 장면이 떠올랐다며 이렇게 증언했다.

"제 그때 생각은, 두렵기도 했고. 군인들이 〈서울의 봄〉 영화처럼 사무실에 있을 때 이 문을 박차고 들어올 수도 있겠다고 생각을 하고. 김오랑 소령처럼 당당히 맞서야겠다고 생각하고, 저의 원래 임무인 국회의장을 지키겠다고 다짐했던 것 같습니다."

그건 전두환의 12·12 군사반란을 진압하려고 했던 정병주 특전사령관을 지키다가 반란군의 총탄을 맞고 전사한 김오랑 소령의 길을 그가 각오했다는 뜻이었다.

나중에 들었는데, 마스터키 2개를 받은 다음 원은설 비서관은 7층부터, 남선우 서기관은 6층부터 모든 방의 불을 켜면서 내려왔다고 했다.

상황이 다급했던 그들은 사무실을 가리지 않고 문을 두드리며 마스터키로 문을 열고 소리쳤다.

"의장실에서 나온 직원입니다. 지금 계엄군이 들어올 수 있어 건물의 불을 다 켜야 합니다."

그들이 그렇게 외치면서 문을 열고 들어간 것은 안에 있는 직원들이 계엄군이 들이닥치는 줄 착각하고 놀랄까 봐서였다. 대부분 사무실이 비어 있었지만, 늦게까지 남아서 일하는 직원도 있었던 것이다. 그들이 문을 열고 불을 켠 방 중에는 국민의힘 의원이 위원장을 맡고 있는 상임위원회도 있었다. 그들은 여당 소속 보좌진들에게도 불을 다 켜달라고 부탁했다. 왜 불을 켜야 하는지 묻는 보좌진들에게는 지금 계엄군이 들어오고 있어 국회 건물을 최대한 밝고, 안전하게 유지하려 한다고 설명했다.

원은설 비서관은 그 와중에도 2000여 명이 들어와 있는 국회의 익명 텔레그램 채팅방에 글을 올려 '국회 본청의 불을 다 켜달라'고 부탁했다. 두 사람의 비서관과 서기관은 0시 10분부터 30여 분을 그렇게 뛰어다니며 국회 본청의 모든 불을 밝혔다. 그중 원은설 비서관은 다급하게 문을 열고 불을 켜다가 손톱이 부러지는 부상을 당하기도 했다.

그날 밤 국회에서는 수많은 보좌진과 직원이 그들처럼 국회와 민주주의를 지키기 위해 땀을 쏟으며 뛰어다녔다.

국회는 그들이 뛰어다닌 만큼 밝아지고, 환하게 빛났다. 불빛은 나의 현 위치를 감추기 위한 조명으로만 빛나지 않았다. 환하게 밝힌 국회 본관의 불빛은 대한민국 민주주의를 지키는 등대가 되었다. 의도하지 않았지만 국회 본관을 모두 밝힌 불빛은 대한민국 민주주의의 불씨가 꺼지지 않았다는 신호로 빛나게 되었다.

국회 주변에 헬기와 장갑차가 배치되었다는 보고가 잇따랐다. 그것이 거짓이라는 첩보도 들어왔다. 완전한 혼란 속에서 나는 시계를 바라보았다. 초침은 여전히 같은 속도로 움직이고 있었지만, 그날의 시간은 너무도 느리게 흘러갔다. 매 순간 '지금 잡혀가면 끝이다'라는 생각이 머리를 스쳤다. 그러나 동시에 '끝내 이 자리를 지켜야 한다. 오늘 동트기 전에 끝내야 한다'는 결의가 더 크게 가슴을 채웠다.

그렇게 국회는, 그날 밤 민주주의를 지키기 위한 최후의 보루로 다시 깨어나고 있었다.

나는 다시 다짐했다. 우리 국민 누구도 피 흘리지 않게 막아야 한다. 그러려면 길은 하나뿐이었다.

"오늘 해가 뜨기 전에 끝낸다."

'지체 없이'는 여기까지다

 나는 비상계엄 해제 결의안을 처리하기 위한 본회의 소집을 서둘렀다. 국회 본회의의 소집은 교섭단체 대표 의원들과 협의하는 절차를 거쳐야 한다.

 본회의 소집을 위한 준비와 협의를 진행하는 중에도 쉴 새 없이 국회 안팎의 상황 보고가 들어왔다. 헬기를 타고 국회 뒤편 운동장에 내린 계엄군의 이동 상황은 특히 심각하게 다가왔다. 완전무장한 특수전 요원들이 어떤 전격적인 행동에 나설지 알 수 없었다. 총기를 사용할 가능성도 컸다. 그런데 후문에서 우리 방호과 직원들이 헬기에서 내려 본관으로 진입하려는 계엄군들을 몸으로 막고 있다는 보고가 들어왔다. 국회 직원들의 용기와 분투가 가슴 뭉클하고 자랑스러웠다. 어떤 일이 있어도 내 책무를 다해서 자랑스러운 우리 직원들의 분투를 헛되지 않게 만들겠다는 각오를 다지면서 나는 계엄군과의 대치 상황과 함께 국회 본회의장 상황에 신경을 곤두세웠다. 의결정족수 151명이 들어와야 했다.

0시 20분경, 본회의장에 들어온 국회의원이 과반에 가깝다는 보고가 들어왔다. 이제 본회의장으로 가는 것이 더 안전할 것이라는 판단을 했다. 최대한 신속하게 계엄 해제 절차를 시작하기 위해서도 내가 본회의장으로 들어가는 것이 유리했다. 나는 5층에서 나와 3층 본회의장으로 이동했다. 문 앞에서 나를 지키던 김성록 경호대장이 호위했다.

나는 나중에 김성록 경호대장의 법정 증언을 통해 이날 본회의장으로 이동하면서 그가 경호팀원들에게 이렇게 말했다는 것을 알게 되었다.

"군인들이 들어와 의장님을 끌어내리려고 하면 우린 단상 좌우로 나누어 서서 지키자. 총은 쏘지 마라. 상대가 자동화기로 무장한 군인인 만큼 어차피 우리가 가진 권총으로는 안 된다. 몸으로 막자."

6년간 군에 복무한 김성록 경호대장은 그렇게 경호팀을 지휘했고, 그 자리에 있던 경호관(경호팀장 전승훈, 경위 최우영, 경위 송지인, 경사 김홍진, 경사 이조윤)은 그렇게 따르겠다고 했던 것이다. 서울지방경찰청의 지휘를 받는 우리 경호관들 중 단 한 명의 이탈도 없었던 것에 대해 정말 고마웠고 이들에게 감사한다.

내가 본회의장으로 이동하기 전에 먼저 곽현 정무수석이 〈우원식TV〉 담당자들을 본회의장 4층 방청석으로 들여보냈다. 국회 상황을 국민들에게 실시간으로 알리기 위해서였다. 〈우원식TV〉를 맡은 박소정, 이시현 비서관은 계엄군의 전력 차단에 대비해 배터리 5개를 챙겨 들고 방청석으로 올라갔다. 본회의장 밖에 있는 국회의원들도 본회의장 상황을 확인하고 어떻게든 봉쇄를 뚫고 들어오게 하기 위해서이기도 했다. 그날 밤 〈우원식TV〉를 통해 국회 본회의장 상황을 실시간으로 지켜본 국민이 60만 명에 달했다.

0시 20분, 내가 본회의장에 들어서자 웅성거리던 의원들이 일제히 박수를 치며 환영했다. 당시 국민의힘 소속이었던 김상욱 의원이 의장석으로 다가와 나의 두 손을 꼭 잡고 눈물을 흘리며 말했다.

"의장님, 나라를 구해주십시오."

나도 눈시울이 붉어지며 울컥했다. 고마웠다.

의장석으로 올라가 본회의장을 천천히 둘러보니 국민의힘 의원들도 일부 들어와 있었다. 그리고 한동훈 국민의힘 대표도 들어와 있었는데, 그를 이런 비상 상황에 만나니 반갑기도 하고 고맙기도 했다. 자리에 앉아 마이크를 켰다. 의원들의 시선이 일제히 나에게 집중되었다. 나는 차분하게 말했다.

"계엄법에 따라 비상계엄을 하면 국회로 통고해야 하는데 아직 통고가 오지 않았습니다. 그래서 절차를 진행하기 어렵습니다."

의원들이 불안한 표정으로 당혹스러워했다. 나의 의도를 모르는 의원들은 국회가 가진 계엄 해제 요구권을 사용하지 못하는 상황으로 받아들일 수밖에 없었다. 의원들의 웅성거림이 점점 커졌다. 그러면 어떻게 하려는 거냐고 따지듯 외치는 소리도 들려왔다. 조오섭 비서실장이 다그치는 의원들을 향해 잠시 기다려달라고 요구했다. 박찬대 더불어민주당 원내대표, 박성준 원내수석부대표와 함께 의장석에서 절차에 대해 논의하며 시계를 지켜보았다.

시계가 0시 26분을 가리켰다. 내가 본회의장에 들어선 지 5분 만이었다. 나는 마이크를 켰다.

"계엄법에 지체 없이 통고하게 되어 있는데, 2시간이 다 되어가는데도 통고하지 않은 건 대통령의 귀책사유입니다. 국회는 국회의 절차를 시작합니다."

사전에 의장실에서 논의한 대로 나는 '지체 없이'를 '2시간이 다 되어가는데'로 해석한 것이었다. 그리고 통고가 오지 않은 것을 대통령의 귀책사유로 해석하고 절차 개시를 선포했다. 윤석열 대통령의 계엄령 선포 방송이 시작된 것이 2024년 12월 3일 밤 22시 23분에서 27분 사이였다. 정확히 2시간이 경과했다. 나는 국회의장이 가진 의사정리권을 사용해 비상계엄이 이미 실행에 들어가 있는 이 상황에서는 '지체 없이'가 여기까지라고 정하고, 비상계엄 해제 절차를 시작했다.

비로소 국회의원들의 얼굴에서 안도의 표정이 감돌았다.

그리고 0시 28분, 나는 우선 본회의장에 들어와 있는 박찬대 원내대표와 협의했다. 내가 1시 30분에 본회의를 열자고 했더니 박찬대 원내대표는 다급하니 더 빨리 열자고 재촉했다. 그러나 평상시에는 한 명, 한 명이 헌법기관인 국회의원의 의결권을 보장하기 위해 4시간의 여유를 주고 본회의를 소집하는 게 관례였다. 먼 지역에 있는 의원들도 참석하기 위해서 필요한 시간이었다. 나는 박찬대 원내대표에게 아무리 비상이라도 국회의원이 모일 1시간은 주어야 한다고 이야기하고, 추경호 국민의힘 원내대표와 통화했다. 추경호 원내대표는 박찬대 원내대표와는 반대로 의원들이 모일 시간을 더 달라고 했다. 나는 비상계엄을 막아야 하기 때문에 도저히 그보다 더 줄 수 없다고 얘기하고 1시 30분으로 본회의 시각을 확정했다.

두 원내대표와 협의 후 결정한 본회의 시각 1시 30분은 정확히 1시간 뒤였다. 즉시 개의할 수 없었던 것은 여야 교섭단체의 협의 절차를 거쳐야 하는 국회법 규정 때문만은 아니었다. 의원들에게 개의를 사전 공지하지 않으면 참석하지 못한 의원들의 의결권이 침해당했다고 무효를 주장할 수 있었다. 그래서 교섭단체 원내대표들과 협의를 한 것이었다.

　계엄군의 진입을 막기 위해 본관에 소파와 책상, 의자로 바리케이드를 치는 국회사무처 직원들의 보고가 시시각각 올라왔다. 김민기 국회사무총장과 조오섭 비서실장의 지휘 아래 의장실 비서진과 국회 방호과 직원들이 현장에서 맹활약했다. 민주화투쟁 경험을 가진 정의찬, 임도균 등의 고참 비서관들이 야전사령관 역할을 하며 현장을 지휘했다. 비서진 전체가 나가 본관 3층 진입로와 계단에 바리케이드를 쳤다.

사정의 변경이 발생했다

　교섭단체 대표들과 협의한 대로 1시 30분 본회의 의결을 위한 준비를 서두르는데, 상황이 급변했다.

　0시 33분,

　국회 본관 2층 좌측면의 233호실 국민의힘 정책위원회 의장실 유리창을 깨고 완전무장한 계엄군이 건물 내부로 진입했다. 유리창이 산산조각 나고, 굉음이 난무한다는 보고가 들어왔다. 본관 안으로 진입한 계엄군이 본회의장으로 다가오고 있다는 보고가 이어졌다. 가슴이 철렁 내려앉았다. 어쩌면 단순히 국회를 봉쇄하는 수준에 머물지도 모른다는 실낱같은 기대는, 어디까지나 기대였을 뿐이었다. 곧 완전무장한 계엄군이 총기를 난사하며 본회의장에 들이닥칠 분위기였다.

국회의사당 안에서 단 한 번도 벌어진 적이 없는 초유의 사태였다. 국회의원들은 물론 나도 점점 초조해졌다. 이제 계엄군이 문을 부수고 들어오는 것은 단지 시간문제였다. 잘 훈련된 특수부대원들에게 그것은 쉽고 간단한 일이었다.

 무장한 적을 제압하는 훈련을 받아온 최정예 특수부대원들에게 국회의원을 끌어내는 것은 그리 어려운 일이 아니었다. 계엄 해제 의결을 하려고 의석에 대기 중인 의원들이 끌려나가는 모습이 눈앞에 그려졌다.

 1분 1초가 다급했다. 의결에 들어가자는 의원들의 아우성이 빗발쳤다. 여야 원내대표와 협의를 거쳐 공지한 본회의 시각인 1시 30분까지 기다리기에는 상황이 너무나 다급했다. 그렇다고 임의로 본회의 시각을 앞당길 수도 없었다. 사정의 변경이 발생하면 본회의 시작 시각을 변경할 수 있게 되어 있다. 그러나 이때도 국회법에 따라 교섭단체 대표들과 협의를 거치게 되어 있다.

 문제는 추경호 국민의힘 원내대표였다. 양당의 원내대표 중에 박찬대 더불어민주당 원내대표는 본회의장에 들어와 있는데, 추경호 원내대표는 국회 진입이 어렵다며 본회의장에 들어오지 않고 있었다. 사정변경을 알리려 전화를 했지만 연결이 잘되지 않았다.

 나만 본회의장 바깥 상황에 대한 보고를 받고 있는 것이 아니었다. 본회의장 바깥에 있는 보좌진들로부터 다급한 상황 보고를 받은 의원들은 안절부절했다. 절차적 흠결 시비를 무릅쓰고라도 본회의 시각을 앞당겨야 할 상황이었다. 절차적 흠결이 생기는 것도 문제지만, 그렇다고 절차의 완전성에만 매달려 아예 계엄 해제 결의 자체를 하지 못하게 된다면 더 큰 문제였다. 나는 마지막으로 상황을 확인하려고 휴대폰을 열었는데 추경호 원내대표로부터 걸려온 부재중 전화 기록이 화면에 찍혀 있었다. 추경호 원내대표에게 전화를 걸었다. 이번에는 받았다. 그와 통화한 시각은 0시 38분경이었다.

나는 계엄군이 국회 본관에 진입하는 중대한 사정의 변화가 발생했기 때문에 본회의 시각을 1시 30분에서 1시 정각으로 30분 당겨야겠다고 했다. 그는 여전히 국회가 봉쇄되어 있어 들어갈 수 없으니 시간을 달라고 했다.

다른 국회의원들은 본회의장에 속속 들어왔는데, 유독 추경호 원내대표는 왜 들어오지 못하고 있는지 이해하기 어려웠다.

추경호 원내대표는 국회 정문이 봉쇄되어 의원들이 들어오지 못한다며 내게 국회 문을 열어달라고 요청했다. 이미 국회에서 정문을 막지 말라고 경찰에 요구하지 않은 것이 아니었다. 김민기 국회사무총장이 경찰 측에 '역사에 죄를 짓지 말라'며 봉쇄 해제 요구를 거듭했다. 황충연 경호기획관과 이지환 정무조정비서관도 국회경비대장에게 국회 봉쇄가 위법임을 지적하고 경고하자 두 차례 잠깐 문을 열었다 닫은 후로는 봉쇄가 풀리지 않았다. 국회의장 경호관인 최우영 경위와 이조윤 경사조차 경찰공무원증을 보여주며 경찰임을 밝혔지만 경찰 기동대의 제지로 담을 넘지 못하다가, 기지를 발휘해 기동대 직원인 척하며 제3문을 통과해야 했다. 지금까지 국회의 경고와 요구를 묵살하고 있는 군과 경찰에게 다시 문을 열어달라 요구해도, 아무 소용 없는 일이란 건 나보다 추경호 원내대표가 더 잘 알 것이었다.

김민기 국회사무총장과 이지환 정무조정비서관이 국회 경비대장에게 봉쇄 해제를 요구했던 이때의 통화 녹음은 1년 뒤인 2025년 11월 12일에 열린 윤석열 당시 대통령, 조지호 당시 경찰청장, 김봉식 당시 서울지방경찰청장, 목현태 당시 국회 경비대장에 대한 내란 관련 재판에서 특검 측 증거로 세상에 공개되었다. 이는 경찰이 국회의 경고를 무시하고 국회를 일방적으로 봉쇄했다는 중요한 증거였다.

"그건 내가 할 수 있는 일이 아닙니다. 여당 원내대표인 당신이 경찰에게 직접 얘기하는 게 더 잘 먹힐 겁니다."

나는 단호히 답했다. 그러나 그는 본회의 시각을 뒤로 미루어달라고 했다. 지금 의원들이 흩어져 있고, 국회로 들어가기가 어렵다며 조금만 더 기다려달라고 했다. 그러나 시각 장애를 가진 더불어민주당의 서미화 의원도 담을 넘어 들어와 본회의장에 꼿꼿이 앉아 있지 않은가. 국회의 문은 닫혀 있지만 들어오려면 얼마든지 들어올 길은 있다고 생각했다.

그럼에도 나는 절차상 하자를 남기지 않기 위해서 추경호 원내대표와 최선을 다해 '협의'를 했다. 하지만 '협의'는 여기까지였다. 더는 시간을 끌 수 없었다. 계엄군이 본회의장에 언제 총을 쏘며 들이닥칠지 알 수 없는 다급한 상황이었다. 이 상황에서 52분을 더 기다릴 수는 없었다. 나는 단호히 말했다.

"안 돼요!"

나는 본회의 시각을 1시 정각으로 확정했다.

아마 윤석열 대통령은 우리가 이렇게 빠르게 국회에 집결할 수 있을 거라고 예상하지 못했을 것이다. 허를 찔린 윤석열 대통령은 지금쯤 내가 초조함을 못 이겨 국회법이 정한 '협의'도 없이 본회의 시각을 변경하고, 절차를 지키지 않은 채 계엄 해제 의결을 하기만을 바라고 있을 수도 있겠다고 생각했다. 그러면 윤석열 대통령은 반드시 절차를 트집 잡아 계엄 '해제 무효'를 주장하며 군사행동을 재개하려 했을 것이 아닌가.

내가 우려한 대로 국회에서 계엄해제 결의안을 의결하고 난 후 윤석열 대통령이 국회법을 들고 검토하고 회의했다는 사실이 나중에 알려졌다.

국회법에 따라 양당 원내대표들과 '협의'를 끝낸 나는 0시 42분, 국회사무처를 통해 12월 4일 1시에 본회의를 시작한다는 안내 문자를 국회의원들에게 보냈다. 국회 홈페이지에는 의사 일정을 게재했다. 의원실로 팩스도 발송했다.

나는 의장석에 앉아 본회의장 의석을 바라보았다. 불법 비상계엄으로 헌정질서가 무너지고, 국회가 계엄군에게 유린되고 있는데도 한편의 텅 빈 의석을 보며 참으로 참담함을 느꼈다. 국민 앞에 부끄러웠다. 그러나, 국민의힘 의석에 앉아 있는 의원들도 없지는 않았다. 나는 그 숫자를 세어보았다. 18명이었다.

안건은 어떻게 되었는가

 국회 본관은 이미 아수라장이었다. 본관에 진입한 무장 계엄군이 국무위원 대기실을 통해 로텐더홀로 진입하려 시도했고, 보좌진과 직원들이 소화기를 분사하며 저지에 나섰다. 나는 본회의장으로 이어지는 통로에 바리케이드를 치고 계엄군과 대치하는 국회 보좌진과 직원들의 상황을 실시간으로 확인하고 있었다. 속이 바짝바짝 탔지만 표정 관리를 하며 의장석을 지켰다.

 왜 빨리 계엄 해제 결의를 하지 않느냐, 거수나 기립으로 결의하자고 고함치는 의원도 있었다.

 본회의 시각인 1시가 되려면 아직 20여 분이 남아 있었다. 시계 초침이 지금처럼 더디게 느껴진 것은 처음이었다. 1시로 최종 확정된 개의 시간을 임의로 변경할 수도 없었다. 본회의 시작 시각을 무시하고 당장 해제 결의를 하려고 해도 할 수가 없었다. '계엄 해제에 찬성하시는 분 기립해주세요', 이렇게 해서 되는 것이 아니다. '전자 투표 버튼을 눌러서 표결해주세요', 이렇게 해서 되는 것도 아니다.

안건을 상정하려면 우선 상정할 의안이 만들어져야 하고, 그 의안에 동의하는 의원들의 서명이 있어야 한다. 그렇게 요건을 갖춰 의안과에 접수된 의안을 최종적으로 의석단말기에 띄워야 표결할 수 있다. 의석단말기에 띄울 수 없으면 문서로 복사해서 의원들에게 의안을 제공해야 한다. 의안은 제목만으로 되는 것이 아니고 그 내용이 구체적으로 적시되어야 하며, 그 적시된 의안 내용이 표결에 참여한 의원들에게 보여져야 하는 것이다.

의원들은 빨리 의안을 처리하자고 재촉하는데, 정작 의안은 아직 접수도 되지 않은 상태였다. 없는 의안을 어떻게 처리할 수 있는가.

내가 시간을 줄일 수 있는 건 의안이 접수되는 대로 즉시 표결로 의결할 수 있게 준비를 갖추어두는 것이었다. 표결을 위해서는 의석단말기에 의안명이 표출되는 것만으로는 불충분했다. 분업화되어 있는 방송, 기록, 표결 시스템이 모두 돌아가야 했다. 평소에는 그 업무 담당자들이 나누어 맡아서 숨을 쉬듯 자연스럽게 돌아갔지만 지금은 그러지 않았다. 국회에 들어오지 못한 직원들이 맡았던 일은 돌아가지 않았다. 평소에는 숨을 쉬듯 자연스러웠던 일들이 다 막혔다. 다그쳐서 될 일이 아니었다. 나는 혼자서 몇 사람의 일을, 그것도 해보지 않은 남의 일을 하고 있는 직원들이 당황하지 않고 일을 처리할 수 있도록 차분히 기다렸다.

"본회의 그 프로세스대로 하십시다."

0시 45분. 드디어 박찬대 더불어민주당 원내대표를 포함한 170명이 발의한 '비상계엄 해제 요구 결의안'이 접수되었다. 더불어민주당이 당론 발의로 결의안을 제출하면서 의원 전원의 도장을 찍는 데도 시간이 걸렸다. 접수된 결의안은 바로 의사국 의안과의 의안정보시스템에 등록되었다. 의안이 의안정보시스템에 등록되면 안건 상정이 가능해진다. 그러나 표결을 하기 위해서는 본회의장 의석단말기에도 등록되어야 했다. 그런데 의안과 직원들이 모두 출근하지 못한 상황이라 안건을 본회의장에서 바로 받을 수가 없었다. 본회의장 시스템은 보안을 위해서 외부 인터넷과 차단되어 있었기 때문에 자동으로 처리할 직원이 없으면 수동으로 처리해야 했다. 어쩔 수 없이 의안과 사무실에서 안건 파일을 USB에 담아서 본회의장으로 가지고 와 시스템에 직접 등록하려고 했는데, 이 또한 여의치 않았다.

의사국 의안과 사무실은 701호, 7층이었다. 의안과 직원이 USB를 가지고 엘리베이터를 타고 본회의장이 있는 3층으로 내려왔는데 본회의장으로 가는 복도에서 계엄군과 국회 직원, 의장실 비서관, 국회의원 보좌진이 대치 중이었다. 국회 직원과 보좌진이 소화기를 뿌리며 계엄군의 진입을 저지하고 있는 상황이었다.

다행히 의안과 직원은 다시 4층으로 올라가 반대편 엘리베이터를 타고 다시 3층으로 내려온 다음 간신히 저지선을 통과해서 본회의장으로 들어왔다. 디지털정책담당관실 직원이 USB를 받아서 의안을 띄우려고 하는데, 여기서 또 문제가 생겼다. 호환이 되지 않았다. 의석단말기에 의안을 수동으로 띄우기 위해서는 한글파일과 PDF파일이 모두 필요한데 한글파일만 가져온 것이었다.

이 절체절명의 상황에서 1분 1초라도 시간을 아낄 수 있는 방법은 무엇일까. 나는 1초라도 신속하게 처리하기 위해 1시가 되기 전에 개의를 미리 해두어도 되는지 정명호 의사국장에게 확인했다. 의사국에서 계장, 과장을 거쳐 국장이 된 그는 국회법이 정한 절차의 달인이었다.

0시 47분, 나는 제418회 국회 제15차 본회의 개의를 선언하고 1시가 되기를 기다렸다. 1분 1초가 참으로 길었다. 만약에 계엄군이 문을 부수고 들어서면 그 또한 사정변경이기 때문에 1시 이전이라도, 본회의장 전광판 시스템에 안건이 표출되지 않은 상태에서라도 무조건, 즉시 결의안을 통과시켜버릴 작정이었다. 그 사이 내 휴대폰은 불이 났다. 왜 바로 안건을 처리하지 않느냐, 비난이 쏟아졌다. 나는 그 짧은 시간에 평생 먹을 욕을 다 들었다. 그러나 바로 표결에 들어갈 수는 없었다. 나는 무슨 욕을 먹더라도 계엄군이 문을 부수고 들이닥치지 않은 한 확정 공지된 본회의 시각인 1시까지 기다려서 결의안을 의결할 작정이었다.

그러는 사이 한 의원이 소리쳤다.

"계엄군이 본회의장 앞까지 왔습니다."

다른 의원이 휴대폰을 들여다보며 말했다.

"국회 우측으로 들어오고 있답니다."

의석에서 대기 중이던 의원들은 안절부절했다. 초조한 의원들이 소리쳤다.

"뭐 해요? 그냥 처리합시다."

내 마음은 그들보다 더 절박했다. 그러나 절박하고 위험하지만 아직은 우리에게 마지막 시간이 남아 있었다. 비상상황실장 역할을 수행하고 있는 조오섭 비서실장으로부터 전체 상황을 전화, 문자로 실시간 보고받으면서 나는 마음을 다잡았다. 문을 부수기 시작하기 전에는 표출되지 않은 의안을 처리하는 우를 범하지 않겠다고 거듭 다짐했다. 본회의장 시스템 등록 절차를 거치지 않고, 사정변경 없이 협의 결정한 개의 시각 1시를 지키지 않고 계엄 해제 안건을 의결한다면 불법 계엄을 감행한 세력들이 가만히 있겠는가. 계엄 해제가 무효라고 주장할 게 뻔했다. 나는 내 임무를 완수하기 위해 내 마음 한편에서 머리를 쳐드는 편법 처리의 유혹과 맞서야 했다. 계엄 해제 의결을 빈틈없이 해내는 것이 그날 밤 국회의장에게 주어진 임무였다.

국회의장도 마음이 급하지요

아직 본회의 시스템에 올라오지도 않은 결의안을 처리하자는 의원들을 향해 나는 마이크를 켜고 말했다.

"국회의장도 마음이 급하지요. 그렇지만 절차가 틀리지는 않게 해야 될 것 아닙니까? 이런 사태는 절차가 잘못되면 또 그것도 문제입니다. 그래서 정말 비상한 각오로, 몸을 다 바쳐서 막는 겁니다."

나는 국회의장으로서 중심을 지켜 본능적인 두려움에 저항해야 했다. 급박한 상황에서는 우회로나 편법의 유혹에 빠지기 쉽다. 하지만 그것은 언젠가 반드시 문제가 된다. 악을 행하는 자는 선을 행하는 자의 작은 흠결을 확대해서 '너도 나와 같다'라고 호도하고 함께 구렁텅이에서 뒹굴려고 한다는 것을 수없이 경험했다.

나는 4층 방청석을 바라보았다. 거기에는 이제 〈우원식TV〉 외에도 많은 카메라가 돌아가고 있었다. 조오섭 비서실장이 본회의장 출입문을 모두 봉쇄하기 전에 본회의장 방청석이 있는 4층 문을 열고 본회의장 밖에 있던 기자들을 방청석으로 올려보낸 것이었다.

나중에 들었는데, 조오섭 비서실장은 당시 상황을 조금이라도 더 국민에게 공개해야 본회의장이 안전해질 수 있다고, 본회의장이 계엄군에게 침탈당하더라도 그 장면을 역사의 기록으로 남겨야 한다고 판단했다는 것이다.

나는 방청석 카메라를 바라보며, 저렇게 생중계를 하고 있으면 본회의장을 부수고 들어온 계엄군도 총격을 가하거나 의원들을 강제로 끌어내는 것을 주저할 것이란 생각을 했다. 나도 그랬는데 광주 출신인 조오섭 비서실장이 1980년 5월 전남도청에 완전히 고립되었던 시민군들의 처절한 최후를 생각하지 않았을 리 없었다.

국회의장비서실에서는 본회의장의 CCTV도 전부 켜서 외부로 송출하도록 요청했다. 조오섭 비서실장은 방송국장에게 전화를 걸어 국회방송 생중계를 다그치고, 박찬대 더불어민주당 원내대표를 통해 의원들의 개인 유튜브 방송도 전부 돌려달라고 요청한 상태였다. 그 시각 국회는 본회의장에 고립된 섬이 되지 않으려고 그렇게 발버둥쳤다. 계엄군이 본회의장에 난입해 총기를 난사하더라도 국민들에게 우리가 어떻게 민주주의를 지키기 위해 최후까지 최선을 다했는지 보여주어야 했다.

내 곁에 서 있던 정명호 의사국장이 낮은 목소리로 말했다.
"의장님, 준비는 완료되었습니다."
그의 목소리는 떨리고 있었다. 국회법의 도사로 불리는 그도 처음 해보는 계엄 해제 결의안이었다. 그 역시 나와 마찬가지로 절차적 정당성을 지켜내기 위해 두려움을 참고 최선을 다하고 있었던 것이다. 그가 덧붙였다.
"안건이 의석단말기에 올라오는 시간만 조금 필요합니다."

파일이 호환되지 않아 안건을 띄우지 못하는 이 난감한 상황을 돌파한 것은 디지털정책담당관실 주무관이었다. 그는 USB를 가지고 영상조정실로 달려가 PDF파일로 변환했다.
드디어 정상적으로 본회의 시각에 맞춰 계엄 해제 결의안을 처리하기 위한 모든 준비가 끝났다. 본회의장 안의 공기는 점점 팽팽해졌다. 부의된 안건이 전광판에 떠오르는 그 짧은 순간이 그렇게 길 수 없었다. 본회의장 진입을 시도하는 계엄군을 유튜브

중계 방송으로 지켜보던 의원들의 동요가 파도처럼 일렁였다. 본회의장을 가득 채운 불안과 긴장감이 절정에 달했다. 어떤 의원은 기도하듯 중얼거리고 있었다.

0시 56분, 의안과에서 전달받은 '계엄 해제 결의안'이 마침내 본회의장 의석단말기에 떠올랐다.

계엄 해제 결의안
가결을 선포합니다

 0시 59분, 이제 곧 우리가 절망의 밤을 넘어가는 마지막 순간이었다. 바깥에서는 계엄군이 다가오고 있었다. 본회의장에는 팽팽한 긴장감이 흘렀다. 마침내 헌법을 만든 국회가 그 헌법을 지켜내야 할 시각이 다가왔다.

 그 1분이 얼마나 긴지 나도 속이 바짝바짝 타들어갔다. 빨리 처리하자고 아우성인 의원들과 국민들이 지켜보는데, 그냥 앉아만 있을 수가 없었다. 뭐라도 해야 할 것 같아 국회법을 보는 척하고 있었더니 한 의원이 다가와 항의했다.

 "아니, 의장님! 아직도 국회법을 보십니까?"

 허, 나는 대답 대신 남은 몇 초를 기다렸다.

 이제 남은 것은 국민이 우리에게 준 권한을 행사하는 것뿐이었다. 초 단위로 변하는 시계를 지켜보았다. 1초도 어긋나서는 안 되었다. 불법 계엄을 선포한 세력은 한 치의 절차적 오류만 있어도, 그걸 트집 잡아 계엄 해제 의결을 무효라며 덤벼들 것이 뻔했다. 나는 전 국민이 지켜보는 가운데 어떤 트집도 잡을 수 없는 완벽한 절차를 통해 계엄을 해제시켜야 했다.

시계가 1시 정각으로 다가갔다. 국회의원들의 시선이 일제히 전광판으로 향했다. 불안을 떨치려는 웅성거림마저 잦아들며 숨이 멎을 듯한 정적이 잠시 본회의장을 감쌌다. 정명호 의사국장이 다가오며 말했다.

"표결 준비가 완료되었습니다."

핸드폰 시계가 0시 59분 59초에서 1시 0초로 바뀌는 순간 나는 의사봉을 단단히 움켜쥐고 자리에서 일어섰다.

"의사일정 제1항 비상계엄 해제 요구 결의안을 상정합니다."

땅! 땅! 땅! 세 번째로 방망이를 두드리는 것과 동시에 말했다.

"투표해주시기 바랍니다!"

내가 투표 개시를 선언하자 다시 정적이 본회의장을 덮었다. 본회의장 바깥 복도에서 보좌진과 직원들이 바리케이드를 치고 계엄군과 대치하는 상황 속에서 표결이 시작되었다. 전자 투표 버튼이 있는 의석 앞의 모니터로 의원들의 손이 일제히 움직였다. 그 작은 버튼이 대한민국 민주주의의 운명을 결정할 순간을 기다렸다. 의원이라면 누구든 수없이 눌러본 익숙한 버튼이었는데도, 손을 떨었다. 혹시라도 잘못 누를까 봐, 그렇게 표결을 재촉하던 의원들이 두 번 세 번 버튼을 확인했다. 찬성은 초록, 반대는 빨강, 기권은 노랑이었다.

의원들이 하나둘 버튼을 눌렀다. 손끝이 떨리는 이들도 있었고, 버튼 위에서 한참을 머뭇거리다 힘주어 누르는 이도 있었다. 어떤 이는 두 손으로 버튼을 덮어 누르듯 결심을 실었다. 버튼이 눌릴 때마다 전광판에 불이 켜졌다. 푸른 불빛이 하나씩 늘어날 때마다 가슴이 쿵쾅거렸다.

나는 의사봉을 쥔 채 자리에서 미동도 하지 않았다. 긴장으로 손끝이 차갑게 굳어 있었지만, 마음은 오히려 맑아졌다.

밖에서는 계엄군의 본회의장 진입 시도가 계속되고 있었다. 문을 밀어붙이는 둔탁한 소리, 유리창이 부서지는 파열음이 난무했다. 그러나 본회의장 안에서는 아무도 반응하지 않았다. 모두가 눈앞의 전광판만을 바라보고 있었다. 그 짧은 순간, 국회는 오직 한 가지, 계엄 해제를 향한 의지로만 존재했다.

심장이 고막을 때리는 듯한 두근거림을 멈출 수 없었다.

짧은 순간, 전광판이 초록색으로 채워져갔다. 그리고, 마침내 결과가 전광판에 완전히 나타났다.

재석 190인, 찬성 190인. 단 한 표의 이탈도 없었다. 그 순간 본회의장 안은 폭발하듯 환호와 박수로 가득 찼다. 어떤 의원은 눈물을 주체하지 못했고, 어떤 이는 옆 사람의 손을 움켜쥐었다. 누군가는 흐느낌을 참지 못했고, 주먹을 불끈 쥐어 올리는 모습도 보였다.

나는 의사봉을 더욱 세게 움켜쥐었다. 손이 떨리고 있었지만, 마지막까지 흔들리지 않아야 했다. 그리고 선포했다.

"재석 190인 중 찬성 190인으로서 비상계엄 해제 요구 결의안은 가결되었음을 선포합니다."

땅! 땅! 땅!

나는 있는 힘을 다해 비상계엄 해제 요구 결의안 통과를 알리는 의사봉을 내리쳤다.

순간 모든 소리가 사라진 듯했다. 이어 거대한 울림이 밀려왔다. 의원들의 환호, 박수, 울음이 한꺼번에 쏟아졌다.

나는 의사봉을 두드렸다. 그것은 단순히 결의를 알리는 도구가 아니었다. 민주주의가 다시 살아 있음을 세상에 알리는 북소리였다. 힘을 주어 내려친 망치가 부딪히는 타격감이 팔을 타고 온몸으로 번졌다.

그 순간의 감각은 평생 잊지 못할 것이다. 심장은 아직도 거칠게 뛰고 있었지만, 마음속 깊은 곳에서는 이상할 정도로 고요가 찾아왔다.

'우리는 해냈다. 역사가 무너지지 않았다.'

밖에서는 여전히 계엄군의 그림자가 어른거렸지만, 상황은 이미 달라졌다. 국회는 헌법이 부여한 권한을 행사했고, 국민이 준 힘으로 민주주의를 지켜냈다. 헌법과 계엄법에 의하면 대통령은 지체 없이 계엄을 해제해야 한다. 이것을 하지 않으면 대통령과 국무위원들이 계엄법을 위반하는 것이다. 이 순간부터 계엄은 종이호랑이에 불과했다.

나는 본회의장을 둘러보았다. 모두의 얼굴에 안도와 감격이 뒤섞여 있었다. 어떤 이는 자리에서 일어나 두 팔을 벌려 하늘을 올려다보았다. 어떤 이는 고개를 떨군 채 눈물을 닦았다. 민주주의는 절차 속에서, 그리고 그 절차를 지켜낸 사람들의 손끝에서 살아났다.

그날 가결된 것은 단순히 한 장의 결의안이 아니었다. 그것은 헌법이 살아 있음을, 국민들의 힘이 살아 있음을 증명하는 증거였다. 불법 계엄을 자행한 자들은 군을 앞세워 국회를 봉쇄하려 했지만, 끝내 민주주의를 꺾지 못했다. 군인들조차 주저했다. 국민은 끝까지 국회를 지켜냈다.

의사봉을 내려놓으면서 나는 속으로 되뇌었다. '민주주의는 느리지만, 반드시 제 길을 찾는다. 절차는 더딜지라도, 그 절차가 민주주의를 살린다.'

가결을 선포한 후에도 나는 본회의를 열어두어야 한다고 생각했다. 나는 의원들에게 이후의 진행은 여야 원내대표 간 협의가 있어야 하므로 잠시 기다려달라고 말한 후, 본회의장 의장석에서 대통령에게 비상계엄의 즉각 해제를 촉구했다.

"국회의 의결에 따라 대통령은 즉시 비상계엄을 해제해야 합니다. 이제 비상계엄 선포는 무효입니다. 따라서 군경은 즉시 국회 경내를 나가 자신의 자리로 돌아가기 바랍니다. 국민 여러분께서는 안심하시기 바랍니다. 국회는 국민과 함께 꼭 민주주의를 지키겠습니다."

그날 새벽, 국회의사당의 돔 아래에서 민주주의는 다시 한번 살아남았다. 국회가 계엄군이 해치려 했던 헌법을 먼저 붙들었기에 그날 밤 우리는 민주주의를 빼앗기지 않았다.

영웅의 이름

12월 3일 목숨을 걸고 국회로 달려와 민주주의를 지켜낸 영웅들의 이름을 여기에 남긴다.

강경숙 강득구 강선우 강유정 강준현 강훈식 고민정 곽규택
곽상언 권칠승 권향엽 김교흥 김기표 김남근 김남희 김동아
김문수 김병기 김병주 김상욱 김선민 김성원 김성환 김성회
김승원 김영배 김영진 김영호 김영환 김용만 김용민 김용태
김우영 김원이 김　윤 김윤덕 김재섭 김재원 김종민 김주영
김준혁 김준형 김태년 김태선 김한규 김　현 김현정 김형동
남인순 노종면 맹성규 모경종 문금주 문대림 문정복 문진석
민병덕 민형배 민홍철 박균택 박민규 박상혁 박선원 박성준

박수민 박은정 박 정 박정하 박정현 박정훈 박주민 박지원
박지혜 박찬대 박해철 박홍근 박홍배 박희승 백승아 백혜련
복기왕 부승찬 서미화 서범수 서삼석 서영교 서영석 서왕진
소병훈 손명수 송기헌 송옥주 송재봉 신성범 신영대 신장식
신정훈 안도걸 안태준 안호영 양부남 어기구 염태영 오기형
오세희 용혜인 우원식 우재준 위성곤 위성락 유동수 윤건영
윤종군 윤준병 윤호중 윤후덕 이강일 이건태 이상식 이성윤
이소영 이수진 이언주 이연희 이용선 이용우 이원택 이인영
이재강 이재관 이재명 이재정 이정문 이정헌 이학영 이해민
이해식 이훈기 임광현 임미애 임오경 임호선 장경태 장동혁
장철민 전용기 전종덕 전진숙 전현희 정성국 정성호 정연욱
정을호 정일영 정준호 정진욱 정청래 정춘생 정태호 정혜경
조경태 조계원 조 국 조승래 조인철 조정식 주진우 주철현
진선미 진성준 차규근 차지호 채현일 천준호 천하람 최기상
최민희 한민수 한병도 한정애 한준호 한지아 한창민 허성무
허 영 허종식 홍기원 황명선 황운하 황 희

2

비상계엄을
해제하고

고개 숙인 계엄군

국회가 계엄 해제 요구를 결의했다고 계엄이 끝나는 것은 아니었다. 헌법 제77조 제5항 '국회가 재적의원 과반수의 찬성으로 계엄의 해제를 요구한 때에는 대통령은 이를 해제하여야 한다'고 명시되어 있다. 또한 계엄법 제11조는 국회가 해제를 요구하면 대통령은 국무회의를 거쳐 '지체 없이 계엄을 해제하고 이를 공고하여야 한다'고 규정하고 있다.

국회는 의장인 내가 결재한 계엄 해제 요구서를 국방부로 보냈다. 대통령실로 보내는 국회의 문서는 대통령실로 바로 보내지 않고 주무부서를 통해 보낸다. 계엄령의 주무부서는 국방부다.

국방부에서 곧 수신했다는 사실이 확인되었다. 그러나 국방부에서 대통령실로 보냈는지는 확인되지 않았다.

계엄군이 철수하고, 국무회의를 거쳐 대통령이 계엄령을 해제 공고를 하기 전까지는 긴장을 풀 수가 없었다.

본회의장 밖의 현실은 여전히 계엄 상황이었다. 국회 본관 유리창은 깨져 있었고, 복도에는 바리케이드가 단단하게 구축되어 있었다. 국회 본관의 본회의장 바로 앞에도 아직 계엄군이 직원들과 대치 중이었다.

계엄 해제 요구가 헌법이 국회에 부여한 권한이자 절차라고 해서, 그것으로 끝내고 불법 계엄을 감행한 대통령의 후속조치를 기다리고만 있을 수는 없었다. 대통령이 국무회의를 거쳐 계엄령을 해제할 때까지 손 놓고 앉아 있기에는 상황이 너무 엄중했다. 동요하는 군인들을 불법 부당한 명령권자로부터 떼어놓아야 했다. 국회의 계엄 해제 요구 결의와 대통령이 이것을 받아들여 해제를 실행할 때까지의 틈, 국회와 대통령실 사이에 놓인 그 시간은 민주주의의 운명이 팽팽한 줄다리기를 하는 시간이었다.

나는 우선 국회 경내에 들어와 있는 계엄군들에게 국회의 계엄 해제 사실과 함께 국회의장의 계엄군 즉시 철수 요구를 전하도록 했다.

계엄군들에게 가서 나의 통보를 전한 것은 국회의 경호 업무를 총괄하는 황충연 경호기획관이었다.

그는 소파를 쌓아 만든 바리케이드를 짚고 올라가 건너편에 있는 계엄군에게 소리쳤다.

"계엄 해제 요구 결의안이 방금 본회의에서 통과됐습니다. 여러분들 여기 있으면 위법입니다. 빨리 나가세요."

처음 듣는 표정으로 당혹스러워하는 계엄군을 향해 황충연 경호기획관은 다시 다그쳤다.

"지금 나가야 됩니다. 여러분들 이거 위법한 행위입니다. 빨리 나가야 합니다."

주저하던 계엄군들이 안내하는 경호과 직원을 따라 밖으로 나갔다.

국회의장비서실 직원들도 국회에 들어와 있는 계엄군을 찾아내고, 내보내는 일에 나섰다. 이지환 정무조정비서관과 조상호 제도혁신비서관은 김성용 민생정책비서관, 서영준, 송동민, 김민철, 김준연, 윤석민, 조현준 비서관 등과 함께 국회 본관 주변을 돌며 계엄군 한 명 한 명에게 계엄 해제 사실을 알리고 국회 경내에서 나갈 것을 요구했다.

이때 계엄군에게 퇴거를 요구하던 서영준 비서관이 국회경비대장과 우연히 마주쳤는데, 넋이 나간 표정으로 허공을 바라보고 있었다고 한다.

이지환 정무조정비서관과 김성용 민생정책비서관은 정문 현관에 진을 치고 있던 계엄군들에게 철수를 요구했다. 그가 부대의 소속과 지휘관의 이름을 대라며 다그치자 당혹스러워하던 계엄군은 주춤주춤 뒤로 물러섰다. 정문 현관 앞에 있던 계엄군은 본관 서편 소통관 앞을 거쳐 제5문 쪽 운동장 옆까지 물러났다.

일부 철수를 거부하는 계엄군도 있었다. 이지환 비서관은 국회 본관 후문 안내실 문앞을 봉쇄하고 있던 계엄군이 철수를 거부하자 112에 전화로 신고하여 현행범 체포를 요구했다. 112신고센터에 계엄군의 불법행위를 기록하기 위한 지혜였다.

이지환 정무조정비서관은 방호과를 통해 국회 내의 모든 CCTV를 모니터링하게 하고 주요상황을 보고받았다. 그날 밤 방호과의 직원들은 의장실의 눈이 되어 주었다. 계엄 해제 결의 직후 현장에 나간 직원들이 육안으로 파악한 계엄군은 200~300명이었는데, CCTV에는 또 다른 계엄군이 추가로 포착되었다. 계엄군은 총 500~600명에 달하는 것으로 보였다.

일부 부대는 철수했으나 상당수 계엄군은 여전히 주차장과 헌정기념관 주변에 몸을 감추고 있었다. 그들이 누군가의 지시 없이 국회에 잔류할 리 없었다. 불법 계엄세력은 우리의 계엄 해제 의결을 뒤집기 위한 절차상의 꼬투리를 찾으며 계엄군을 국회 내에서 철수시키지 않고 있는 것 같았다.

하지만 국회는 위험하고 급박한 상황에서도 절차적 완결성을 완벽하게 지켜냈다. 절차를 하나하나 되짚어보아도 그들이 파고들 빈틈은 없었다. 그러나 애초에 절차적 정당성 따위에 개의치 않을 것이라는 우려도 있었다. '2차, 3차 계엄도 가능하다'는 말이 흘러나왔다.

나는 군대로 국회를 공격한 세력이 계엄 해제 의결을 무시하고 다시 국회를 공격해올지 모를 상황을 대비해야겠다고 생각했다.

직원들과 경호원들은 지칠 대로 지쳐 있었지만, 누구 하나 느슨하지 않았다. 국회는 의원과 보좌진, 직원의 굳은 결의로 하나의 요새가 되었다. 모든 문마다 바리케이드를 치고 육탄으로라도 막을 각오로 스크럼을 짜듯 단단히 버텼다. 국회 밖은 위험을 무릅쓰고 온 국민들로 인산인해를 이루며 국회는 견고한 민주주의의 아성으로 거듭나고 있었다.

풀숲과 나무들 사이에 숨어 있던 계엄군은 그들을 태우러 온 버스에 탑승하려고 밖으로 나오면서 그 숫자가 차례로 드러났다.

모든 일이 끝나고 난 후에야 확인한 것이지만, 국회를 지키려는 의지로 충만한 국회의 직원들과 다르게 군인들의 움직임은 묘하게 이중적이었다. 명령을 받아 유리창을 깨고 들어왔지만, 그들은 모두 부모의 사랑을 받으며 자란 젊은 병사들이었고, 군복을 입으며 명예를 기대했던 시민들이었다. 그러나 그날 밤, 불법 계엄을 획책한 세력은 군인의 명예를 더럽히고 범죄를 강요했다. 국가를 지키도록 훈련받은 병사들을 권력의 도구로 내몬 것이었다.

다수의 계엄군은 부당한 명령에 따라 출동했지만 양심의 명령에 귀 기울였다. 어떤 군인은 완전무장한 자신들을 맨몸으로 막아섰던 시민들에게 고개 숙이며 말했다.

"죄송합니다."

그 한마디를 하기까지 그는 얼마나 깊은 내면의 갈등을 겪었을 것인가. 그들이 당한 강요와 양심의 충돌이 아니었다면, 그날 밤 국회의 복도와 문, 천장은 유혈이 낭자했을 것이다.

계엄법 위반을 경고하다

 가결을 선포한 다음 나는 산회를 선포하지 않았다.

 '계엄 해제 결의안'을 처리한 다음에도 나는 윤석열 대통령이 해제를 공고하고, 실제 집행할 때까지 본회의를 계속 열어두기로 했다. 벌써 2차, 3차 계엄이 가능하다는 말이 흘러나왔다. 본회의장에 나와 있던 진선희 입법차장은 여러 부서와 검토한 결과 계엄 해제 결의를 해도 다시 계엄을 선포하는 것이 가능하다고 해석했다.

 2차, 3차 계엄이 가능한 것인지 물어오는 의원들에게 국회사무처는 같은 답변을 내놓았다.

 "법 조항만 가지고 문리적으로만 해석하면 계엄령의 해제 요구를 받아들인 다음, 다시 계엄령을 선포하는 것은 얼마든지 가능합니다."

아무리 해석적으로 그게 가능하다고 해도 실제 그렇게 하는 것이 말이 되는 거냐, 지금 대한민국에서 계엄이 말이 되어서 한 거냐, 21세기 대한민국에서 계엄을 한 사람들이 무엇인들 못하겠느냐, 의원들은 본회의장을 지키며 설왕설래했다. 최악의 경우 계엄령을 무한 반복할 수 있다는 것이고, 나는 그 최악의 상황에 대비해야 했다.

우선 어떤 돌발 상황이 일어나더라도 국회가 즉각 대응하려면 국회를 개회 상태로 유지하는 게 가장 유리했다. 본회의를 산회하면 그날은 다시 소집할 수 없었다. 하루 동안은 아무것도 하지 못하고 기다려야 했다.

협의된 안건의 처리가 끝난 상태이지만 국무회의 의결까지는 회의 상태를 유지하기로 했다.

"의원들의 의사진행발언을 듣는 것으로 하시죠."

박찬대 더불어민주당 원내대표가 제의했다. 상정된 안건이 처리된 상태에서 의원들의 의사진행발언을 진행하려면 여야 교섭단체 대표의 협의가 필요하다.

1시 33분 나는 추경호 국민의힘 원내대표에게 전화를 걸어 협의 절차를 밟았다. 그는 '알아서 하시죠' 하고 대답했다. 원내대표들과의 협의가 이루어졌기 때문에 자유로운 의사진행발언을 시작할 수 있었다. 그러나 나는 다시 본회의장의 의원들을 살펴보았다. 예상치 못했던 비상계엄에 격앙된 감정이 아직 가라앉지 않고 있다는 것이 느껴졌다. 국무회의 비상계엄 해제 의결을 기다리는 중에 격앙된 의원들이 자유발언을 이어가다가 돌발 발언으로 상황이 예기치 않은 방향으로 돌변할 위험성을 배제할 수 없었다. 나는 의사진행발언을 진행하지 않기로 결정했다. 본회의 개의 상태를 유지하는 것으로 만족하고 그냥 조용히 앉아서 기다리자고 했다.

심야의 국회 본회의장은 고요했다. 시간은 더디게 흘렀다. 초침은 규칙적으로 움직였지만, 몇 초가 몇 시간처럼 늘어졌다.

나는 발생할 수 있는 모든 경우의 수를 생각했다. 최악의 시나리오는 다시 계엄령을 발동하고 헬기로 계엄군을 공중투입하는 것이었다. 끝내 유혈사태가 벌어지는 상황이었다. 그 상황이 닥친다면 나는 어떻게 할 것인가. 그들이 발포한다면 국회의장인 내가 그들의 총구 맨 앞에 서겠다는 각오를 다졌다.

이러저러한 생각을 하며 느린 시간을 보내며 기다렸는데, 비상계엄 해제 요구 결의를 한 지 3시간이 다 되도록 국무회의가 열린다는 소식이 들리지 않았다. 그래서 나는 4시에 다시 본회의장 밖 로텐더홀로 나가 특별담화를 발표했다.

"대통령은 즉각 국무회의를 소집하고 계엄해제를 공고할 것을 요구합니다. 국민의 요구이고 헌법의 명령입니다."

나의 기자회견은 생중계되었다. 국회의장이 로텐더홀의 본회의장 입구에서 기자회견을 진행하는 것은 처음 있는 일이었다. 나는 대통령에게 비상계엄을 즉각 해제하지 않는 것은 헌법과 계엄법 위반이라는 사실을 분명히 말하는 한편, 군과 경찰에도 잘못된 판단을 따르지 말 것을 재차 당부했다. 나는 국회의 신속한 비상계엄 해제 요구 의결이 국회가 대한민국 민주주의의 최후의 보루임을 확인한 것이라고 의미를 부여했다. 그리고 30분이 채 지나기 전인 4시 27분경에 윤석열 대통령은 대국민 담화를 냈다. '국회 계엄 해제안 통과에 따라 즉시 국무회의를 소집하였으나 의결정족수가 충족되지 못해 지연'되고 있다며 의결정족수가 충족되는 대로 계엄을 해제하겠다고 밝혔다.

국민의 요구이고 헌법의 명령입니다
―

2024. 12. 4. 국회의장 긴급담화

대한민국 국회는 2024년 12월 4일 오전 1시
헌법이 정한 절차에 따라 비상계엄 해제 요구를 의결했습니다.
대통령은 즉시 비상계엄을 해제해야 합니다.
즉각 국무회의를 소집하고 계엄 해제를 공고할 것을 요구합니다.
국민의 요구이고 헌법의 명령입니다.

우리 군 지휘관과 장병 여러분께 당부합니다.
비록 군이 대통령의 계엄선포에 따라 국회로 출동했지만,
국회의 계엄 해제 결의에 따라 즉각 철수한 것은
민주주의와 함께 성숙한 우리 군의 모습을 보여준 것이라 평가합니다.
불행한 군사쿠데타의 기억을 가진 우리 국민들도

오늘 상황을 지켜보며 우리 군의 성숙한 모습을 확인하셨을 겁니다.

군은 국민의 군대입니다.

군은 이제 대통령은 계엄을 해제해야 한다는 사실을 명확히 인식하고,

헌법과 국민을 수호하는 국민의 군대로서

군의 기본 책무를 흔들림 없이 수행해주기를 바랍니다.

경찰을 비롯한 공직자들도 흔들리지 말고 정위치에서 본연의 업무에 충실하기 바랍니다.

오늘 우리 국민과 국회는

국회가 대한민국 민주주의의 최후의 보루라는 것을 확인했습니다.

국회를 믿고 함께 해주신

국민 여러분께 깊이 감사드립니다.

국회는 현재의 국가적 혼란 상황을 안정시키기 위해

필요한 모든 조치를 취해가겠습니다.

국민과 함께 민주주의 헌정질서를 지키겠습니다.

풀죽은
한덕수 총리의 사과

　그리고 3분 뒤인 새벽 4시 30분, 국무회의에서 계엄 해제를 의결했다는 소식이 들어왔다. 뉴스 속보 자막으로도 '국무회의, 계엄 해제 의결'이라는 내용이 떴다. 그러나 나는 곧이곧대로 믿지 않았다. 대통령이 정족수가 부족해 해제를 못 하고 있다고 한 것이 바로 3분 전이었다. 그동안의 행태를 보면, 직접 확인하기 전에는 안심할 수 없었다. 윤석열 대통령과 함께 불법 계엄령을 주도한 김용현 국방부 장관은 불과 몇 개월 전 국회에서 비상계엄 계획 의혹을 제기하자 지금이 어떤 시대인데 그런 게 가능하냐고 천연덕스럽게 대답했었다.
　나는 언론을 통한 정부 발표를 섣불리 믿을 수 없었다. 워낙 중요한 일이기도 했고 세월호 참사의 기억도 작용했다. 세월호 참사 당시 박근혜 정부는 대대적인 구조작업이 진행 중이라고 발표했고, 언론은 그대로 보도했다. 조금도 의심하지 않았다. 그러나 내가 직접 팽목항 현장에 방문했을 때 유족들은 치를 떨며 절규했다. 어제도 조명탄을 쏘며 쇼만 하고 실질적인 구조작업은 전혀 하지 않았다는 것이었다. 믿기지 않았는데, 확인해보니 유족들의 말이 모두 사실이었다. 정부를 전혀 믿을 수 없는 상황인데 정부발 보도를 어떻게 믿는단 말인가.

나는 정부의 계엄 해제를 국무회의 참석 당사자에게 직접 확인해야 한다고 생각했다. 언론 보도만 믿고 국회 본회의를 해산했다가 다시 계엄군을 투입하면 속수무책으로 당할 수밖에 없었다. 발생할 수 있는 모든 경우의 수에 대비하면서 공식적인 확인 절차를 밟았다.

언론에 국무회의에서 계엄 해제를 의결했다고 한 지 1시간이 지나도록 윤석열 대통령은 공식 공고를 하지 않았다. 국회로 통고도 오지 않았다. 나는 여러 경로를 통해 국무회의에 참석한 장관들에게 연락해 사실 여부를 확인하라고 했는데, 누구도 확인되지 않는다고 했다.

5시 53분, 나는 한덕수 국무총리에게 직접 전화를 걸었다. 몇 번의 신호음 끝에 연결된 목소리는 이미 지쳐 있었고, 힘이 빠져 있었다.

"의장님… 죄송합니다…"

총리의 첫마디는 사과였다. 그러나 나는 단호히 잘라냈다.

"죄송한 거 말고, 국무회의에서 계엄 해제를 의결했습니까, 안 했습니까."

잠시 침묵이 흘렀다. 총리는 풀 죽은 목소리로 말했다.
"네, 4시 반에 국무회의에서… 계엄 해제를 의결했습니다."
나는 한덕수 총리로부터 확인한 내용을 본회의장에 대기 중인 의원들에게 알리고, 5시 54분에 비로소 정회를 선포했다. 산회를 하면 그날 다시 본회의를 열 수 없지만 정회를 하면 언제든지 다시 회의를 재개할 수 있다. 계엄이 선포된 지난밤부터 이 순간까지 약 7시간, 내 인생에서 가장 길고 긴장된 시간이 그렇게 지나갔다.

창밖은 아직 동트지 않은 어둠이었다. 국회 잔디광장 너머 국회대로에 모인 시민들이 어렴풋이 보였다. 저 시민들과 동료 의원들, 국회 보좌진과 직원들 덕분에 나는 지난밤 다짐했던 말을 지킬 수 있었다.

"동트기 전에, 이 밤에 끝낸다."

밤새 조여오던 긴장이 풀렸다. 우리는 가까스로 살아남았다. 그러나 마음 한편에는 씁쓸함이 남았다. 국무총리의 목소리에는 어떤 결의도, 안도도 담겨 있지 않았다. 그저 자포자기한 것처럼 사실만을 확인해주었다. 만약 국회가 끝내 버티지 않았다면, 이 확인조차 지체되었을 것이다.

본회의장을 울렸던 의사봉 소리가 귓전에 맴돌았다. 그 나무망치는 국민이 투표를 통해 국회에 맡긴 강력한 권한이자, 민주주의의 마지막 무기였다. 그 힘과 무기로 우리는 불법 계엄세력의 국가 전복 시도를 막았다. 민주주의는 한 번의 결의로 끝나지 않는다. 잘못된 자에게 권력을 쥐여준다면, 권력은 언제든 국민을 배반한다. 하지만 그것을 바로잡을 수 있는 것 또한 국민이 부여한 힘뿐이다. 12월 4일 새벽은 끝이 아니라 또 하나의 새로운 시작이었다.

본회의장을 나서니 조오섭 비서실장과 수석들이 출입구 앞에서 기다리고 있었다. 그 밤의 무게를 견딘 이가 어디 나뿐이었을까. 혼연일체라는 말은 어쩌면 그날 나의 참모들을 위해 준비된 말인 것도 같았다. 집무실로 들어가 바로 회의를 시작했다. 5시 57분이었다.

다들 아직 긴장이 가시지 않은 표정이었다. 김민기 국회사무총장이 먼저 입을 뗐다.

"국회가 이렇게 중요한 일을 할 수 있다는 것을 우리 모두가 잘 몰랐습니다."

그랬을 것이다. 그래서 지금부터가 더 중요했다. 그 자리에서 몇 가지를 결정했다.

- 의장은 퇴청하지 않고 국회에서 비상대기한다.
- 본회의 외 모든 일정을 중단한다.
- 국회경비대장의 국회 출입을 금지한다.
- 더불어민주당과 국민의힘 의원총회 결과를 지켜보면서 대표회담 추진을 검토한다.
- 국제사회 동향을 점검한다.

안가를 준비하다

 계엄 해제가 이루어진 새벽, 나는 국회를 지키기로 했다. 정부가 위헌, 위법한 비상계엄으로 헌법기관인 국회와 중앙선거관리위원회를 침탈하고, 사법부가 침묵으로 일관하는 상황에서 민주공화국을 지킬 최후의 보루가 국회였다. 국회가 굳건히 불을 밝히고 불안에 휩싸인 국민의 등대가 되어야 했다. 국회 본관의 복도까지 모든 불을 켜둔 채 계엄 해제 이후의 상황을 점검했다.

 국무회의의 계엄 해제 이후 국회 안팎의 상황, 군경의 동향 보고가 쏟아졌다. 국내외의 반응도 실시간으로 살폈다. 모든 상황이 빠르게 안정되어가는 것을 확인할 수 있었다.

 국회는 정회에 들어갔다. 국회의원들이 잠시 눈을 붙이기 위해 흩어진 상황에서도 직원들은 교대로 국회 주변을 직접 순찰했다.

밤새 뛰어다닌 보좌진들은 커피로 버티며 상황을 점검했다. 모든 출입구에는 책상이며 의자, 캐비닛 등으로 바리케이드가 쳐져 있었다. 국회 전체가 하나의 진지처럼 긴장 속에 깨어 있었다.

2024년 대한민국에서 불법 계엄이 터질 줄 상상하지 못했던 것처럼 또다시 어떤 일이 벌어질지 알 수 없었다. 실제로 2차 비상계엄에 대한 다양한 조짐이 보였다.

윤석열 대통령이 비상계엄에 실패한 이유는 국회의원들의 신속한 본회의 집결을 막지 못하고, 본회의를 주재할 국회의장을 체포하지 못했기 때문이었다. 만약 2차 비상계엄을 시도한다면 가장 먼저 국회의장을 체포할 것은 분명했다. 그래서 국회를 벗어날 수 없었고, 비상 상황에 따른 대비책을 마련해야 했다.

먼저 나와 이학영 국회부의장의 동선을 철저하게 분리했다. 내가 잡히더라도 사회권을 위임할 이학영 국회부의장을 보호해야 했다.

긴급상황 발생 시 내가 피신할 국회 내 비밀 장소를 확보하고 국회 밖 안가도 준비했다. 이 일은 보안 유지를 위해서 조오섭 비서실장과 곽현 정무수석이 따로 맡았다. 국회 밖 안가는 보안 유지가 용이하면서도 여의도에서 너무 멀어서는 안 되었다. 필요시 신속하게 복귀할 수 있어야 했다.

준비한 안가 중 한 곳은 조현준 비서관의 이전 거주지였다. 조현준 비서관은 12·3 계엄 바로 전날 신혼집에 입주했고, 이전 거주지는 비어 있었다. 서류상 전입이 되어 있지 않은 집이어서 선정되었다. 이사 나간 직후라 청소는 안 되어 있었지만 침대와 냉장고, 최소한의 식기가 있다고 했다. 신도림역 근처여서 국회에서 차량으로 15분 거리였다.

아무도 상상할 수 없는 안가도 하나 더 준비되었다.

안가를 확정한 다음 조오섭 비서실장이 마련해온 것은 위장술을 통한 이동 방법이었다. 조오섭 비서실장이 내가 월담 당시 입었던 코트를 입은 채 의장 차량을 타고 빠져나가면, 나는 비서실장의 차로 다른 출입구를 이용해 빠져나간다는 계획이었다.

조오섭 비서실장이 1987년 6월항쟁 시기에 맡았던 임무가 집회를 주동한 학생대표를 경찰로부터 보호하는 것이었다. 1989년에는 전남대 총학생회 간부로, 임종석 당시 전대협(전국대학생대표자협의회) 의장이 전남대에 왔을 때 함께 경찰 포위망을 뚫고 나간 장본인이 그였다.

위장술은 결국 누군가의 희생이 따를 수 있는 계획이니 비서실의 총책임자인 자신이 하겠다고 나섰다.

다행히 실행에 옮길 일이 없었지만, 우리는 모든 경우의 수에 대비해야 했다.

대책회의를 끝내고 나자 피곤이 몰려왔다. 집무실 한편에 간이침대를 놓고, 서류와 법전을 머리맡에 둔 채 지친 몸을 뉘었다.

이심전심
유언비어 유포죄

내가 그날 새벽 국회를 떠나지 않기로 한 선택은 천운이었다. 뒤에 밝혀졌지만, 윤석열 대통령은 내가 의사봉을 두드린 직후에 합참 전투통제실 내부의 최고 보안시설인 '결심지원실'에서 2차, 3차 계엄을 하면 된다고 큰소리쳤다. 한남동의 국회의장 공관 근처에 계엄군을 새벽 4시 45분까지 매복시켰다. 만약 내가 그날 새벽 공관으로 돌아가는 길에 납치당했다면, 국회는 윤석열 대통령이 계엄을 재발령했을 때 속수무책으로 당할 수밖에 없었다. 나를 체포하는 것과 동시에 2차 계엄이 발령되었다면 역사는 전혀 다른 길로 흘러갔을 것이다. 지금 돌이켜보아도 아찔한 순간이었다.

윤석열 대통령이 '결심지원실'로 들어가 국회법을 들춰보았다는 사실이 특검 수사 과정에서 밝혀졌다. 그는 국회의 계엄 해제 절차 어디엔가 흠결이 있기를, 그래서 해제 결의를 무효로 만들 수 있기를 바랐던 것이다. 나중에 들은 이야기에 따르면, 윤석열 대통령은 국회가 비상계엄을 해제하려면 3~4일 정도 걸릴 것으로 생각했다고 한다. 담당 국무위원, 국방부 장관의 의견을 반드시 들어야 한다고 생각했다는 것이다. 계엄을 하면서 나를 왜 미리 체포하지 않았지, 하는 의문이 풀리는 대목이었다.

윤석열 대통령은 평생 검사를 하면서 법을 다루어왔지만 '국회법 해설집'에 위원회의 심사를 거치지 않고 직접 본회의에 부의하는 예외안건으로 '비상계엄 해제 요구 결의안'이 포함되어 있는 줄은 몰랐던 것 같다. 국회는 '비상계엄 해제 요구 결의안'을 상임위원회나 법제사법위원회를 거치지 않고, 절차에 따라 꼼꼼히 계엄 해제를 진행했던 것이다. 이렇게 할 수 있었던 것은 22대 국회에 원칙과 절차를 꿰고 있는 전문가들과 용기 있는 직원, 비서진, 준비된 국회의원들이 있었기 때문이다. 나는 그들과 함께 국회법에 따라, 여야 협의를 거쳐, 절차 하나하나를 흠결 없이 밟아왔다. 아무리 뒤져봐도 흠잡을 곳이 있을 리 없었다.

간이침대에 눕자 44년 전 5월의 무력했던 내 모습이 떠올랐다.

내가 대학에 들어갔던 1976년은 박정희 정권의 독재가 절정을 치닫던 시절이었다. 박정희 정권이 발동한 긴급조치 9호는 일체의 집회, 시위를 금지했다. 민주화운동과 관련된 서클들도 대부분 해산해버렸다. 내가 다닌 연세대학교에는 학생운동 동아리가 거의 사라진 상태였는데, 살아남은 몇 안 되는 곳 중 하나가 기독학생회였다. 연세대학교가 기독교학교여서 그랬던 것 같다. 나는 그 서클에 들어가 학생운동을 하며 여름방학과 겨울방학 때 농촌으로 봉사활동을 갔다.

내가 처음 경찰에 잡혀간 것은 2학년 때인 1977년 4월 19일이었다. 봄 사월의 진달래는 화창했지만, 대학교 캠퍼스는 얼어붙은 겨울이었다. 셋이 모여 함께 숨만 쉬어도 잡아가던 시절이었다. 민청학련(전국민주청년학생총연맹) 사건을 조작해 대학생들을 수배했다. 수배 전단이 학교 앞 골목마다 붙어 있었다.

1975년 4월 8일, 4·19를 눈앞에 두고 박정희 정권의 대법원은 반정부 인사 8명을 간첩으로 몰아 사형을 선고했다.

이른바 인민혁명당 재건위원회 사건의 주모자로 몰려 사형을 선고받은 여덟 명은 그다음 날 새벽 4시 30분부터 차례로 서울구치소에서 교수형을 당했다. 사형 확정판결을 받은 지 18시간 30분 만에 사형을 집행해버린 것이었다. 그 공포감이 세상을 온통 짓누르던 1977년에 4·19 기념행사를 하는 것은 꿈도 꾸기 어려웠다. 더군다나 대학교마다 캠퍼스에는 형사들이 진을 치고 있었다. 연세대에는 4·19와 같은 기념일이면 500명에 달하는 경찰이 학내 곳곳에 진을 쳤다. 그들이 교내의 벤치를 다 차지해서 학생들은 앉을 자리가 없었다.

그렇다고 해서 4월 민주혁명 기념일에 아무것도 하지 않고 그냥 지나갈 수 없다는 데 뜻을 같이한 선배, 동기들이 있었다. 나는 그들과 함께 학교 대강당 앞에서 백지를 나누어주었다. 점심시간 전에 매일 대강당에서 열리는 채플을 끝내고 나오는 학생들이 모두 우리가 나누어주는 것을 받기 위해 모여들었다.

"4·19인데 백지밖에 나누어드릴 수 없습니다."

나는 그렇게 말하며 학생들에게 한 글자도 적히지 않은 백지를 나누어주었다. 예상했던 대로 함께 백지를 나누어주던 선배 김철기, 김성만, 친구 강성구와 함께 바로 끌려갔다. 실컷 두드려 맞았다. 그들은 그 백지를 물에도 넣어보고, 식초에도 담가보고, 불에도 태워보았지만 아무것도 나타나지 않자 몹시 실망하며 물었다.

"이거, 왜 나누어준 거야?"

"공부하는 데 연습지로 쓰라고 나누어주었습니다."

'이심전심 유언비어 유포죄'라는 말도 안 되는 죄명으로 우리를 조사하던 형사들도 어이가 없는지 피식 웃었다. 결국 한 글자도 적히지 않은 백지를 나누어주고 한마디의 구호도 외치지 않은 우리를 구속하기는 무리였던지 학교로 보내 정학처분을 받게 했다. 소위 '백지 유인물 사건'이었다. 이 사건으로 김철기 선배는 제적당하고, 나머지는 정학처분을 받았다.

놀란 부모님은 학생운동을 하려는 나를 말렸지만, 나는 뜻을 굽히지 않았다. 그러자 아버님은 나를 학생운동에서 떼어놓기 위해 내가 알지 못하게 '우선 징집원'을 병무청에 제출했다. 느닷없이 징집영장을 받고 입대한 나는 1980년 5·18을 원주의 공병부대에서 맞았다.

전두환이 계엄령을 전국으로 확대하면서 우리 부대는 계엄군으로 원주 KBS로 파견 나갔다. 나는 방송국에 주둔하면서도 세상이 어떻게 돌아가는지 전혀 몰랐다. 혼자 야간 경계 근무를 설 때면 막연히 밖에 있는 친구들을 걱정하며 운동권 노래를 부르곤 했을 뿐이다. 오가면서 내가 흥얼거리는 노래를 알아들은 기자가 있었다. 학생운동을 하다가 군대에 온 것을 눈치챈 그 기자가 어느 날 내게 광주에서 벌어진 일을 알려주며 '사람이 많이 죽었다'고 했다.

나는 그날 밤 혼자 울면서 고민했다. 나만 군대로 피신한 것 같아 부끄럽고, 광주시민들에게 죄스러웠다. 함께 학생운동을 했던 친구들이 걱정스러웠다. 탈영할까, 고민도 했다. 그러나 제대를 불과 한 달 앞둔 시점이라 참기로 했다.

44년 전 계엄령이 전국으로 확대되었을 때, 나는 그렇게 무력했다. 광주시민들이 죽어가는 그 시간에 나는 아무것도 하지 못했다.

그러나 44년이 지난 2024년은 달랐다. 다시는 내가 1980년 광주에서처럼 시민들이 반란군에게 희생당하는 것을 무력하게 지켜볼 수 없었다. 우리 국민이 다시는 그런 희생을 치르게 할 수 없었다. 국회가 나서서 불법 계엄으로 헌정질서를 유린한 세력을 기필코 제압해야 했다. 죽어도 내가 먼저 죽어야 한다는 결심을 하면서 나는 잠시 눈을 붙였다.

내가 눈을 붙인 그날 새벽, 국회 본관의 불은 꺼지지 않았다.

내게는 넥타이가 있다

　12월 4일 아침, 잠시 눈을 붙이고 일어난 나는 참모진과 함께 진행 중인 상황을 재점검하고 오늘 해야 할 일을 결정했다. 그리고 아침 일찍 계엄군에 의한 피해를 파악하기 위해 국회 경내를 둘러봤다. 파손된 현장을 보니 간밤에 계엄군과 이를 막으려는 사람들의 충돌이 얼마나 격렬했는지 알 수 있었다. 나중에 보니 국회의원, 보좌진, 국회사무처 직원을 합쳐 100여 명이 크고 작은 부상을 당했고, 재산피해는 6500여만 원이나 되었다.

　늦은 점심을 라면과 김밥 한 줄로 해결했다. 내가 제일 좋아하는데도 최근에는 아내가 먹지 못하게 하는 라면이었다. 오늘은 누구의 눈치도 보지 않고 라면 한 그릇을 국물까지 다 먹었다. 요즘 말로 흡입했다.

나는 라면을 먹으면서 넥타이를 풀어두었다. 혹시라도 넥타이에 라면 국물이 튀어선 안 되었다. 지난밤 비상계엄 해제를 결의하는 본회의장에서 맸던 연녹색 넥타이는 내게 아주 특별했다. 중요한 결심을 해야 하는 날 나는 늘 그 연두색 넥타이를 맨다. 돌아가신 김근태 선배가 매던 넥타이였다.

김근태 선배는 내게 단순한 정치 선배가 아니다. 청년 시절을 함께한 민주화운동의 선배이자, 현실정치의 고락을 함께한 동지이고, 인생의 스승이다.

김근태 선배와 처음 만난 건 내가 감옥에서 나와 노동운동에 뛰어들었을 때다. 잘 알려지지 않았지만, 사실 김근태 선배도 노동운동 출신이다. 현장운동을 하기 위해, 또 생계를 위해 여러 개의 자격증을 땄다. 수배 중에 다른 사람의 이름으로 딴 자격증 말고, 김근태라는 이름으로 남아 있는 자격증만 해도 열관리, 건설기계산업, 위험물관리, 고압가스산업, 소방설비산업 등 7종이다.

우리가 처음 만났을 무렵, 김근태 선배는 민청련(민주화운동청년연합회)을 창립하고 전두환 정권에 정면으로 도전하기 시작했다. 나지막하지만 단호한 목소리, 부드럽고 따뜻하면서도 강인한 눈빛, 그것이 어떻게 가능한지 이십 대 중반 그 시절 나로서는 알 길이 없었지만, 첫 만남에서 내가 받은 그 인상은 김근태 선배가 돌아가실 때까지, 내가 그와 함께한 모든 시간을 관통했다.

김근태 선배가 민청련을 창립한 1983년은 전두환 정권의 폭압 통치가 정점으로 치닫던 시절이었다. 그에 맞서 공개적인 투쟁조직을 만드는 것은 상상도 할 수 없던 때, 김근태 선배는 용감하게 나섰고, 그와 민청련은 이내 표적이 되었다. 몇 번이고 생사를 오갔을 지독한 고문, 김근태 선배는 초인적인 의지로 고문 횟수와 방법을 기억했고 법정에서 증언했다. 나는 그 사실을 듣고 여러 날 눈물을 흘렸다.

김근태 선배가 고문 후유증으로 병을 얻고, 세상을 떠났을 때 누군가 '김근태는 어떤 위협 앞에서도 인간의 자긍심을 낮추지 않았던 사람'이라고 말했다. 맞다. 그랬다. 그래서 김근태 선배가 말하는 '희망'이라는 단어에는 힘이 있었다. 그저 저기에 희망이 있다는 모호하고 추상적인 수사가 아니라, 현실에 대한 진지함과 성실함이 배어 있는, 정직한 희망이었다. 내가 '희망은 힘이 세다!'라는 김근태 선배의 말을 자주 인용하는 것도 그래서다. 김근태 선배는 언제나 희망의 근거를 찾고, 스스로 그 근거를 만들어내고자 했다. 민주화운동을 할 때도, 제도 정치권에 들어와서도 같았다. 나는 그런 김근태 선배를 전면적으로 신뢰했다.

내가 16대 총선 공천에서 탈락했을 때다. 지금도 그렇지만 나는 지역구에 소홀한 적이 없었다. 늘 주민들과 고락을 함께하고, 주민들과 한 약속을 한 번도 어기지 않았다. 서울시의원을 하면서, 그리고 그 후에도 그랬다. 지역을 탄탄하게 다져온 내가 가장 유력한 후보로 손꼽히는 상황이었다. 더구나 상대 정당이 분열하기까지 했다. 우리 당에서 누가 나가도 이기는 선거구로 손꼽히면서 낙하산 공천 대상이 되었다. 어제까지는 후보가 분명히 나였는데, 밤사이에 뒤바뀌었다. 하룻밤 사이에 아무 연고도 없는 후보가 공천받았다. 더구나 그 후보는 우리 당과는 성향이 전혀 달랐다. 너무 억울하고 화가 치밀었다.

지역의 당원들과 지지자들도 분개하며 거세게 반발했다. 끝까지 나와 함께하겠다며 무소속으로 출마하라는 요구가 빗발쳤다. 내가 갈등하고 있을 때 민주화운동을 함께한 선배들이 내게 조심스럽게 충고했다. 대의를 위해 참고 희생하라는 것이었다. 임채정 선배는 나를 다독이며 이렇게 말했다.

"우리가 국회의원 하려고 정치하러 왔나. DJ를 도와 제대로 된 나라를 만들자고 왔지. 참자."

나는 참고 돕기로 했다. 열심히 그 낙하산 후보를 도왔다. 그런데 선거 과정에서 보여주는 그의 정책과 태도가 너무나 실망스러웠다. 그의 생각과 태도는 나나 우리 당의 당원들이 동의할 수 있는 것이 아니었다.

"도저히 더는 돕지 못하겠습니다."

나는 참다 참다 더는 견디지 못하고 선거에서 손을 떼겠다고 했다.

그 소식을 들은 김근태 선배가 자기 선거 일정을 중단하고 나를 찾아왔다. 그것이 얼마나 어려운 일인지는 자기 선거를 해본 사람만 안다.

"DJ 정부를 지키려면 한 석 한 석이 모두 중요해. 우리가 도와야 한다."

한 표 한 표가 중요한 선거 막바지에 모든 일정을 중단하고 찾아와 한 석이 중요하다고 하는 김근태 선배를 거역할 수 없었다. 옳은 말이었고, 그것이 대의였다. 나는 마음이 참 힘들었지만, 다시 최선을 다해 그 후보를 도왔다. 그는 당연히 당선했다.

내 지역구에 공천받은 그 후보는 당선했지만 내 마음은 너무 힘들었다. 내가 아무 말도 하지 않았는데, 김근태 선배가 나를 불렀다.

"힘들지?"

나는 대답하지 않았다. 김근태 선배는 내게 100만 원을 쥐여주었다. 당시에 100만 원은 제법 큰 돈이었다. 김근태 선배가 돈이 있는 정치인도 아니었다.

"여행 다녀와라."

나는 그 돈을 가지고 자동차를 끌고 혼자 여행을 떠났다. 강화도에서 시작해 국도길을 따라 완도, 남해를 거쳐 동해안을 돌아 올라왔다. 진도에서 완도로 이어지는 황토밭 길이 지금도 기억난다. 새로 갈아 붉은 황토밭과 초록의 언덕, 그리고 푸르디푸른 하늘이 기가 막히게 어우러진 언덕 위에 종탑을 올린 작은 교회 하나가 덩그러니 서 있었다. 나는 그 교회가 바라보이는 가게 앞 평상에 혼자 앉아 소주 두 병을 깠다. 김지하의 시로 지어진 노래 〈새〉, '저 청한 하늘 저 흰 구름, 왜 나를 울리나'를 몇 번이나 불렀는지 모른다. 한참을 울고 나니 마음이 편안해졌다. 그렇게 열흘간의 자동차 여행을 마치고 나는 담담한 표정으로 서울에 돌아왔고, 다시 시작할 수 있었다. 그 후 나는 힘들어하는 후배들이 있으면 여행을 권한다. 여행이 주는 힘을 그때 알았고, 내가 김근태 선배에게 힘입어 다시 나의 일을 시작할 수 있었듯이 후배들도 그러기를 바라서다.

2000년 총선, 내가 그렇게 힘든 마음을 견디며 당선시켰던 낙하산 정치인은 결국 나중에 박근혜 대표가 이끄는 당으로 넘어갔다. 그렇지만 지금 생각해도 내가 그를 도운 것은 옳았다. 나의 입장에서 그가 잘못되었지 그를 도운 우리가 잘못된 것은 아니었다. 그때 내 중심을 잡아주었던 김근태 선배가 아니었다면 내가 지금까지 한 번도 곁눈질하지 않고 여기까지 올 수 있었을까. 사회적 대타협을 성사시키기 위해 함께 뛰어다니고, 현실정치 여건에서 책임 있는 태도를 함께 생각하고, 민주개혁 세력의 미래를 함께 고민한, 김근태 선배와 함께한 그 시간이 없었다면 지금 내가 국회의장이 되어 계엄령을 해제시킬 수 있었을까. 민주주의

너머의 민주주의, 사회경제적 민주주의를 앞당기기 위한 노력을 이어갈 수 있었을까.

　김근태 선배의 장례식 뒤에 인재근 형수가 선배님이 쓰시던 유품들을 나누어주었다. 나는 연두색 넥타이 하나를 골랐다. 언제나 청년의 정신을 살았던, 그래서 싱그럽게 푸르렀던 김근태 선배의 상징 같은 색깔이었고, 오래 환경운동을 한 나에게 어울리는 색이기도 했다. 김근태 선배의 마음으로 판단하고 행동해야 하는 날 나는 이 연두색 넥타이를 맨다.
　12월 3일, 계엄의 밤에도 나는 그 넥타이를 꺼내 맸다. '김근태 형님 도와주세요, 용기를 주세요' 하는 마음이었다. '민주주의자 김근태'가 살아온 시간, 내가 그와 함께, 우리가 국민과 함께 지켜온 민주주의를 반드시 지키겠다는 각오였다.

　라면에 김밥까지 한 줄 먹고 나서, 나는 2차 계엄을 막는 일에 나섰다. 우선 불법 계엄을 감행한 세력을 제압하려면 국회의 힘을 최대한 모아야 했다.

골드버그 미국대사와의 통화

윤석열 대통령의 불법적인 계엄령에 우리 국민만 충격받은 건 아니었다. 세계도 놀랐다. 각국의 언론이 일제히 한국의 계엄령을 실시간으로 보도했다.

국제사회는 시민들이 국회로 달려와 완전무장한 군인들을 가로막고, 국회가 단 2시간 30분 만에 계엄 해제 요구안을 의결하는 것을 보고 또 한 번 놀랐다. 그러나 불법 계엄령을 통해 군대를 국회에 투입했던 대통령실은 침묵했다. 여당의 다수는 불법 계엄 해제를 위한 의결에 참여하지 않았다. 계엄군의 동태는 여전히 수상했다.

나는 그 상황 속에서 우방국들의 동향을 특별히 주시했다.

12월 4일, 계엄이 해제되고 몇 시간 뒤에 필립 골드버그 주한 미국대사와 연락이 닿았다. 그는 국회의장 선거 때부터 나에게 관심을 보여온 유능한 외교관이었다. 나는 골드버그 대사가 걸어온 전화를 의장실에서 받았다.

골드버그 대사는 국회의 계엄 해제 과정을 모두 지켜보았다며 계엄령에 대한 내 의견과 입장을 직접 확인하고 싶다고 했다. 나는 최소한 6개월 이상 준비된 이번 불법 계엄령의 본질을 정확하게 인식하도록 골드버그 대사에게 차분하게 설명했다. 요지는 이랬다.

"미국 정부의 신속하고 올바른 판단에 사의를 표합니다. 우리의 정치적 상황이 한반도 안보에 위기를 초래해서는 안 됩니다. 각별한 관심과 협력을 요청드립니다. 대한민국 국회는 최선을 다해 현재의 혼란을 안정시켜나갈 것입니다. 특히 국회는 현 상황과 관련한 국민의 우려가 충분히 해소될 때까지 비상한 대응을 유지할 것입니다. 대한민국의 민주주의 역량에 대한 변함없는 신뢰를 당부드립니다."

골드버그 대사는 충분한 공감을 표시하며 명확하게 말했다.

"한국의 민주적 절차에 대한 군건한 지지를 확인하기 위해 연락했습니다. 미국은 한국이 평화적, 민주적, 헌법적으로 현 상황을 타개할 것이라고 믿습니다. 미국은 대한민국의 민주주의를 굳건하게 지지합니다. 그리고 현 상황과 무관하게 한미동맹은 굳건합니다."

이 통화의 의미는 단순한 외교 의례를 넘어섰다. 내가 국회의장에 당선된 다음 각별히 챙겨온 것 중의 하나가 외교였다. 주한 대사들, 우방국 국회의장들과 접촉하며 교류와 협력의 통로를 확장해 국제사회가 우리나라 편에 서게 하는 것은 국회의장의 역할에서 빼놓을 수 없는 일이었다. 특히 미국과 중국의 관계는 우리에게 대단히 중요하다. 우리 국익을 위해 펼쳐온 외교적 노력이 위기의 순간에 빛을 발했다.

주한 미국 대사관과 미국 국무부에서 한국의 민주적 절차를 지지한다는 메시지가 빠르게 나왔다. 이례적으로 신속한 반응이었다. 국회의 결의를 대통령실보다 우방국들이 먼저 인정해준 셈이었다. 한국 국회가 정당한 민주적 절차를 따라 계엄령을 해제하는 과정을 국제사회가 경이롭게 지켜보고 지지를 보낸 것이었다.

그러나 국제사회의 지지와 달리, 경제는 충격을 피하지 못했다. 계엄 소식이 전해진 직후 주가와 환율이 요동쳤다. 투자자들의 불안은 당연했고, 그대로 숫자로 드러났다. 시장은 정치의 불안을 거짓 없이 반영했다. 민주주의가 위협받는 순간, 국민의 삶도 즉각적으로 흔들렸다.

하루아침에 국민의 자산과 기업의 신뢰가 휘청거렸다. 민주주의가 무너지면 민생이 함께 무너진다는 사실을 시장은 보여주었다. 계엄 직전 1412원이었던 원 달러 환율이 계엄 직후에는 1443원으로 치솟았고, 계엄령 해제 후에는 빠르게 제자리를 찾았다. 나는 그 숫자와 그래프 속에서, 계엄이 남긴 상처를 다시 한번 실감했다. 국회의장으로서 할 수 있는 일은 이 모든 것을 제자리로 돌려놓아 대한민국 민주주의의 회복 탄력성을 국제사회에 증명하는 것이었다.

나는 골드버그 대사와 통화한 데 이어 주한 독일대사와 통화했다. 미국의 BBC, CBS와도 인터뷰했다.

12월 9일에는 국제의회연맹(IPU) 회원국 중 미수교국을 제외한 모든 나라의 국회의장들에게 우리나라의 상황을 설명하고 변함없는 협력을 요청하는 편지를 보냈다.

나는 국가의 위기 상황에서 국회의장은 단순한 조정자가 아니라 민주공화국의 가치를 지키는 한편으로, 자신의 모든 것을 던져 국익을 대변해야 한다는 사실을 새삼 절감했다.

계엄 해제 직후
외국 국회의장들에게 보낸 편지
―

2024.12.9 IPU 수교 회원국 전체 국회의장들에게 보내는

우원식 의장 서한

 대한민국의 최근 국내 상황에 대해 여러 우려가 있을 것으로 생각합니다. 대한민국 국회는 민의를 대변하는 헌법기관으로서, 국민의 강력한 지지 속에서 현재의 혼란을 안정시키기 위해 최선을 다하고 있습니다.

 민주주의와 헌정 질서를 지키기 위한 한국인의 노력은 결코, 흔들리지 않을 것입니다. 대한민국 민주주의에는 굳건한 뿌리가 있습니다. 국민적 참여와 헌신으로 민주화를 이뤘고, 민주주의와 시장경제를 병행 발전시켜왔습니다. 민주적이고 평화적인 방식으로 헌정 질서를 회복시킨 경험도 있습니다. 의장님께서 대한민국의 민주주의 회복력과 국회의 노력에 변함없는 신뢰와 지지를

보내주시기를 기대합니다.

대한민국 국회는 한반도 및 역내 안정과 국제 평화를 위해서도 현 사태를 신속하게 수습해야 한다는 강한 의지를 갖고 있습니다. 귀국과 국제사회의 지속적인 관심과 긴밀한 협력이 큰 힘이 될 것이라고 믿습니다.

대한민국 국회는 또한, 귀국 국민을 비롯한 모든 외국인이 한국에서 평화롭고 안전하게 생활할 수 있도록 필요한 모든 노력을 기울일 것입니다.

양국이 앞으로도 변함없이 상호 이해와 협력을 바탕으로 발전적 관계를 이어가기를 바랍니다. 귀국의 평화 번영과 의장님의 건승을 기원합니다.

3

탄핵의 길

탄핵소추안 발의

2024년 12월 4일 오후 2시 40분, 재적의원 300명 중 6개 야당 및 무소속 의원 191명이 윤석열 대통령 탄핵소추안을 공동 발의했다.

탄핵소추안 발의가 공식화되자 국회는 다시 긴장감에 휩싸였다. 계엄 해제를 통해 군대는 철수했지만, 불법 비상계엄의 책임자가 여전히 대통령실에 버티고 있었다. 2차 계엄의 위험성은 여전했다. 헌법을 파괴한 대통령을 국회가 심판해야 한다는 목소리가 광장과 거리에 넘쳐났다. 탄핵은 국민의 요구였고, 헌법이 부여한 국회의 책무였다.

국회 본회의는 자정이 넘어 열렸다. 나는 국회법에 따라 탄핵소추안을 본회의에 보고했다. 그 시각이 12월 5일 0시 48분이었다. 국회법 제130조는 탄핵소추안이 발의될 경우 이후에 열리는 첫 본회의에 보고하고, 본회의에 보고된 때부터 24시간 이후 72시간 이내에 표결에 부치도록 규정한다.

이 조항은 탄핵소추안의 신속한 처리를 강제하는 동시에 최소한의 검토 시간을 보장한다. 일각에서는 기다릴 것 없이 바로 강행 처리하자는 의견도 있었다.

하지만 그것은 내가 지켜온 원칙과 명백히 어긋나는 것이었다. 만약 날치기를 하면 국회마저도 법률을 위반했다는 논란이 생길 수 있었다. 헌법과 법률의 차이, 법률 중에서도 계엄법과 국회법의 경중은 비교할 수 없을 정도지만, 둘 다 법을 위반했다는 사실 자체는 마찬가지란 논란을 자초하지 말아야 했다. 더구나 24시간을 앞당겨서 얻을 현실적인 이익도 없었다. 국민의힘에서 8표 이상이 찬성해야 하는 상황인데, 국회법까지 위반하면서 강행 처리할 경우 찬성하려던 여당 의원들의 소신투표가 더 어려워질 수밖에 없었다. 불법 비상계엄 해제에 참여한 국민의힘 국회의원들이 어려움에 처해 있는 상황을 잘 아는 나로서는 그들이 위헌은 아니지만 위법 논란이 있는 표결에서 소신투표를 하기가 매우 어려울 것으로 생각했다.

나는 '24시간 효력 제한'을 규정한 국회법에 따라 12월 7일 19시에 표결하기로 했다. 24시간에 맞추어 6일 새벽으로 하지 않은 이유는 국민이 가장 많이 지켜보는 가운데 표결을 진행하자는 의원들의 요청에 따른 것이었다. 나도 그렇게 생각했다. 토요일 저녁이야말로 가장 많은 국민이 광장에서, 안방에서 자신이 국회로 보낸 의원들의 선택을 지켜볼 수 있는 시간이었다. 윤석열 대통령을 탄핵하기 위해서는 200명 이상의 의원이 필요했다.

헌법 제65조 제2항의 단서 규정에 따라 다른 공무원이 아닌 대통령에 대한 탄핵소추안은 재적 국회의원의 3분의 2 이상이 찬성해야 통과된다. 즉 재적의원이 300명이므로 200명 이상이 탄핵소추안에 찬성해야 윤석열 대통령의 권한을 정지시킬 수 있었다. 하지만 탄핵소추안을 공동 발의한 여섯 개 야당 소속 의원 190명과 야권 출신 무소속 의원 1명(김종민 의원)에다 당적이 없는 나까지 합쳐도 192표였다. 국민의힘 의원 108명 가운데 최소 8명 이상이 찬성해야 가결이 가능한 상황이었다. 그럼에도 대체로 상황을 어렵지 않게 보았다.

비록 친윤계로 불리는 의원들을 중심으로 국민의힘이 탄핵 반대를 당론으로 채택했지만 윤석열 대통령의 위헌, 불법한 친위 쿠데타가 너무나 명확했기 때문에 국민의힘에서도 많은 의원이 탄핵 찬성에 표를 던질 것으로 예상했다.

최순실 게이트로 탄핵당한 박근혜 대통령에 비하면 그 위헌, 위법성이 훨씬 심각한 윤석열 대통령의 탄핵은 너무나 당연한 것으로 국민들은 생각했다. 완전무장한 계엄군이 국회 유리창을 깨고 난입하는 장면을 생중계로 지켜본 국민들이었다. 국민의힘의 한동훈 대표가 직접 계엄령을 위헌 불법하다고 분명히 밝혔고, 비윤계 의원들도 비상계엄을 비판한 만큼 탄핵에 필요한 8표 확보는 무리가 없을 것으로 내다봤다.

불법 계엄의 상황 속에서도 계엄 해제 의결에 참석한 국민의힘 의원만도 18명이었다.

하지만 탄핵소추안 발의 후 상황은 앞을 내다보기 어려울 정도로 혼란스러웠다. 한동훈 대표의 친한계와 친윤계가 탄핵을 막기로 합의했다는 소식이 들리더니, 곧 국민의힘은 탄핵 반대를 당론으로 밀고 가려 했다.

탄핵사유가 윤석열 대통령에 비해 상대적으로 덜했다고 평가되는 박근혜 대통령 탄핵소추안 표결에서 의원들의 자율투표를 당론으로 채택했던 새누리당(국민의힘의 전신)이었다. 한동훈 대표는 계엄이 위헌, 불법이라고 말하며 계엄 해제에 동의했지만 윤석열 대통령 탄핵에는 반대했다.

그래도 상당한 수의 국민의힘 의원들이 여론을 의식해 탄핵에 찬성할 것이라는 예상이 있었다. 여론조사 결과도 예상을 뒷받침했다. 12월 5일 발표된 여론조사 결과에 따르면 '국민의힘이 당론으로 탄핵에 찬성해야 한다'가 압도적이었다. '당론으로 탄핵에 반대해야 한다'는 20퍼센트에도 미치지 못했다.

길었던 72시간이 지나가다

 탄핵소추안이 본회의에 보고된 다음 표결까지 주어진 시간은 최대 72시간이었다. 탄핵이 의결되기 전까지 위헌, 위법한 계엄을 선포한 대통령의 직은 유지되었다. 그사이 제2의 계엄령이 시도될 수 있다는 소문이 나돌았다.

 12월 5일, 윤석열 대통령은 김용현 국방부 장관의 면직을 재가하고 신임 장관으로 최병혁 주사우디 대사를 지명했다. 불법적인 계엄령으로 헌정질서를 무너뜨린 윤석열 대통령은 국회의 탄핵 절차가 개시되었음에도 여전히 대통령의 직을 유지하면서 권한을 행사하겠다고 나섰다. 불법 계엄의 실패로 중형을 피할 수 없게 된 윤석열 대통령이 필사적인 반격에 나선 것으로 본 국민들의 불안감과 분노가 증폭되었다.

이날 열린 국회의 '비상계엄 선포-해제 관련 긴급현안 질의'에서 김용현 전 국방부 장관의 해외도피 가능성이 집중 제기되면서 긴장감은 한층 더 고조되었다. 군 내부 사정에 밝은 김병주 의원을 비롯한 국회 국방위원회 소속 의원들도 관련 의혹을 강하게 제기했다. 윤석열 대통령과 함께 12·3 불법 계엄을 주도한 핵심인물인 김용현 전 국방부 장관이 해외로 도피한다면 진상규명과 책임자 처벌에 결정적인 차질이 빚어질 수밖에 없었다.

나는 즉각 정부에 김용현 전 국방부 장관의 출국금지를 요청했다.

국민의힘의 태도가 국민의 불안을 가중시키는 형국이었다.

국민의힘은 탄핵소추안이 본회의에 상정되자 의원총회를 열고 탄핵 반대를 당론으로 추인했다. 더구나 그동안 계엄령을 반대해온 한동훈 대표까지 '탄핵안이 통과 안 되게 노력하겠다'라고 말했다.

윤석열 대통령은 아무도 다치지 않았으니 아무 일도 일어나지 않은 것이라고 주장했다. 정말 아무 일도 없었다는 듯이 위헌적 계엄령 전으로 돌아가는 것은 아닌가. 국민들은 당황하고 염려했다. 이 불법 계엄령에도 대통령이 탄핵당하지 않는다면 앞으로는 언제든지 마음대로 계엄령을 발동해도 된다는 것이 아닌가.

12월 6일. 계엄 해제 후 3일째였고, 윤석열 대통령 탄핵안 표결 하루 전이었다.

국회에는 다시 팽팽한 긴장감이 감돌았다. 제2의 계엄에 대한 불안과 우려가 치솟았다. 수상한 움직임을 목격했다는 제보가 이어지고 있었다.

그러던 중 윤석열 대통령이 국회를 방문할 것이라는 이야기가 대통령실 쪽에서 흘러나왔다. 그러나 국회의장인 나에게는 어떤 통보도 없었다. 나는 즉시 상황 파악을 지시했다. 국회 경호기획관실과 국회의장비서실에서도 사전 협의를 받은 사실이 없었다. 대통령의 국회 방문은 당연히 사전 협의를 거쳐 진행되어야 하는 일이었다. 그런데 대통령실은 사전 협의는커녕 국회의장실에 의사를 타진조차 하지 않고 언론에 먼저 흘렸다. 절차와 의전의 기본을 완전히 무시한 계엄세력의 노림수를 생각하자, 나는 소름이 돋았다.

이틀 전 국회를 포위하고 총구까지 들이밀었던 그가 오늘은 국회를 찾아 대화하겠다니, 그 노림수가 뭘까. 윤석열 대통령이 국회를 찾는다는 것은 겉으로는 화해와 대화를 위한 제스처처럼 보일지 모른다. 그러나 실제로는 경호라는 명분 아래 무장한 병력이 다시 국회 안으로 진입할 기회를 열어주는 일이었다. 복도에는 여전히 깨진 유리 파편이 흩어져 있었고, 무너져 내린 바리케이드 잔해가 그대로 남아 있었다.

나는 곧 직감했다. 이것은 단순한 방문 계획이 아니었다. 다시 한번 국회를 무력으로 압박하며 자신의 건재를 과시하고, 내일 있을 탄핵안 처리를 무산시키려는 저의가 숨겨져 있었다. '경호'라는 단어가 민주주의를 다시 위협할 수 있었다.

머릿속이 빠르게 정리되었다. 평상시에 대통령이 국회를 찾아온다면, 국회의장으로서 얼마든지 환영할 수 있었다. 그러나 지금 상황은 달랐다. 국회는 불과 이틀 전까지 계엄군에 포위되어 있었다. 그 국회 안에 경호를 명분 삼아 다시 병력을 들이는 것을 방치한다면, 민주주의의 마지막 보루에 대한 능멸을 용인하는 것이었다. 이 불순한 시도를 단호히 차단해야 했다.

대통령의 오판을 막고, 국민들의 불안을 해소하기 위해 국회가 나서야만 했다. 국회의 역할이 그 어느 때보다 중요한 순간이었다.

그 발을
들여놓지 말라

12월 6일 오후 2시, 긴급회의를 소집했다.

대통령이 국회에 오는 것을 무작정 반대한다고 할 수는 없었다. 그는 아직 대통령이었다. 들리는 이야기로는 국민의힘 의총 참석이 명분이었다. 사전 경호 협의가 없었다는 점을 짚기로 했다. 만일 어떤 불상사가 일어난다면, 그것은 국회에도 책임이 있는 일이 되기 때문에, 국회로서도 명분이 있는 요구였다. 나는 긴급담화문을 준비했다.

오후 3시 20분, 국회방송 생중계를 통해 국민 앞에 섰다.

대통령을 향한 직접적인 경고, 군과 경찰을 향한 당부, 국민에게 보내는 호소를 긴급담화에 모두 담았다.

나는 천천히, 그러나 단호하게 말했다. 대통령의 국회 방문 보도에 대해 공식 협의가 없었다는 점을 먼저 분명히 했다.

"대통령의 국회 방문에 대한 추측 보도가 잇따르고 있고 이것 역시 매우 혼란스러워서 저희 입장을 먼저 밝히겠습니다. 대통령의 국회 방문에 대해 연락을 받은 바는 없습니다. 다만 방문하시더라도 경호 관련 협의가 우선되어야 합니다. 방문 목적과 경호에 대한 사전 협의 없이는 대통령의 안전 문제를 담보하기가 어렵습니다. 대통령께서는 국회 방문 계획이 있다면 이를 유보해 주시기를 요청합니다."

나는 국회의 수장으로서 목적조차 밝히지 않은 일방적인 대통령의 방문에 따른 안전과 경호를 책임질 수 없음을 분명히 하고 싶었다. 국회는 대통령 마음대로 완전무장한 군인을 투입하고, 그것이 통하지 않으면 경호 병력을 거느린 채 당당하게 문을 열고 들어올 수 있는 곳이 아니었다.

이어서 나는 민주주의를 지켜온 힘이 결국 국민에게 있다는 점을 다시 한번 분명히 밝혔다.

"대통령의 비상계엄 선포는 이 역사를 부정한 것이고 국민의 자긍심에 큰 상처를 낸 것이기 때문에 국회의장은 더욱 국민을 믿고, 반드시 국민과 민주주의를 지키겠다는 각오로 현 사태에 임하고 있습니다. 제2의 비상계엄은 있을 수 없습니다. 용납되지 않습니다. 대한민국의 민주주의는 총과 칼로 파괴될 수 없다는 것이 지난 12월 3일 밤, 확인되었습니다. 그것이 우리 국민이 쌓아온 민주주의의 유산이고 힘입니다.

만에 하나 또 한 번, 계엄선포라는 대통령의 오판이 있다면 국회의장과 국회의원들은 모든 것을 걸고, 이를 막아낼 것입니다. 반드시 국회를 사수하고, 국민과 민주주의를 지켜낼 것입니다."

제2의 계엄은 용납될 수 없으며, 만에 하나 그런 일이 시도된다면 국회의장으로서 민주공화국을 지키려는 의원들과 함께 모든 것을 걸고 막아내리란 결의를 국민 앞에 밝히고, 지켜보아주실 것을 부탁드렸다. 그리고 군과 경찰을 향해 헌법에 어긋나는 명령에 따르지 말고 제복 입은 시민으로서 명예를 지키라고 거듭 당부했다.

"모든 공직자는 자신의 자리에서 헌법을 충실하게 수호하기 바랍니다. 특별히 군경에 당부합니다. 지난 12월 4일 새벽, 군이 국회의 계엄해제요구 결의에 따라 즉각 철수한 것은 민주주의와 함께 성숙한 우리 군의 모습을 보여준 것이었습니다.

군은 국민의 군대입니다. 경찰은 국민을 지켜야 합니다. 어떤 경우에도 군경은 헌법이 정한 자신의 자리를 이탈해서는 안 됩니다. 헌법에 어긋나는 부당한 명령에는 응하지 않음으로써 제복 입은 시민으로서의 명예를 지키기 바랍니다."

나는 마지막으로 다시 한번 국회가 가장 앞에 서서 국민과 민주주의를 지키겠다고 약속했다.

담화가 끝나자 의장실은 잠시 고요해졌다. 그러나 나는 잘 알고 있었다. 이 담화는 단순한 안전조치가 아니었다. 국회는, 대통령실이 제 마음대로 가지고 놀 수 있는 놀이터가 결코 아니라는 선언이었다. 만약 아무런 대응도 하지 않고 방문을 받아들였다면 어떻게 되었을까. 국회는 다시 병력에 포위되거나, 이틀 전 불법 계엄령을 하나의 해프닝으로 치부하면서 탄핵을 피해 가는 출구용 이벤트로 악용되었을 것이다.

민주주의를 위협하는 방식은 이틀 전 들이닥친 군홧발만이 아니었다. 제도와 의전을 빙자한 병력 재투입, 아니면 실패한 불법 계엄을 다시 시도하기 위한 시간 벌기용 화해, 어느 쪽도 용납할 수 없는 일이었다. 불법 계엄으로 군정을 시도한 중차대한 범죄 혐의자에게 대통령으로서 정상적인 활동을 보장해줄 수 없었다. 기어코 민주주의를 무너뜨리려 드는 그들의 음모극에 국회가 들러리 설 이유가 없었다.

그날의 긴급담화는 바로 그 기만을 차단하려는 방어책이었다.

대통령이 국회를 방문한다는 보도는 국민들에게 혼란을 주었고, 시장에도 불안을 던졌다. 만약 국회가 침묵했다면, 그 혼란은 증폭되어 민주주의의 균열을 키웠을 것이다. 나는 그러한 위험을 막기 위해 국민 앞에서 직접 경고하고 방어선을 쳤다. 불법 계엄으로 군대를 국회에 투입한 그가 '대통령' 경호를 빌미로 국회에 병력을 끌고 들어와 국회를 능멸하는 것을 방치할 수 없었다. 뻔뻔하게 내미는 그 손을 잡아주는 것도 있을 수 없었다.

나는 의사봉을 들어 비상계엄 해제를 선포했던 순간보다 이 성명을 내보내던 순간이 오히려 더 아찔하게 다가왔다. 계엄 해제 결의는 헌법이 정한 절차를 지킨 일이었지만, 이 성명은 숨어 있는 함정을 간파하고 선제적으로 막아내기 위한 결단이었다. 민주주의가 또 한 번 위험에 빠지는 것을 막기 위한 비상한 결심과 신속한 실행이 필요한 순간이었다.

입장문을 낸 다음 나는 김민기 국회사무총장에게 국회 자체 경비를 강화하라고 지시한 다음 현장을 돌아보았다. 국회 앞 잔디밭에는 헬기가 착륙할 수 없도록 국회 차량은 물론 국회의원과 의원실 보좌진, 국회의장비서실과 국회사무처 직원들의 차량이 배치되어 있었다.

내가 잔디밭에 차량을 올려놓게 한 것은 계엄군의 재투입을 막기 위해서였다. 다시 계엄군을 투입한다면 국회 밖을 지키는 시민들을 피해 헬기를 동원할 것이 분명했기 때문이다. 헬기 착륙을 육탄으로 저지하려면 인명피해를 피할 수 없었다.

나는 국회 뒤편 운동장에도 차량을 투입하라고 지시했다. 헬기가 착륙하지 못하도록 주차장에는 차량을 배치하고, 옥상에는 의자와 각종 집기를 쌓아 헬기의 착륙을 막도록 했다.

나는 국민들의 불안이 더 커지지 않기를 바랐다. 현장을 돌아보고 페이스북을 통해 '제2의 비상계엄 가능성을 우려하는 국민들의 목소리를 듣고 있었다. 국회는 결코 일어나선 안 될 상황에 대비하기 위해 헬기 착륙을 막기 위한 조치를 취하고 있다'라고 알렸다.

국회의원 선서로 돌아가자

 탄핵 표결일인 12월 7일, 혼돈은 극에 달했다. 한동훈 국민의힘 대표는 이틀 사이에 탄핵과 탄핵 반대를 두 번이나 오갔다.

 하루 전인 6일 한동훈 대표는 자신의 탄핵을 막으려고 발버둥치는 윤석열 대통령을 만났다. 직후 한동훈 대표는 '대통령과 면담에서 직무정지 판단을 뒤집을 만한 말을 듣지 못했다'고 밝혔다. 한동훈 대표가 요구한 자진사퇴나 임기단축을 윤석열 대통령이 받아들이지 않은 것이었다. 한동훈 대표는 12월 5일 CNN과의 인터뷰에서도 윤석열 대통령이 계속 대통령직을 유지한다면, 계엄령 선포와 같은 극단적인 행위가 반복될 수 있는 상당한 위험이 있다며, 2차 계엄을 막겠다고 밝혔다. 그러자 탄핵소추안이 가결될 것이라는 관측이 급격히 힘을 얻었다.

위기감을 느낀 윤석열 대통령은 7일 오전 10시 기자회견을 열고 자신의 거취를 '당에 일임'하겠다고 발표했다. '당과 정부'가 결정하는 대로 따르겠다고도 했다. 그것은 말할 것도 없이 국민의힘 의원들이 탄핵에 찬성하는 것을 막기 위한 꼼수였다. 여기에 가장 먼저 반응을 보인 것은 2차 계엄 우려를 표명하던 한동훈 대표였다.

한동훈 대표는 '대통령 직무정지' 입장을 철회하고 조기퇴진과 '책임총리제'로 입장을 선회하는 것처럼 보였다.

2024년 12월 7일 오후 5시 3분, 나는 본회의 개의를 선언했다. 안건은 두 가지였다. 이른바 김건희 특검, 그리고 대통령 탄핵소추안이었다. 국회가 짊어진 민주주의의 무게가 무거웠다. 나는 안건 상정에 앞서 말했다.

"오늘 본회의에서는 2개의 안건을 처리할 예정입니다. 윤석열 대통령 배우자 김건희의 주가조작 사건 등의 진상규명을 위한 특별검사 임명 등에 관한 법률안 재의의 건, 대통령 탄핵소추안입니다.

지난 3일 밤 무장한 계엄군이 국회에 진입했습니다. 국회는 헌법적 절차에 따라 질서 있게 계엄해제요구를 결의하고 비상계엄을 해제시켰습니다. 그리고 오늘 저는 본회의에 들어오면서 지난

9월 2일 이 자리에서 의원 여러분들과 함께 선서한 국회의원 선서를 다시 읽어보았습니다. 그 내용을 의원 여러분들과 공유하고 싶습니다."

지난밤에도 많은 시민이 집에도 가지 않고 국회 앞을 지켰다. 의원회관 옆 제3문 옆에서는 열댓 명쯤 되는 시민들이 담요를 덮은 채 웅크리고 있었다. 정문 앞 상황은 알고 있었지만, 오가는 사람도 없이 외진 그 깜깜한 길에도 시민들이 국회를 지키고 있는 줄은 몰랐다. 우리 국회의원들이 저 시민들을 배반해서는 안 되었다. 나는 우리를 국회로 보내준 저 국민들의 간절한 마음을 기억하자고 말하고 싶었다. 정파와 노선을 떠나서 우리가 국회의원이 되면서 했던 '국회의원 선서'로 돌아가자는 간절한 마음으로 "나는 헌법을 준수하고"로 시작해 "양심에 따라"로 마무리되는 그 약속문을 의원들 앞에서 읽었다.

"나는 헌법을 준수하고 국민의 자유와 복리의 증진 및 조국의 평화적 통일을 위하여 노력하며, 국가의 이익을 우선으로 하여 국회의원의 직무를 양심에 따라 성실히 수행할 것을 국민 앞에 엄숙히 선서합니다."

먼저 특검법안을 표결에 부쳤다. 투표하는 사이, 재의요구 설명을 하러 온 법무부 장관이 본회의장을 이탈했다. 국회가 안건을 처리할 때 그 안건에 해당하는 국무위원은 자리에 앉아 있는 것이 기본적인 원칙이다. 나는 개표 결과를 발표하기 전, 이 점을 짚었다.

"국무총리가 오늘 오셔야 되는데 국정현안 때문에 양해를 구해서 대신 왔으면 대신 온 국무위원으로서 그 책임을 다해야 되는데 이렇게 중간에 가는 것은 국회를 무시하는 것이고, 국민의 대표기관인 국회를 무시하는 것은 국민을 무시하는 겁니다. 국회의장도 며칠 전에 있었던 군홧발로 국회가 유린당한 것, 정말 분노를 느꼈는데 국무위원들이 계속 이렇게 하면 안 됩니다. 이것은 교만한 것이고 국회를 무시하는 것이고 그리고 국민을 무시하는 것입니다. 오늘 이렇게 책임을 다하지 않은 것에 대해서 국회가 적절하게 조치해 나가겠습니다."

결과는 부결이었다. 국민의힘 의원들이 대거 반대표를 던졌다. 윤석열 대통령의 헌법위반을 심판하기에 앞서, 대통령 배우자의 의혹을 규명하는 것조차 받아들일 수 없다는 의사 표시였다. 본회의장이 술렁거렸다. 국민적 의혹이 분명한 사안을 특검으로 규명하자는 요구마저 외면한 것이었다. 다음 안건이 윤석열 대통령 탄핵소추안이기에 나는 이 안건은 통과시킬 줄 알았다. 탄핵안을 부결시키기 위해서라도 김건희 특검은 통과시킬 것으로 생각한 것이었다. 민주주의를 훼손당한 국민들의 분노가 하늘을 찌를 때가 아닌가. 유린당한 민주주의를 회복하자고 한겨울 맹추위 속에서 노숙하며 국회를 지키고 있는 시민들을 생각하자, 참담하기 그지없었다.

혼신을 다해 호소하다

  17시 48분, 이날의 두 번째 안건 '대통령(윤석열) 탄핵소추안'을 상정했다.

  땅! 땅! 땅!

  나는 표결을 선언하는 의사봉을 세 번 두드렸다.

  회의장은 숨조차 쉬기 어려운 정적에 휩싸였다.

  잠시 후 우려했던 상황이 벌어졌다. 탄핵소추안 표결을 앞두고 국민의힘 의원들이 줄지어 퇴장하기 시작했다. 몇몇은 자리에 남았지만, 대부분은 퇴장했다. 의장석에 앉아 그 장면을 바라보는 내 마음은 참담했다. 나라의 명운이 걸린 표결이었다. 이 중대한 표결에 임하지 않고 등을 돌리는 의원들의 모습을 국민에게 보여주는 것이 한없이 부끄러웠다.

나는 의사봉을 움켜쥔 채 마이크를 켰다.

"혼신의 힘을 다해 호소합니다. 투표에 동참해주십시오. 민주주의는 투표로 지켜집니다. 역사의 평가가 두렵지 않습니까? 세계가 한국 민주주의의 회복력을 지켜보고 있습니다."

나는 혼신을 다해 호소했다. 그러나 여당 의원들의 발걸음은 멈추지 않았다. 본회의장의 빈자리는 늘어갔고, 전자 투표기의 불빛은 채워지지 않았다.

박찬대 더불어민주당 원내대표는 국민의힘 의원의 이름을 한 사람씩 목이 터져라 불렀다. 본회의장을 지키던 다른 의원들도 그 이름을 따라서 외쳤다. 의원들의 그 목소리는 훼손당한 민주주의를 다시 세우려는 국민들의 우렁찬 함성이었다. 이는 앞으로도 나에게 오래 남을 장면이다. 그러나 돌아서는 국민의힘 의원은 없었다.

표결이 시작되었다. 찬성표는 야당을 중심으로 압도적으로 쌓였지만, 정족수라는 장벽은 끝내 넘지 못했다. 재적의원 300명 중 200명 이상의 찬성이 필요했지만, 표결 참여 의원은 194명에 불과했다. 국민의힘 의원 중에 표결에 참여한 의원은 안철수 의원과 김예지 의원, 2명이었다.

나는 표결을 종료하지 않고 기다렸다. 추경호 원내대표는 그 시간에 의원총회를 열어 소속 의원들의 이탈을 막는 것으로 보였다. 의원들의 표결 참여를 막기 위한 사실상 감금행위라는 야당의 비난이 쏟아졌다. 당시 상황상, 본회의 개의 중에 의원총회를 여는 것은 국회 의사진행을 방해하는 행위로 간주될 수 있었다. 그러나 나는 계속 기다렸다.

18시 51분, 국민의힘 의원 한 명이 본회의장으로 걸어 들어왔다. 김상욱 의원이었다. 그는 투표를 한 후 자리에 앉았다. 투표 참가 의원은 195명이었다. 의결정족수에 5명 미달이었다.

나는 20시 6분과 20시 28분, 20여 분의 간격을 두고 이 엄동설한에 국민들이 거리에서 지켜보고 있고, 세계가 주시하고 있다며 투표에 참여해줄 것을 거듭 호소했다. 나의 호소는 국회방송을 통해 생중계되었다.

20시 52분, 나는 마지막으로 호소했다.

"투표에 참여해주십시오. 기온이 급강하한 거리에 국민들을 언제까지 기다리시게 할 수 없습니다. 21시 20분까지 기다리겠습니다."

국민의힘 의원들은 끝내 돌아오지 않았다. 21시 22분 나는 투표 종결을 선언했다. 개표 결과, 명패 195매였다. 가결정족수 미

달, 투표 불성립이었다.

본회의장은 깊은 정적에 휩싸였다. 탄핵소추안은 자동 폐기되었다.

국민은 국회를 믿고 지켜보고 있었다. 광장에서, 텔레비전 앞에서, 스마트폰 화면을 통해 지켜보던 국민은 국회가 윤석열 대통령을 심판하길 바랐다. 그러나 국회는 국민이 맡긴 임무를 완수하지 못했다. 계엄 해제를 통해 얻었던 국회의 자부심은, 탄핵 투표 불성립과 함께 송두리째 무너져 내렸다. 국회를 향한 국민의 신뢰는 실망으로 바뀔 수밖에 없었다.

나는 의장석에서 마이크를 다시 잡았다. 국민 앞에 마음으로부터 고개를 숙였다.

"대통령(윤석열) 탄핵소추안에 대한 투표가 성립되지 않았습니다. 전 국민이 오늘 국회의 결정을 지켜보고 있습니다. 세계 각국이 주시하고 있습니다. 이토록 중대한 국가적 사안에 대해 투표조차 이루어지지 않은 것은 매우 유감입니다. 민주주의는 내용도 중요하지만 절차도 몹시 중요합니다. 이 사안에 대한 투표불성립은 국가의 중대사를 놓고 가부를 판단하는 민주적 절차조차 판단하지 못한 것입니다. 국회를 대표해 국민께 죄송합니다."

국회가 임무를 완수하지 못했기에, 나는 국민 앞에서 죄송하다는 말 이외에 어떤 변명도 할 수 없었다. 21시 27분, 나는 본회의 산회를 선포했다.

그날 밤 두 장면이 내 뇌리를 떠나지 않았다. 하나는 비상계엄 해제 요구 결의를 선포하던 순간, 다른 하나는 탄핵소추안이 자동 폐기되던 순간이었다. 하나는 국민의 환호와 세계의 찬사를 불러왔다. 다른 하나는 국민의 실망과 분노를 자아냈고, 세계의 우려를 불러일으켰다.

계엄을 해제할 수 있었던 것도 절차였고, 탄핵을 발의할 수 있었던 것도 절차였다. 그날 비록 정족수의 장벽을 넘지 못했지만, 국민은 국회가 어떻게 행동했는지를 똑똑히 지켜보았다. 여당은 특검을 부결시키고, 대통령 탄핵 표결마저 외면했다. 이런 선택이 민주주의를 위한 선택이었는지 민주주의를 거부한 선택이었는지 역사는 그 선택을 기록할 것이다. 국회가 실패한 날에도, 국민은 헌법과 절차를 통해 다시 길을 찾아낼 것이다. 나는 그 믿음을 놓지 않고 내일을 준비하기 시작했다.

권력은
주머니 속에 있지 않다

 윤석열 대통령 탄핵소추안의 처리가 정족수 미달로 무산되자 국민들은 분노했다.

 비상계엄 해제 요구 결의안이 가결된 뒤, 국민의 관심은 곧바로 책임자 처벌과 재발 방지로 옮겨갔다. 헌법을 파괴하고 불법 계엄으로 군대를 동원한 대통령에게 책임을 물으라고 요구했다. 국회에서 윤석열 대통령의 탄핵소추안을 발의하기 전에 국민의 여론이 먼저 그 방향으로 향했다. 광장은 '탄핵'을 외쳤고, 거의 모든 언론의 사설도 '헌법 절차를 밟아야 한다'는 쪽으로 기울었다. 그러나 여당인 국민의힘은 달랐다.

 계엄 해제 요구 의결에 다수가 참여하지 않았던 국민의힘은 윤석열 대통령 탄핵소추안 표결도 당론으로 불참했다. 탄핵의 첫 고비를 모면한 대통령실은 '경고용 계엄'이었다는 해괴한 궤변으로 불법 계엄을 정당화하려 들었다. 그들은 다수당인 야당의 방해로 국정운영이 어려워 경고용 계엄을 했다고 계엄을 옹호하며, '해프닝'에 불과했다고 물타기에 나섰다.

탄핵을 피할 수 없을 것으로 예상한 여당의 차기 대권 주자들은 윤석열 대통령의 임기단축 카드를 꺼내 들기도 했다. 형태는 달랐지만 불법 계엄을 저지른 윤석열 대통령의 책임을 면제하고, 그 권력을 이어받겠다는 것만큼은 모두 일치한다는 평가가 많았다.

그런 상황에서 황당한 일이 벌어졌다.

12월 8일, 일요일 오전이었다. 한덕수 총리와 한동훈 국민의힘 대표가 나란히 서서 대국민 담화를 발표했다. 대통령은 사실상 국정에서 손을 떼고, 이제부터는 총리와 당이 국정을 책임지겠다는 내용이었다. 가당치 않은 일이었다. 헌법을 유린한 계엄령에 동조한 국무위원들은 공범 혹은 최소한 방조범으로 수사를 받을 가능성이 컸다. 총리는 비상계엄 논의를 위한 국무회의에 국무위원의 참석을 요청한 사람으로 윤석열 대통령 다음으로 책임을 져야 할 것이며 조사와 처벌이 예상되었다. 위헌적 비상계엄으로 나라를 혼란에 빠뜨린 책임을 져야 할 세력이 법에도 없는 논리를 내세워 나라를 그대로 운영한다는 것은 12·3 비상계엄을 사실상 이어가는 것과 다름없었다. 그들이 내세운 명분은 윤석열 대통령의 '질서 있는 퇴진'이었다.

불법 계엄으로 군대를 동원한 대통령은 탄핵하고 처벌해야 할 대상이지 질서 있게 퇴진시켜야 할 대상이 아니었다. 헌법에 규정되지 않은 권력구조를 임의로 만들어, 국정을 정부·여당이 사유화하겠다는 한덕수 국무총리와 한동훈 대표의 시도를 국민들이 받아들일 리 없었다.

헌법은 명확하다. 대통령이 직무를 수행할 수 없는 경우, 총리가 권한을 대행한다. 그것이 유일한 길이다. 그러나 총리와 여당 대표가 공동으로 국정을 운영한다는 발상은 헌법 어디에도 없다. 오히려 민주주의의 뿌리를 뒤흔드는 위헌적 발상일 뿐이다.

전날 밤 모처럼 귀가했던 참모들이 일요일 아침에 즉시 다시 출근해 집무실로 모였다. 며칠을 사무실 간이침대에서 쪽잠을 자던 처지였으니, 아마 이날은 조금 천천히 출근할 요량이었을 것이다. 나는 고맙고 미안했다.

오후 3시, 긴급 기자회견을 열었다.

"한동훈 국민의힘 대표와 한덕수 국무총리의 담화에는 헌법도 국민도 없습니다. '대한민국의 주권은 국민에게 있고, 모든 권력은 국민으로부터 나온다.' 헌법 1조 2항입니다. 권력은 대통령 주머니 속에 있는 것이 아닙니다."

나는 탄핵이라는 법이 정한 절차를 거치지 않고 대통령의 권한을 임의로 양도하는 것이 위헌임을 분명히 지적하고, 다음과 같이 경고했다.

"위헌적 비상계엄에 대한 헌법적 책임을 묻는 헌법적 절차에는 참여하지 않은 채로, 그 누구도 부여한 바 없는 대통령의 권한을 총리와 여당이 공동행사하겠다고 하는 것은 명백한 위헌입니다. 이런 방식으로 작금의 사태를 수습할 수 없습니다. 국회의장으로서 경고합니다. 지금 당장, 헌법에 없는 일체의 행위를 중단하십시오."

더구나 한덕수 총리와 한동훈 대표의 담화에는 또 다른 모순이 숨어 있었다. 대통령이 스스로 권력을 내려놓겠다는 절차적 장치도 없었고, 국회와의 협의도 없었다. '질서 있는 퇴진'이라는 말은 있었지만, 그 질서를 뒷받침할 법적 근거는 어디에도 없었다. 겉으로는 얼핏 민주적 절차를 밟는 것처럼 보이더라도, 실제로는 절차를 무너뜨리고 헌법의 틀 밖에서 권력을 이어가려 한다는 비판을 피할 수 없었다.

나는 그 순간, 민주주의를 지키는 길은 오직 원칙뿐이라는 사실을 다시 한번 절감했다. 비상계엄 해제 요구 결의도 결국 국회가 의결 과정에서 원칙을 지켰기에 성공할 수 있었다. 국민이 선출한 대통령이 헌법을 파괴했을 때, 그를 심판하는 길은 법적 근거가 없는 거래가 아닌 헌법이 정한 바에 따라 국회가 발의하고 헌법재판소가 심판하는 탄핵 절차뿐이었다. 그것이 민주주의가 살아남는 유일한 방법이었다.

그날 오후, 한동훈 대표가 다시 기자들 앞에 섰다. 그는 '탄핵은 불확실성이 있다'며 여전히 '질서 있는 퇴진'이 더 나은 방안이라고 주장했다. 그러나 구체적인 방안을 끝내 내놓지 못했다. 결국 법조계, 야권은 물론 심지어 여권 내부에서도 위헌이라는 비판만 불거졌다.

한동훈 대표는 과거 사례를 왜곡해서 끌어오기도 했다. 2016년의 박근혜 대통령 국정농단 사태 때 더불어민주당이 대통령에게 손을 떼고 총리에게 전권을 맡기라고 하지 않았느냐는 주장이었다. 그것은 사실이 아니었다. 당시 더불어민주당은 어디까지나 여야 합의를 통해 거국중립내각을 구성하는 방안을 검토했을 뿐이었다. 게다가 검토 결과 절차적 완전성을 지키기 어렵다고 판단했기에 가장 적법하고 완전한 헌정 절차인 탄핵으로 방향을 선회했다. '총리+여당'이라는 사적 권력구조를 인정한 적은 결코 없었으며 절차적 문제가 있기 때문에 폐기된 후보안에 불과했다.

이 점은 중요한 교훈을 남긴다. 혼란의 순간마다 사람들은 편법과 임시방편을 떠올린다. 그러나 역사는 이미 답을 내렸다. 어떠한 임시방편도 정의를 살릴 수 없으며, 오히려 원칙을 흔드는 순간 더 큰 혼란만 초래한다. 2016년에도 결국 국회는 탄핵으로 갔고, 이번에도 마찬가지였다. 올바른 절차로 계엄을 막아낸 국회가 다시 원칙을 지켜내야 했다.

권력은 정당한 민주주의 절차를 통해서 오직 국민만이 부여한다. 권한대행도 권한을 대행하며 상황을 유지하는 결정만 할 수 있을 뿐이다. 국회가 할 일은 질서 있는 퇴진이라는 편법을 받아들이는 것이 아니라, 헌법이 정한 절차에 따라 탄핵을 하루라도 빨리 추진하는 것이었다.

정치권과 언론은 곧바로 '소통령 행세'라는 표현을 붙여 한동훈 대표의 행보를 규정했다. 나는 직접 그 말을 쓰지는 않았지만, 그 본질은 분명히 위헌이라고 생각했다. 헌법 밖에서 권력을 움켜쥐려는 시도를 국민이 용납할 리 없었다. 여론은 싸늘하게 돌아섰고, 여당 내부에서도 문제 제기가 쏟아졌다.

불법적 비상계엄을 헌법적 절차로 해제시킨 국회의장이 '위헌'이라고 한 규정력은 강한 영향력을 발휘했다. 긴급 기자회견을 통한 나의 지적이 강한 힘을 발휘한 것은 원칙을 말했기 때문이었다.

계엄을 막아낸 것도, 위헌 비판을 받던 권력 이양을 저지한 것도 모두 헌법과 절차의 힘으로 가능했다. 민주주의는 원칙을 가지고 그 힘을 지켜내려는 의지 위에서만 살아남는다. 그리고 헌법을 수호하는 사람들이 자리를 지키고 있는 한, 권력의 어떤 술수도 민주주의를 무너뜨릴 수 없다.

'자진사퇴'와 '임기단축'의 함정

    윤석열 대통령이 저지른 불법 계엄령의 여파가 나라를 뒤흔들었다. 세계가 부러워하던 문화강국 대한민국의 국격은 곤두박질쳤다. 국민의 자존심은 바닥으로 떨어졌다. 경제도 치명상을 입었다. 집권 2년 동안 무능과 부패, 오만으로 어려워질 대로 어려워져 있던 우리 경제는 걷잡을 수 없이 휘청거렸다. 고물가와 고금리에 시달리던 중소상공인들과 서민들은 파산의 기로에 섰다. 주가는 급락하고 환율은 급등했다.

    외교도 멈췄다. 스웨덴 총리의 방한은 취소되었고, 이시바 시게루 일본 총리의 방한도 불투명해졌다. 국회를 방문해 나와 회담하기로 되어 있던 싱가포르 국회의장의 방문도 무산되었다.

    윤석열 대통령의 불법 계엄령은 대한민국에 던진 폭탄이었다.

민주공화국을 송두리째 파괴하려는 시도를 진압하는 데 진보와 보수가 따로 있을 수 없었다. 여야의 구분도 있을 수 없었다. 나라가 없다면, 민주주의가 없다면 여도 야도, 국회도 존재할 수 없는 것이다. 야당인 더불어민주당 이재명 대표와 국회를 대표하는 나뿐 아니라 여당인 국민의힘 한동훈 대표까지, 3인이 최우선 체포 대상이 되었던 것이 그러한 사실을 분명하게 보여준다.

그런데도 국정의 공백을 최소화해야 할 내각은 여전히 불법 계엄을 저지른 윤석열 대통령의 뜻을 충실하게 따랐다.

강도가 든 집 안을 정상화하는 방법은 강도를 체포해서 처벌하는 것이다. 현행범인 강도는 질서 있게 내보내야 할 대상이 아니다.

계엄의 트라우마에 시달리며 불안에 떨고 있는 국민은 여전히 밤잠을 설쳤다. 하루속히 이 상황을 끝내지 않으면 한국의 대외 신인도는 추락하고 경제는 회복 불능의 늪으로 빠져들 게 분명했다. 미국과 영국, 프랑스, 뉴질랜드는 물론이고 전쟁 중인 이스라엘 정부까지 나서서 한국 여행 자제를 권고하는 상황이었다.

불법 계엄을 획책한 대통령에게 단 하루도 국정운영의 권한을 허락해서는 안 되었다. 더구나 대통령은 국군통수권자였다. 단 1초도 국군을 통수할 수 없도록 체포해 법의 심판대에 세워야 마땅하다는 것이 국민의 압도적인 뜻이었다. 윤석열 대통령이 받고 있는 내란혐의는 대통령 불소추 특권에도 해당하지 않았다. 더구나 그는 위헌적 비상계엄이 정당하다고 주장했다. 2차 계엄의 공포가 사라지지 않은 상태였다. 지체하지 말고 대통령의 직무에서 배제하는 것이 급선무였다.

군을 불법 계엄에 동원한 그를 군이 체포하거나 경찰이 현행범으로 체포하기를 기대할 수 없었다. 검찰이 법원의 영장을 발부받아 체포하기를 기대할 수는 더욱 없었다. 그를 대통령 직무에서 배제하고 사법 처리하는 첫 단추는 결국 탄핵이었다.

그러나 정부·여당은 탄핵이 곧 혼란이라는 프레임을 만들려고 했다. 계엄 해제로 간신히 불법 계엄의 공포에서 벗어난 국민의 불안 심리를 교묘하게 파고들었다.

야당 내부에서도 불확실성이 큰 탄핵 대신 대통령의 자진 사퇴와 신속한 조기대선이 더 안전한 길이라는 의견이 없지 않았다.

나는 깊이 고민했다. 그러나 결론은 역시 '원칙'이었다. 나는 정치에 몸담은 뒤 수많은 위기와 갈등에 직면했다. 그때마다 결단과 행동의 기준은 단 하나, '원칙'이었다. 바로 대의를 포기하지 않는 것이었다. 힘을 신뢰하는 것이 아니라 신뢰의 힘에 의지하는 것이 민주주의다. 신뢰의 힘을 지켜내는 가장 확실한 방법은 원칙을 지키는 것이다.

원칙은 가치를 포기하지 않는 것이고, 그 원칙은 합의된 절차적 정당성을 통해 지켜진다. 원칙과 절차가 무너지면, 다수결도 정의도 모두 무력해진다. 비상계엄과 탄핵 정국에서 내가 지켜야 할 원칙은 헌법이었다. 대한민국이 지향해야 할 가치와 지켜나가야 할 원칙을 명시한 것이 헌법이다. 대한민국 구성원 모두가 지키기로 합의한 원칙이 헌법이다. 그 헌법을 만든 곳이 국회이고, 그 국회의 대표인 나에게는 헌법을 수호할 책무가 있었다.

2024년 12월의 계엄사태는 어떤 상황에서도 '원칙'을 포기하지 않고 살아온 나를 시험한 가장 극적인 순간이었다. 국회는 봉쇄되고, 계엄군이 본관으로 진입한 상황에서 모두 초조하고 다급했다. 절차를 따지지 말고 일단 의결부터 하자는 독촉이 쏟아질 때도 나는 끝까지 절차를 지켜냈다.

절차적 정당성을 버리고 몇 분을 앞당기려다가 대한민국의 민주주의를 몇십 년 늦출 수 있다는 사실을 나는 누구보다 경계했다. 독재는 언제나 '긴급'을 명분으로 삼는다. 그 앞에서 민주주의자가 승리하는 가장 강력한 방법은 끝까지 '원칙'을 지켜나가는 길뿐이다. 순간의 기지가 필요할 때도 있지만, 결국 정도를 잊지 말고 원칙의 테두리 안으로 돌아와야 한다.

나는 불법 계엄을 획책한 윤석열 대통령의 '자진사퇴'와 '임기 단축' 같은 달콤한 유혹을 단호히 일축했다. 이미 자신이 수호해야 할 헌법을 유린한 대통령이었다. 그에게는 스스로 단축할 임기가 하루도 남아 있지 않았다.

헌법은 국민이 권리를 지키기 위해 맺은 약속이다. 따라서 국회의장인 나는 그 헌법을 파괴한 대통령을 '탄핵'하는 것 외의 어떤 다른 선택도 고려하지 않기로 했다. 나는 탄핵의 절차를 누구의 편이 아니라 국민의 편에서 오로지 헌법에 따라 처리하기로 단호히 결심했다. 국민의 편에서 처리한다는 것은 기계적 중립이나 방관을 의미하는 게 아니었다. 합의가 가능하다면 그것을 존중하는 것이 마땅하다. 그러나 그 합의는 헌법의 정신과 일치해야 한다. 합의가 불가능할 때는 국민의 편에서 헌법에 따라 직권을 행사하는 것이 국회의장의 책무라고 생각했다.

정치적 이해관계에 흔들리지 않고 절차를 지킨다는 것은 고단한 길이다. 때로는 답답하다는 비난도 들었고, 더 과감하게 나서야 한다는 요구도 있었다. 그러나 나는 믿었다. 정치는 이 상황이 지난 후에도 국민 앞에 당당할 수 있어야 한다고.

나는 의장으로서 '탄핵'의 절차를 다시 개시하기로 결심했다. 이미 야당들이 다시 탄핵안을 발의했다. 국민을 지키라고 준 총을 국민에게 들이대게 한 대통령을 탄핵하지 못한다면 국회도, 국회의장도 존재해야 할 이유가 없다고 나는 확신했다.

상설특검 대 일반특검

 윤석열 대통령 탄핵소추안 표결이 정족수 부족으로 무산되자 국민의 불안과 분노가 폭발했다. 계엄 해제로 회복 기미를 보였던 환율과 주식시장이 다시 출렁거렸다. 의원들에게 국민들의 항의 문자가 쏟아졌고, 의원회관과 지역구 사무실의 전화는 불이 났다. 살을 에는 혹한에도 광장을 메운 시민들은 응원봉을 흔들며 외쳤다.

"윤석열" "탄핵"
"윤석열" "체포"

 국민의 외침은 헌법의 명령이었다. 국회는 2차 탄핵소추안 상정을 준비하는 한편으로 국회가 할 수 있는 수사와 조사의 3가지

방법을 모두 동원하기로 했다.

- 내란 상설특검
- 내란 일반특검
- 내란 국정조사

나는 가장 빠르게 수사에 착수할 수 있는 상설특검 수사요구안부터 상정했다.

상설특검은 일반특검에 비해 규모가 작은 '미니 특검'이다. 수사 인력이 파견 검사 5명, 공무원 30명을 초과하지 못하고, 수사 기간도 기본 60일에 최대 30일까지만 연장할 수 있다. 다만 상설특검은 일반특검처럼 별도의 법안을 새로 만드는 것이 아니라 이미 있는 상설특검법에 따라 수사요구안만 채택하면 된다. 법안이 아니기 때문에 대통령의 거부권 대상도 아니다.

야당이 작성한 상설특검 수사요구안은 윤석열 대통령을 '내란의 우두머리'로 규정했다. 윤석열 대통령의 범죄 사실은 '위헌·위법적 비상계엄을 선포하고, 계엄사령부 포고령 제1호를 통해 (…) 계엄에 대한 국회 통제권한을 무력화하는 시도를 했으며 (…) 국회의원들에 대한 불법 체포를 감행하는 등 불법계엄을 총지휘'한 것이었다. 김용현 전 국방부 장관과 박안수 전 계엄사령관, 여인형 방첩사령관도 수사 대상에 포함되었다. 특전사 1공수여단과 수도방위사령부 특임대, 국군방첩사령부, 국군정보사령부 특임대 등 계엄군으로 참여한 일선 군 병력도 수사 대상으로 삼았다. '위헌·위법적 비상계엄 선포를 심의함으로써 윤석열 대통령의 불법 계엄 모의에 적극적으로 가담'한 한덕수 국무총리 또한 수사 대상이 되었다.

12월 10일 진행된 '상설특검 내란 수사요구안' 표결에 참석한 의원은 287명이었다. 개표 결과 찬성 209표, 반대 64표, 기권 14표로 가결되었다. 이 투표에는 국민의힘 의원 중 23명이 찬성표를 던졌다. 이날 본회의에서는 윤석열 대통령을 비롯해 불법 계엄에 가담한 8명의 신속한 체포를 요구하는 결의안도 통과되었다.

12월 12일, 나는 국회 본회의에 '내란 일반특검 법안'을 상정했다. 일반특검은 파견 검사를 상설특검보다 5배나 많은 40명까지 둘 수 있고 수사 기간도 최대 150일이었다. 일반특검 법안이 발효되면 상설특검은 일반특검에 흡수, 통합된다.

그럼에도 불구하고 일반특검 전에 상설특검 수사요구안부터 의결한 것은 일반특검 '법안'은 대통령이 '재의 요구권', 즉 거부권을 행사하면 국회에서 다시 심의해서 재적의원 과반수 출석과 출석의원 3분의 2의 찬성을 얻어야 했기 때문이다. 3분의 2 이상의 찬성을 얻으려면 국민의힘 의원들의 협조가 있어야만 했다.

끝내 협조를 구하지 못하면 일반특검법이 폐기될 터였다. 반면에 상설특검은 대통령이 거부권을 행사할 수 없었다. 따라서 일반특검법은 대통령의 거부권으로 폐기된다고 하더라도 상설특검은 수사를 할 수 있었다.

이날 본회의에서 나는 또 하나의 중요한 특검법을 상정했다. 앞서 말한 '김건희 특검법'이었다. 정식 명칭은 '윤석열 대통령 배우자 김건희의 주가조작 사건 등의 진상규명을 위한 특별검사 임명 등에 관한 법률안'이었다. 이 특검법의 수사 대상은 김건희 여사와 관련된 15가지 의혹이었다.

이 특검법이 본회의에 상정된 것이 네 번째였다.

국회가 2023년 12월, 2024년 9월, 11월, 총 세 차례에 걸쳐 '김건희 특검법'을 의결했지만 윤석열 대통령은 세 번 모두 거부권을 행사했다.

12월 12일, 이날 다시 상정된 '김건희 특검법' 표결에 참석한 의원은 282명이었다. 개표 결과 찬성 195명, 반대 85명, 기권 2명으로 가결되었다.

이런 법들이 통과되었지만 불법 계엄령의 책임자를 대통령 직무에서 배제하지 않고서는 제대로 작동하기 어려웠다.

분노에 기름을 끼얹었다

여전히 가장 중요한 것은 탄핵이었다.

12월 7일의 첫 번째 탄핵소추안 표결이 불성립되면서 국민들의 분노는 치솟았다. 매일 저녁 응원봉을 든 시민들의 대열이 여의도를 메우고, 국회를 감쌌다. 날씨가 점점 더 매서워지는데도 아랑곳하지 않았다. 국회에서 숙식 중이던 나는 새벽에 국회 외곽을 돌 때마다 슬리핑백에 들어가 국회를 지키고 있는 청년들과 마주쳤다.

정족수 미달로 폐기된 탄핵소추안을 다시 상정하려면 여야 교섭단체 대표들의 협의 과정을 거쳐야 했다. 그렇지 않으면 절차적 정당성을 확보할 수 없었다. 나는 여야 교섭단체 대표들과 여러 차례 비공개 회담을 열었다. 야6당의 의석만으로는 이번에도 의결정족수 200표를 확보할 수가 없었다. 여당 일부의 표결 참여가 반드시 필요했다. 나는 여당 의원들을 향해 '정치적 보복'이라는 잘못된 프레임에서 빠져나와 '헌정수호'라는 원칙에 동참할 것을 설득했다.

그러나 탄핵소추안을 여야 교섭단체가 합의로 통과시키는 것은 불가능해 보였다. 의원들의 소신투표를 통해 통과시키고자 많은 의원들이 애썼다. 특히 박찬대 더불어민주당 원내대표와 원내대표단은 매일 쉬지 않고 동분서주했다.

다행히 일부 여당 중진 의원이 '국가적 위기 앞에서 정파적 이해보다 헌법을 우선해야 한다'는 입장을 밝히면서 상황이 조금씩 달라졌다. 무엇보다 국회 밖을 지키는 수많은 국민들의 절박한 분노와 여론조사를 통해 드러난 민심의 힘이 컸다. 모든 여론조사에서 압도적 다수가 탄핵소추를 지지했다. 여당 의원들도 악화되는 민심의 향방을 신경 쓸 수밖에 없었다.

나는 이번에도 탄핵소추안이 통과되지 못하면 나라가 내전 상태에 빠져들 수 있다는 심각한 위기의식을 느꼈다. 이번에는 결코 부끄러운 결과를 남기지 않겠다는 각오로 임했다. 서명에 나선 박찬대 원내대표를 비롯한 야당 의원들과 탄핵에 내심 동의하는 국민의힘 의원들의 표정은 무겁고 결연했다. 야당은 물론, 일부 여당 의원도 탄핵에 찬성하겠다는 의사를 표했다. 침묵하는 의원들도 있었다.

국민의 불안과 분노에 결정적으로 기름을 끼얹은 것은 윤석열 대통령의 담화였다.

2차 탄핵소추안의 상정이 예정된 12월 12일 오전 10시, 그는 대통령 담화문이라는 것을 발표했다. 처음부터 끝까지 극우 유튜브에서나 볼 수 있는 황당한 내용이었다. 도저히 대통령의 담화라고 볼 수 없는 참담한 수준이었다.

"작년 하반기 선거관리위원회를 비롯한 헌법기관들과 정부 기관에 대해 북한의 해킹 공격이 있었습니다. 국가정보원이 이를 발견하고 정보 유출과 전산시스템 안전성을 점검하고자 했습니다. 다른 모든 기관들은 자신들의 참관 하에 국정원이 점검하는 것에 동의하여 시스템 점검이 진행되었습니다. 그러나 선거관리위원회는 헌법기관임을 내세우며 완강히 거부하였습니다. 그러다가 선관위의 대규모 채용 부정 사건이 터져 감사와 수사를 받게 되자 국정원의 점검을 받겠다고 한발 물러섰습니다. 그렇지만 전체 시스템 장비의 아주 일부분만 점검에 응하였고, 나머지는 불응했습니다. 시스템 장비 일부분만 점검했지만 상황은 심각했습니다. 국정원 직원이 해커로서 해킹을 시도하자 얼마든지 데이터 조작이 가능하였고 방화벽도 사실상 없는 것이나 마찬가지였습니다. 비밀번호도 아주 단순하여 '12345' 같은 식이었습니다."

 일부 유튜버들이 퍼뜨리는 가짜뉴스를 심각하게 주장하는 그의 모습은 참담하다 못해 보는 사람을 부끄럽게 했다. 국정 책임자로서 기초적인 사실관계마저 파악하지 못한 채 앵무새처럼 극우 유튜버들의 '부정선거' 주장을 되풀이했다. 그 담화 방송을 본 국민들과 마찬가지로, 저런 사람이 대통령이었다는 사실에 경악했다. 대통령은 거기서 그치지 않고 비상식적 군사행동의 정당성을 강변하기까지 했다.

"저는 헌법의 틀 내에서 대통령의 권한을 행사하기로 했습니다. 현재의 망국적 국정 마비 상황을 사회 교란으로 인한 행정 사법의 국가 기능 붕괴 상태로 판단하여 계엄령을 발동하되, 그 목적은 국민들에게 거대 야당의 반국가적 패악을 알려 이를 멈추도록 경고하는 것이었습니다."

 대한민국 헌법과 법률 어디에도 '경고용 계엄'이란 건 존재하지 않는다. 누가 뭐라고 해도 내가 죄라고 하면 죄가 되고, 내가 죄가 아니라고 하면 아닌 것이 된다는 전형적인 특수부 검사의 민낯을 그는 유감없이 보여주었다. 국민을 얼마나 하찮게 여기면 저런 말과 태도가 나올 수 있을까. 화가 나기보다는 참 서글펐다.

더욱 놀라운 것은 '저의 뜨거운 충정'을 믿어달라며 '마지막까지 국민 여러분과 함께 싸우겠습니다'라는 그의 선전포고였다.

대통령이 담화를 발표한 시간, 나는 한남동 공관에서 골드버그 대사를 만나고 있었다. 정무수석이 텔레그램 메시지로 담화 사실을 보고했다. 방송을 지켜본 참모들의 분위기가 매우 격앙되어 있었던 모양이다. 입장문 초안이 평소와 달리 격했다. 나는 '끔찍하고 절망적' 같은 표현은 빼고, 최대한 차분하게 고쳤다. 그 심정에 이의를 제기하는 것은 아니었다. 그러나 이틀 후 12월 14일까지 어떤 변수도 만들지 않고 상황을 관리하는 게 가장 중요했다. 국회로 복귀한 즉시 대통령 담화를 반박하는 입장을 냈다.

"차마 대통령 담화라고 믿기 어렵습니다. 참담합니다. 어떤 경우에도 민주주의 헌정질서는 정치의 수단이 아닙니다. 역사적, 사회적, 국민적 합의입니다. 국회에 경고하기 위해 비상계엄을 선포한다는 것은 민주주의 헌정질서에서 절대 용납될 수 없는 일입니다. 정치적 목적을 위해 민주주의 헌정질서를 파괴해도 된다는 것이고, 국민 기본권을 정치적 목적의 수단으로 삼아도 된다는 것이기 때문입니다."

대통령의 잘못된 인식을 지적한 다음 나는 오판하지 말 것을 경고하고, 국회가 무력하게 당하지 않을 것이라고 덧붙였다.

 "오늘 대통령 담화가 또 다른 오판이나 사회적 혼란을 야기하는 일은 없어야 합니다. 국회는 발생가능한 모든 상황에 대비하겠습니다."

D-2

대통령 담화는 내게 한 치의 빈틈도 보이지 않고 반드시, 지체 없이 탄핵해야 한다는 각오를 다지게 했다.

바로 그날, 12월 12일 오후에 나는 윤석열 대통령 탄핵소추안을 본회의에 상정했다. 표결일은 이틀 뒤인 12월 14일, 토요일로 잡았다.

한겨울임에도 회의장 안팎의 공기는 팽팽한 긴장감으로 달아올랐다. 1차 탄핵소추안 표결에 집단 불참한 후 여론의 거센 반발에 직면했던 국민의힘이 이번에는 표결에 참여하기로 방침을 결정했다. 그렇다고 탄핵 반대 당론을 철회한 것은 아니었다.

이날 오전, 철저한 보안 속에 내가 만난 사람은 골드버그 대사였다. 그가 국회의장 공관으로 왔다. 비상계엄 해제 결의를 한 12월 4일 그와 통화한 지 8일 만이었다. 그와의 만남은 매우 중요했다. 그것은 나라의 운명을 가를 이틀 뒤의 국회 표결에도 매우 중요한 변수였다.

헌정질서를 회복하기 위해서는 위헌, 불법행위를 주도한 대통령의 책임을 엄정하게 물어야 했다. 국회의원이라면 누구나 이 중대한 표결에 참여해 헌법수호 의사를 표명하는 것이 당연했다. 그러나 일부 세력들은 미국이 비상계엄을 지지하고 있는 것처럼 허위 사실을 유포하며 국회의 탄핵소추안이 한미동맹을 약화하는 행위인 양 호도했다. 이런 상황에서 미국이 대한민국의 민주적 헌정질서를 굳건히 지지한다는 의사를 명시적으로 밝히는 것은 국내의 혼란을 줄이는 데 도움이 되는 일이었다. 다행히 골드버그 대사는 변함없이 대한민국 국회의 헌법적 절차를 지지했다.

나는 골드버그 대사를 만나 12·3 계엄사태 이후의 한미 간 현안에 대해 폭넓게 의견을 교환하고 '굳건한 한미동맹'을 재확인했다는 사실을 공개했다. 언론도 그 사실을 크게 보도했다. 이런 사실은 한미관계를 이간하는 허위선전을 무력화하고 최소한의 헌정질서만큼은 지키려는 여당 의원들의 판단에 영향을 줄 것으로 예상되었다.

D-1일 밤

이제 주어진 시간은 하루뿐이었다. 나는 만날 수 있는 사람을 모두 만났다. 협조를 구할 모든 곳에 협조를 요청했다. 2차 탄핵마저 실패한다면 대한민국의 민주주의는 설 곳이 없었다. 국회는 역사의 죄인이 될 것이고, 가장 큰 책임은 내게 있었다.

나는 일정을 모두 끝내고 한남동 공관 대신 국회로 향했다. 이날 아침에 공관 앞으로 몰려와 나를 규탄하던 정체불명의 집단이 있었다. 공관에 들어갔다가 이들에게 가로막혀 2차 탄핵소추안을 처리하는 내일 출근하지 못하는 상황이 벌어져선 안 되었다. 그보다 더 큰 이유는 국회로 가서 밤에 해야 할 일이 있었다.

나는 12월 3일 이후 매일 밤과 새벽에 국회를 돌며 내 눈으로 직접 국회 안팎의 안전 상태를 점검했다. 이날도 그렇게 할 생각이었다. 표결 준비 상황도 점검하고 야근하는 직원들도 격려해야 했다.

그리고 이날은 무엇보다 중요한 일 하나가 더 있었다. 나는 그 일을 하기 위해 조오섭 비서실장의 방으로 갔다. 나는 비서실장과 함께 이튿날 몇 명의 의원이 참석할지 점검했다. 여야를 통틀어 예상 총인원을 체크하고 일부 의원들에게는 비서실장이 직접 전화를 하도록 했다.

내일의 결과가 어떻게 될지 어느 정도 느낌이 왔다.

비서실장 사무실에서 모든 준비가 완벽한 것을 확인한 다음 나는 집무실로 돌아왔다.

김대중 대통령의 100만 원

나는 집무실에서 양치를 하고 간이침대에 누웠다. 내일이 내 정치 인생의 가장 중요한 날이 되리라고 생각하니 쉽게 잠이 오지 않았다. 정치를 하면서 만났던 잊을 수 없는 사람들, 잊을 수 없는 순간이 주마등처럼 떠올랐다.

1980년 5·17 비상계엄 전국확대 조치로 가장 큰 어려움을 겪었던 분이 바로 김대중 대통령이다. 전두환은 5·18광주민주화운동의 배후라며 김대중 내란음모사건을 조작하고 그에게 사형 선고를 내리지 않았던가. 이번 비상계엄을 막지 못했다면 나를 비롯한 여러 정치인들이 처했을 상황이었다고 생각하니 김대중 대통령이 몹시 보고 싶어졌다.

진심으로 존경하는 DJ를 만난 것은 더 없는 행운이었다.

나는 DJ가 총재로 있던 평민당(평화민주당)에서 정치를 시작했다. DJ가 평민당을 만들고 1987년 대선에 실패한 다음 2선 후퇴 위기에 몰렸을 때 DJ를 구하자는 생각으로 나는 평민당에 입당했다. 문동환 목사, 박영숙 의원, 임채정 의장, 이해찬 대표 등과 함께 평민당에 들어간 재야입당파의 일원이었다. 나는 재야입당파로 들어와 인권위원회 부국장을 맡았다. 6월 항쟁으로 직선제를 쟁취하고 치른 대선에서 양김 분열로 노태우 후보에게 패배한 후 민주진영은 절망에 빠졌다. 1988년에서 1989년으로 이어지던 그 시절의 민주화투쟁은 뜨겁고도 처절했다. 학생과 노동자들의 분신과 투신이 잇따랐다. 그 장례식을 다 치르고, 유린당하는 인권의 현장을 누비며 노동자와 농민, 빈민들을 지키는 게 인권위원회의 일이었다. 현장에서 뛰는 것이 체질이던 내가 그 일을 도맡았다. 내가 현장에 가면 평민당에서 나왔다며 그렇게 반가워할 수 없었다. 부국장에 불과한 내가 가도 한껏 반길 만큼 힘 없는 그들에게 정치는 너무나 멀리 있었다. 그들은 기댈 곳이 없었다. 국회의원은 얼굴 한 번 보기도 어려운 귀한 존재였다.

나는 적어도 재야입당파가 들어가 있는 평민당만큼은 달라야 한다고 생각했다. 그렇게 해서 2년간 인권침해 현장과 민주화투쟁 현장을 치열하게 뛰어다니면서 내가 만든 것이 《인권백서》였다. 거기에는 내가 만난 힘 없는 사람들의 피맺힌 실상과 절규가

담겨 있었다. 평민당 인권위원회 이름으로 만든 《인권백서》를 들고 나는 김대중 총재를 찾아갔다. 어떤 반응을 보이실지 사뭇 궁금했는데, 《인권백서》를 받아들고 펼쳐보던 김대중 총재가 그렇게 기뻐하실 수가 없었다.

"대한민국 정당에서 한 번도 한 적이 없는 일을 부국장이 해냈어. 바로 이런 일을 하는 것이 정치야."

김대중 총재는 노태우 대통령과 영수회담 때 《인권백서》를 들고 가겠다고 하셨다.

"이게 뭐냐! 우리 국민들의 인권을 이렇게 함부로 할 수 있나! 하고 호통치고 이 책을 놓고 와야겠어."

김대중 총재는 몇 번이고 내게 장하다고 하면서 지갑을 꺼냈다. 고생했다며 그 지갑에 든 돈을 모두 털어서 내게 주었다.

돌아 나와서 세어보니 100만 원이었다. 지금 돈으로 하면 제법 큰돈이었다. 나는 그 돈을 가지고 한동안 엄청 폼을 잡으며 평민당 당직자들과 평화민주통일연구회(평민연) 청년활동가들에게 밥과 술을 샀다. 그 시절에 평민당 당직자는 모두 무보수였다. 월급 한 푼 없었다.

헌법을 파괴하고 국민의 신임을 배반한 대통령에 대한 탄핵 표결을 앞둔 밤, 인권을 지키는 것이, 약자들의 삶을 지키는 것이 정치라고 말하시며 그렇게 좋아하시던 김대중 대통령의 표정이 생생하게 떠올랐다. 김대중 대통령이 주었던 그 100만 원은 당직자들의 밥값, 술값으로 다 써버렸지만 내게 수억 원, 수십억 원보다 더 큰 자산으로 남았다. 김대중 대통령은 정치가 무엇을 해야 하는지를 내게 평생 잊지 못할 방법으로 가르쳐주신 스승이다.

"정치는 약한 자의 가장 강한 무기다."

내 사무실에 걸려 있는 이 문장은 내 정치의 변함없는 신조다. 나는 '평민당은 중산층과 서민의 정당'이라며 정당의 정체성을 처음으로 분명히 하신 김대중 대통령께서 가르쳐주신 정치의 책무를 끝까지 지켜나가겠다고 다짐하며 눈을 감았다. 내일, 이 무기의 쓰임을 잘 아는 김대중 대통령께서 지켜보실 것 같았다. 《인권백서》를 받아보실 때처럼 기뻐하시도록 나는 내 일을 해내야만 했다.

국민의 명령이다

2024년 12월 14일, 2차 탄핵의 아침이 밝았다.

국회 본관 3층의 의장실 창밖으로 햇빛이 찬란했다. 나는 의장실에 걸린 김준권 작가의 〈청산이 소리쳐 부르거든〉이라는 멋진 그림과 서용선 작가의 〈독도〉 앞에서 심호흡을 하며 마음을 가다듬었다. 홍범도 장군 부조에 인사드리고 역사적인 하루를 시작했다. 김지현 작가가 만든 홍범도 장군의 부조에는 항일무장투쟁 전사들의 혼이 깃들어 있었다.

내게 홍범도장군기념사업회 이사장을 맡으라고 권한 건 초대 이사장이셨던 이종찬 광복회 회장이다. 그는 내가 초대 임시정부 법무국 비서국장과 종로경찰서에 폭탄을 던져 감옥살이를 한 독립투사 김한 선생의 외손자인 것을 아셨다. 김한 선생이 소련에서 활동하다가 연해주 고려인 강제이주 시기에 스탈린에게 처형당한 고려인이었다는 것도 알고는 내가 카자흐스탄으로 강제이주당한 고려인인 홍범도 장군의 기념사업을 이어갈 적임자라며 이렇게 말씀하셨다.

"우리 국민이 모두 본받고 기려야 할 독립군의 표상이 홍범도 장군이에요. 홍범도 장군은 나라로부터 덕 본 것이라고는 단 하나도 없는 머슴 출신의 포수였잖소. 그런데 나라와 동포들이 위기에 처했을 때 어떤 대가도 바라지 않고 모든 것을 바쳐 싸웠어요. 일본군과 싸우다가 아내와 두 아들마저 잃었어요. 핏줄 하나, 재산 한 푼 남기지 않고 이역만리에서 최후를 마친 장군이오. 잘 부탁하겠소."

처음엔 아주 잘 알지 못하고 고려인 홍범도 장군이라고 해서 기념사업회를 물려받았는데, 알면 알수록 참으로 대단한 분이 홍범도 장군이었다. 문재인 대통령 시절 나는 카자흐스탄으로 가서 직접 홍범도 장군의 유해를 공군 특별수송기로 모시고 왔다. 홍범도 장군의 유해를 모신 수송기가 우리 영내에 진입했을 때 우리 공군 전투기 6대가 나와 영접, 호위했다. 그 6대의 전투기는 우리 공군이 보유한 전투기 여섯 기종이었다. 대한민국 공군 전 기종의 전투기가 출격한 것이었다. 우리가 탄 수송기를 향해 전투기 편대장이 경례를 붙이며 하던 인사는 생각할 때마다 눈물이 난다.

"조국의 독립을 위해 평생을 헌신하신 홍범도 장군님의 귀환을 모시게 되어 영광입니다. 지금부터 대한민국 공군이 안전하게 호위하겠습니다. 필승."

나는 이때보다 대한민국, 대한민국 군대가 자랑스럽고 든든했던 적이 없었다. 아, 이게 대한민국이다. 오직 조국의 독립을 위해 싸우다 이역만리에서 돌아가신 홍범도 장군의 이모습을 보고 얼마나 좋아하실까. 나는 국민대표로 함께 간 황기철 보훈처장, 조진웅 배우, 한동건 홍범도장군기념사업회 사무총장과 함께 감격의 눈물을 흘렸다. 그렇게 모셔온 홍범도 장군을 윤석열 정권이 모욕하고, 육군사관학교에 있던 흉상마저 파내겠다고 했을 때 내 가슴은 갈가리 찢어졌다. 카자흐스탄, 우즈베키스탄을 비롯한 고려인 동포들이 '잘 모시겠다고 해서 보내드렸는데 어떻게 이럴 수가 있냐'고 울먹이며 항의할 때마다 나는 고개를 들 수 없었다. 고려인들의 정신적 지주이자 자부심인 홍범도 장군을 떠나보낼 수 없다는 그들을 '고국에서 더 잘 모시겠다'고 설득해서 간신히 동의를 받아낸 것이 나였다.

그렇게 모셔온 독립전쟁의 영웅, 홍범도 장군을 윤석열 정권이 모욕했을 때 《범도》의 작가 방현석이 했던 말이 떠올랐다. '홍범도 장군 건드려서 무사한 자가 있었습니까. 홍범도 장군과 싸워서 이긴 자 없었습니다.' 그랬다. 누구에게도 지지 않았던 홍범도 장군을 윤석열 대통령에게 지게 할 수는 없었다. 그랬기에 나는, 홍범도장군기념사업회 이사장이기 이전에, 독립투사 김한의 외손자로서, 홍범도 장군을 역사의 패자로 만들려는 윤석열 정권에 맞서 가장 앞에서 싸워왔다. 내게는 홍범도 장군을 역사의 패자로 만들지 않겠다는 각오가 있었다.

나는 홍범도 장군님의 부조를 바라보며 항일무장투쟁 영웅들을 모욕하고, 끝내는 국회와 국민에게 총부리를 겨눈 윤석열 대통령의 탄핵소추안이 오늘은 반드시 통과되어야 한다고 다짐했다.

오후가 되면서 여의도로 시민들이 모여들었다. 나는 본회의장으로 가기 전에 의원회관 옥상으로 올라갔다. 의원회관 옥상에서 사다리를 타고 또 올라가 여의도가 가장 잘 보이는 지붕에서 국회대로를 내려다보았다.

인산인해였다.

시민들은 국회대로를 가득 메웠다. 여의도공원까지 이어진 인파의 끝이 보이지 않았다. 주최 측이 호언한 200만은 허언이 아니었다. 한 번도 보지 못한 인파와 함성으로 여의도가 터져나갈 것 같았다.

"탄핵!"
"윤석열!"

 여의도를 뒤덮은 함성은 시민들의 명령이었다. 국민들은 여의도로 보낸 국회의원들을 향해 그렇게 명령하고 있었다. 거대한 함성은 전율적이었다. 오늘은 탄핵소추안이 통과될 것이라는 예감이 밀려들었다. 누가 감히 시민들의 이 뜨겁고도 절박한 요구를 거부할 수 있을 것인가. 국민들의 함성, 그 절박한 요구는 나의 가슴속에 '모든 권력은 국민으로부터 나온다!'는 명제를 깊이 새겨놓았다.
 국민을 이기는 권력은 없었다.
 의원회관 옥상에서 내려와 본회의장이 있는 본관으로 걸어가는 동안 시민들은 더 큰 함성으로 국회를 향해 명령했다.

"탄핵! 윤석열!"

계수기 소리를 읽다

오후 4시 정각, 나는 본회의장 의장석에 착석했다. 의사봉을 쥔 손이 떨리는 것을 감추려 애쓰며 말했다.

"대한민국은 지금 길 위에 서 있습니다. 어떤 길로 향할지 마음 졸이는 시간입니다. 그러나 길은 늘 국민 속에 있습니다. 그것이 대한민국의 역사입니다. 그래서 대한민국은 강합니다. 오늘 의원님들께서 받아 들 투표용지의 무게가 그 어느 때보다 무겁습니다. 역사의 무게이고, 민주주의의 무게입니다. 한 분도 빠짐없이 투표에 참여해주시기를 바랍니다. 의사일정 제1항 대통령 윤석열 탄핵소추안을 상정합니다."

박찬대 더불어민주당 원내대표가 나와서 제안설명을 했다. 12월 3일 22시 30분, 대한민국 헌법이 유린당하고 민주주의의 심장이 멈추었다는 말로 시작한 그의 제안설명은 절절한 호소였다.

"대한민국의 명운이 국회의원 한 분 한 분의 선택에 달려 있습니다. 탄핵에 찬성함으로써 헌정질서를 파괴하는 자는 반드시 단죄받는다는 역사적 교훈을 남겨 주시길 호소드립니다. 탄핵에 찬성함으로써 대한민국의 모든 권력은 국민으로부터 나온다는 헌법정신을 실현해 주시길 호소드립니다. 탄핵에 찬성함으로써 대한민국의 민주주의가 굳건하다는 점을 세계만방에 보여 주시기를 호소드립니다."

16시 29분에 탄핵소추안 표결이 시작되었다.

오늘 표결에는 국민의힘 의원들도 참석했다. 국민의힘은 본회의 전에 의원총회를 열어 표결 참여를 당론으로 결정했다. 1차 탄핵소추안 표결 자체에 불참했던 국민의힘 의원들은 엄청난 여론의 뭇매를 맞았다. 그러나 이번에도 국민의힘은 당론으로 부결을 결정했다.

그러나 개별 의원의 표결 결과는 알 수 없었다. 탄핵소추안 표결은 무기명 비밀 투표였다.

의원들이 앞으로 나와 차례로 직원들로부터 투표지와 명패를 받아 들고 기표소로 들어갔다. 본회의장 정면 양쪽에 마련된 투표소에는 각기 두 개의 함이 놓여 있었다. 한 개의 함에는 명패를, 다른 한 개의 함에는 투표지를 넣었다. 긴장감은 숨소리마저 가라앉혔다. 작은 움직임에도 시선이 쏠렸다.

표결이 어느 정도 진행되면서 길게 늘어섰던 의원들의 줄이 줄어들었다. 나도 의장석에서 내려가 투표했다. 이제 남은 의원들이 많지 않았다. 투표 완료까지 오래 걸리지 않았다. 그러나 기다림은 길게 느껴졌다.

16시 50분, 명패함부터 확인했다. 국회 재적의원 300명 전원이 투표했음이 확인되었다.

이어서 투표지를 찬성과 반대, 기권, 무효로 분류한 다음 계수기로 표수를 셌다.

그렇게 집계하고 확인 절차까지 끝나면 의장석에 앉아 있는 내게 개표 결과를 가지고 왔다. 그러면 나는 그걸 보고 가결과 부결을 선포했다.

그러나 나는 이날 내게 집계 결과가 올라오기 전에 이미 개표 결과를 알고 있었다. 나는 이날의 개표 순간을 아직도 또렷이 기억한다.

은행의 현금계수기와 같은 계수기에 가장 먼저 올려놓는 것이 찬성 투표지였다. 나는 의장석에 앉아 찬성 투표지를 세는 계수기 돌아가는 소리를 들었다. 차르르르… 착, 한 번 멈췄다. 100장이었다. 다시 계수기가 돌아갔다. 차르르르… 착, 여기서 더 남은 투표지가 없어서 계수기가 멈추면 총 200장이거나 그 미만이었다. 그렇지 않고 남은 투표지가 있어 계수기를 한 번 더 돌리면 200표 초과를 의미했다.

여기서 끝일까, 아니면 한 번 더 돌아갈까. 나는 귀를 곤두세웠다. 계수기가 한 번 더 돌아갔다. 차르르, 아주 짧게 끝났다. 최소 3표 이상은 되었다. 총 200표는 분명히 넘긴 것이었다. 가결이었다. 드디어 되었다. 되었어. 내 가슴은 이미 뜨거워졌다.

나는 표정 관리를 하느라 애썼다. 모르는 척 하고 앉아 있기가 참 어려웠지만 표정을 감추고 태연히 앉아 있었다.

반대표가 몇 표인지는 알 수 없었다. 차르르르…찰칵, 하고 한 번에 끝났기 때문에 100장 이하라는 것만 알 수 있을 뿐이었다.

의사국장이 집계표를 나에게 가져와 귓속말로 보고했다.

"204표입니다."

쉿, 나는 눈빛으로 표정 관리를 하라고 일렀다. 내 귀가 틀리지 않았다.

총 투표수 300. 찬성 204, 반대 85, 기권 3, 무효 8.

헌법이 요구하는 200표의 장벽을 넘어선 결과였다.

땅! 땅! /땅!!!

집계표를 확인하면서 나는 안도의 한숨을 몰아쉬면서도 아쉬웠다. 계수기 소리로 읽어낸 가결 결과를 확인했을 때는 가슴이 뜨겁게 달아올랐다. '윤석열 탄핵'을 외치며 거리에서 한겨울을 보내고 있는 국민의 명령을 이행했다는 사실에 안도했다.

그러나 한편으로 아쉽고 섭섭했다. 윤석열 대통령 탄핵소추안 의결은 국회의원의 선택이 아닌 의무라고 생각했다. 헌법을 지켜내야 할 의무가 있는 것이 국회고, 국회의원이다. 불법 계엄으로 헌법을 유린하고 무력을 동원하여 민의의 전당인 국회를 침탈하며 헌정질서를 무너뜨린 대통령을 탄핵하는 것은 민주주의를 지키는 국회의원의 책무였다. 그 책무를 다한 의원이 204명뿐이라는 사실이 참으로 아쉬웠다.

오후 5시, 나는 안도와 아쉬움이 교차하는 마음을 안고 의사봉을 들었다.

"대통령 윤석열 탄핵소추안은 총 투표수 300표 중 가 204표, 부 85표, 기권 3표, 무효 8표로서 가결되었음을 선포합니다."

땅! 땅! 땅!

나는 의사봉을 세 번, 큰 고비를 넘어선 역사의 무게로 힘차게 두드렸다. 첫 번째와 두 번째는 방망이를 두드릴 때는 봉판을 보면서 두드리고, 마지막 세 번째 정면을 보고 두드렸다.

의사봉을 두드리는 받침대인 봉판은 가운데가 움푹하게 파여 있다. 봉판의 파여 있는 한가운데를 정확하게 두드려야 소리가 경쾌하고 웅장하다. 그렇지 않고 귀퉁이를 가격하면 속된 말로 '삑사리'가 난다.

이 중요한 의결을 하면서 삑사리를 내면 안 되었기에 나는 첫 번째와 두 번째 방망이를 두드릴 때 봉판에 시선을 집중했다. 두 번 두드리고 세 번째 방망이는 한 박자 쉬고 더 힘차게 두드린 게 세간의 화제가 되었다. 세 번째 방망이를 두드릴 때는 앞선 두 번의 감각과 탄력을 살려 가장 세게 두드리며 마음 속으로 생각했다.

'이 방망이는 국민들께서 함께 내려치는 것이다.'

마지막 방망이를 치면서 갑자기 그 생각이 떠올랐고, 그래서 팔이 높이 올라가게 된 것이다. 세 번째 두드릴 때 봉판이 아닌 정면을 똑바로 바라보았다. 방망이의 타격음도 중요하지만 이 중요한 순간에 국민을 바라보며 제대로 응시하려고 했기 때문이다. 다행히 마지막 방망이도 봉판의 중앙을 가격하며 웅장한 소리를 냈다.

나는 마지막 방망이를 두드리며 이 모든 것이 국민께서 함께해주신 덕분이고, 의장석 앞에 함께 해준 동료 국회의원들의 헌신 때문에 가능한 것이라고 생각했다. 고마웠다. 동시에 2024년 12월에 벌어진 모든 잘못된 것들을 다 보내버리고 싶었다. 한편으로 이런 일을 벌인 사람들에 대한 화도 났다.

본회의장은 감격과 환호, 깊은 탄식이 교차했다. 어떤 의원은 두 손으로 얼굴을 감싸 쥐었고, 어떤 의원은 자리에서 일어나 눈물을 훔쳤다. 나는 헌법이 정한 원칙이 민주적 절차를 통해 살아남았다는 사실에 안도했다. 이 결정이 이끌어낸 역사적 무게를 실감하며 나는 마이크를 잡았다.

"존경하는 국민 여러분, 의원 여러분. 오늘 우리 국회는 윤석열 대통령 탄핵 소추안을 가결했습니다. 국민의 대표로서 엄숙히 선서한, 헌법 준수의 약속에 따른 결정입니다. 비상계엄이 선포된 그 순간부터 오늘 이 순간까지 국민 여러분께서 보여준 민주주의에 대한 간절함, 용기와 헌신이 이 결정을 이끌었습니다. 국회와 국회의장은 이 사실을 깊이 새길 것입니다. 민주주의는 국민의 삶으로 증명됩니다. 이제 함께, 한 걸음 더, 다음 단계로 나아갑시다. 국민의 생업과 일상이 빠르게 안정되고 경제, 외교, 국방 등 모든 면에서 대내외적 불안과 우려가 커지지 않도록 국회와 정부가 합심하고 협력하겠습니다."

나는 이어서 정부 공직자들이 한 치의 흔들림 없이 맡은 소임을 다해줄 것을 당부했다. 그리고 국회가 대외신인도 회복과 민생복원에 최선을 다할 것임을 밝히면서 국민들에게 이렇게 부탁했다.

"마지막으로 국민 여러분, 국민 여러분의 연말이 조금 더 행복하기를 바랍니다. 취소했던 송년회, 재개하시기를 당부드립니다. 자영업, 소상공인, 골목 경제가 너무 어렵습니다."

국민이 보여준 용기와 인내, 그리고 헌법의 가치와 절차를 지키려 한 국회의 노력이 만든 결과라는 사실을 다시 한번 확인하는 자리였다.

　나는 이날의 표결을 두 가지 감정으로 기억한다. 하나는 첫 탄핵소추안의 실패가 남긴 쓰라림, 또 하나는 이번 성공이 보여준 민주주의의 회복력이다. 국회는 한 번 흔들렸지만, 국민의 요구와 헌법의 힘 앞에서 끝내 제자리를 찾았다.

　탄핵은 단순한 정치적 결정이 아니었다. 그것은 헌법과 국민 앞에 국회가 내린 엄중한 법적 판단이었다. 계엄을 선포하고 국회를 봉쇄하며 국민을 겁박한 대통령의 행위는 더 이상 용납될 수 없었다. 그 심판은 오직 헌법 절차를 통해서만 가능했다. 그리고 그 절차는 마침내 완성되었다.

　나는 의사봉을 내려놓으며 마음속으로 되뇌었다. 민주주의는 위기 앞에서 자주 흔들리지만, 그때마다 대의를 포기하지 않고 원칙을 지키는 사람들에 의해 지켜져왔다. 계엄 해제를 가능케 한 것도, 탄핵을 가결시킬 수 있었던 것도 절차적 정당성을 포기하지 않는 원칙의 힘이었다. 국민이 끝내 국회가 그 원칙을 지키도록 감시하고 응원해주었고, 국회는 그 기대에 응답했다. 그 결과로 국회에 대한 기대와 신뢰도는 유사 이래 최고로 치솟았다.

　탄핵소추안 처리 과정을 통해 나는 다시 한번 확인할 수 있었다. 헌법은 단지 법조문 속에 잠들어 있는 추상적 관념이 아니라 우리 공동체가 지녀야 할 가치의 정수이며, 국민의 생명과 권리를 지키는 가장 강한 무기다. 기어이 탄핵소추안을 통과시키기까지의 과정은 더 성숙한 대한민국 민주주의로 나아가는 값진 여정이었다.

이제 공은 헌법재판소로 넘어갔다. 국회의 역할은 끝난 것이 아니라, 새로운 시작이었다. 그러나 분명한 것은 하나였다. 국회가 국민과 함께 역사적 결정을 내렸다는 사실, 나는 그 사실을 영원히 잊지 못할 것이다.

나는 윤석열 대통령이 파내려고 했던 항일무장투쟁 영웅들이 지지 않았다는, 임시정부로부터 시작된 민주공화제를 지키는 데 우리 국민이 승리했다는 사실을 홍범도 장군에게 당당하게 보고할 수 있게 되었다.

취소했던 송년회,
재개하시기를 당부드립니다

2024년 12월 14일, 2차 탄핵 표결을 앞두고 조경숙 메시지수석이 이끄는 메시지수석실에서 몇 날을 공들여 원고를 작성했다. 12월 7일 표결을 앞두고 이미 발언문을 준비했던 터이지만, 가결도 부결도 아니던 그 날 이후, 오늘의 표결 결과가 더 무거웠을 것은 모두가 마찬가지였다. 표결을 이틀쯤 앞둔 날로 기억한다. 조경숙 수석에게 전화를 걸었다.

"요즘 자영업자들이 정말 죽을 맛인 것 같아. 우리 이 이야기를 해봅시다."

길게 이야기할 것도 없었다. 조 수석은 내 뜻을 바로 알아챘다.

나중에 들으니 조오섭 비서실장도 같은 제안을 했다고 한다. 언젠가 두 사람이 아이디어의 진원지를 놓고 농 섞인 대화를 하는 걸 들었다. 조 실장이 "내가 이야기했잖아"라고 하니, 조 수석이 "의장님이 먼저 말씀하셨어요"라고 했다고 한다. 이 기회에 밝히자면, 최초의 제안자는 나의 아내 신경혜였다.

"국민 여러분의 연말이 조금 더 행복하기를 바랍니다. 취소했던 송년회, 재개하시기를 당부드립니다. 자영업, 소상공인, 골목경제가 너무 어렵습니다."

나중에 이 말이 정말 큰 위로가 되었다는 이야기를 많이 들었다. 누군가는 이 엄중한 때에 무슨 송년회냐고 했을지도 모른다. 그러나 국민을 행복하게 만들지 못하는 민주주의는 이름값, 밥값을 못하는 민주주의라고 나는 생각한다. 민주주의는 누가 집권하느냐가 아니라, 국민의 삶으로 입증되어야 하고, 정치적 민주주의가 단단해지려면 반드시 사회경제적 민주주의로 나아가야 한다. 나는 국민의 신임을 배반한 대통령에 대한 국회의 탄핵소추 의결이 그 시작이기를 바랐다.

국회의 탄핵소추 결의는 정치적 입장에 따른 것이 아니라는 점도 짚었다. 그것은 국민의 대표로서 선서한 헌법 준수의 약속에 따른 것이고, 그 결정을 이끈 것은 나도 아니고 다른 누구도 아닌, 국민이라는 것을 분명히 했다. 7일 표결이 무산된 후, 집무실에서 자주 창밖을 내다보면서, 어느 날은 의원회관 옥상에 올라가 무표정하던 도로를 광장으로 바꿔낸 사람들을 보면서, 나는 이번에는 다를 것이다, 생각했다. 저 도도한 역사의 흐름을 어떻게 막겠는가.

나는 비상계엄이 선포된 그 순간부터 우리 국민이 보여준 민주주의에 대한 간절함, 용기와 헌신에 진심을 다해 감사를 표했고, 그 사실을 잊지 않겠다고 말했다. 언제나 국민 앞에 겸손하겠다는 약속이었고, 앞으로의 일도 국민의 뜻에 따라, 국민의 뜻을 헤아려 헤쳐나가겠다는 다짐이었다.

마지막에는 희망은 힘이 세다는 말도 덧붙였다. 김근태 선배의 말이다. 12월 3일 밤부터 탄핵소추를 결정할 때까지 155시간, 김근태의 넥타이로 시작한 그 시간을 나는 그렇게 마무리했다.

"대한민국의 미래는, 우리의 희망은, 국민 속에 있습니다. 희망은 힘이 셉니다."

국민들께서 위로가 되었다고 말씀해주셨던 그 말들은 이런 고민과 배경 속에서 탄생되었다. 새로 만든 말이 아니라, 국민들의 마음속에 있던 말을 대신 꺼내드린 것이라고 생각한다. 힘든 상황속에서도 힘이 되셨다는 분들이 많아서 정말 뿌듯한 일이었다.

을지로위원회,
현장에 답이 있다

"취소했던 송년회, 재개하시기를 당부드립니다."

계엄과 탄핵으로 이어지는 정국에서 내가 한 많은 발언 가운데 이 말을 기억하시는 국민들이 참 많았다. 이 엄중한 시국에, 대통령 탄핵안을 의결한 본회의 석상에서 국회의장이 '송년회' 같은 말을 공식적으로 해도 될지 조금 걱정이 되기도 했다. 하지만, 그런 걱정은 기우에 불과했다. 거리에서 만난 많은 시민들이 그렇게 말해줘서 고맙다고 했다. SNS에서도 국민의 어려운 삶을 잊지 않고 얘기해줘서 마음이 따뜻해졌다는 반응이 이어졌다.

나는 국민이 잘 살아야 민주주의도 굳건할 수 있다는 믿음을 버린 적이 없다.

정치란 무엇인가. 나는 오래도록 이 질문을 스스로에게 던져왔다. 화려한 구호와 권력 투쟁이 정치의 전부처럼 여겨질 때도 있었지만, 내가 내린 답은 단순했다. 정치의 본령은 국민의 삶을 지키는 것이다. 먹고사는 문제, 생업의 현장을 외면한 정치는 민주주의를 껍데기만 남게 한다.

'정치란 힘이 약한 자들의 가장 강한 무기다!'

나는 이 신념을 붙들고 2013년 억울한 을들을 지키는 '을'지로위원회를 만들었다.

사실 그 출발점은 2012년 대선 패배였다. 국민은 박근혜 대통령을 선택했고, 나는 깊은 생각에 잠겼다.

'왜 국민은 우리를 선택하지 않았을까?'

그 결과, 나는 국민이 우리에게서 떠나간 것이 아니라 우리가 국민을 떠났다고 진단했다. 김대중 대통령 때부터 평민당은 어려운 국민이 찾아오는 정당이었다. 쌀값 때문에 서울에 올라온 농민들이, 파업 중인 노동자들이 갈 데가 없으면 평민당 강당에 와서 자고 갔다. 그러면 당직자인 우리는 막걸리를 사다가 함께 마시며 밤새 그들의 이야기를 듣곤 했다. 그러나 김대중, 노무현 두 명의 대통령을 배출하며 의도치 않게, 집권 10년 동안 우리는 그들과 멀어졌다. 어려운 사람들 곁으로 가서 막걸리 한잔 나누기보다 청와대의 누구와 만나 좋은 식당에서 저녁 먹은 것을 자랑하고, 그걸 잘하는 정치로 여겼다. 나는 이 사실을 뼈저리게 자각하면서, 국민의 삶과 다시 호흡하는 정당이 되어야 한다는 결론에 이르렀다. 그때 내가 내세운 슬로건은 간단했다.

"현장에 답이 있다."

나는 그런 확신을 가지고 최고위원에 나서기로 결심하고 폐업에 내몰린 진주의료원에서 출마 기자회견을 열었다. 선거를 치르며 당선에 자신이 생길 무렵, 나는 어떤 현장을 향해야 하는가를 고민하고 있었다. 그 즈음, 남양유업 대리점 '밀어내기' 강매 사건이 터졌다. 소위 '남양유업 사태'로 세간이 떠들썩했다. 본사로부터 강압적으로 물량을 떠안게 된 대리점주들은 결국 빚더미에 앉았다. 나는 그 어려운 사람들을 보면서 새삼 결심했다.

갑의 횡포, 을의 눈물. 그렇다, 지금의 현장은 을들이다, 라고 판단한 나는 을지로위원회를 만들었다. 을지로는 을을 지키는 길(路), 을을 지키는 법(law), 을을 지키는 노력의 약칭이다. 갑의 횡포로 눈물 흘리는 을을 지키는 조직으로 탄생한 것이 바로 을지로위원회였다. 당시 김한길 당대표는 '을지로위원회'가 뭐냐며 '민생대책위원회'같은 것으로 하라고 위원회 명칭을 승인해주지 않았다. 그러나 '을지로위원회' 명칭이 정말 좋다고 지지해주는 아내로부터 힘을 얻어 포기하지 않고 을지로위원회 명칭을 그대로 사용했다.

"세상의 을들이 모인 현장으로 가서 억울한 사람들을 지켜야 한다."

남양유업과 대리점의 상생협약을 이끌어내는 데 성공했다. 을만 좋아진 것이 아니었다. 상생협약을 체결하면서 나는 기자회견을 열고 시민들의 불매운동으로 매출이 폭락한 남양유업의 우유를 다시 사줄 것을 호소했고, 당시 민주당 최고위원회에서 많은 카메라가 지켜보는 가운데 제1호 상생협약을 맺은 남양유업의 우유를 마셨다. 남양유업의 매출은 반등했다.

한국에 왔다가 노예노동을 하게 된 아프리카 예술가들을 찾아가 빼앗긴 여권과 함께 빼앗긴 권리의 일부도 되찾아주었던 기억은 지금도 가슴에 남아 있다. 그 더운 아프리카에서 온 예술가들을 한겨울에 난방도 안 되는 방에 재우며 공연과 노동을 강요한 끔찍한 갑질을 해결한 을지로위원회가 나는 자랑스러웠다.

을지로위원회는 언론의 스포트라이트를 받는 정치 쟁점을 쫓아다니지 않았다. 우리의 활동은 고되었으나 알아주는 사람은 드물었다. 그러나 나는 믿었다. 민주주의가 제 역할을 하려면, 국회가 직접 현장으로 찾아가는 것 외에는 방법이 없다고.

을지로위원회는 현장으로 달려가 노사 간 대화를 중재했고 문제가 해결될 때까지 자리를 지켰다. 면피성 '정치적 제스처'가 아니라 실제 합의를 끌어냈다. 을지로위원회의 노력으로 억울함을 푼 대리점주, 가맹점주, 중소기업 대표, 노동자들은 눈물을 글썽이며 내 손을 잡고 말했다.

"고맙습니다."

그 손과 말은 내게 큰 울림이었고, 정치의 근본이 어디에 있는지를 다시금 일깨워주었다.

을지로위원회의 활동은 노력에 비해 언론의 주목을 많이 받지 못했으나 을지로위원회를 찾는 을들은 많았다. 구의역 스크린도어 사고가 발생했을 때, 우리는 가장 먼저 현장으로 달려갔다. 비정규직 청년이 홀로 위험을 감당하다가 목숨을 잃은 사건은 한국 사회의 민낯을 드러냈다. 우리는 진상규명과 안전인력 충원, 직접고용 확대를 요구했다. 국회의원이 안전모를 쓰고 스크린도어 밑으로 몸을 구겨 넣는 장면은 이례적이었지만, 그것이 현실을 바꾸는 가장 확실한 방법이었다. 사고현장에서 본 피 묻은 장갑과 흩어진 공구는, 민주주의가 공허한 말로만 존재해선 안 된다는 사실을 증명하고 있었다.

또 다른 현장은 콜센터였다. 좁은 공간에 빼곡히 앉아 수화기를 붙들고 있는 여성 노동자들의 목소리에는 눈물이 배어 있었다. 욕설과 압박 속에서 하루 8시간 이상을 버텨야 했지만, 정작 노동자로서의 기본권조차 보장받지 못했다. 우리는 기업 대표와 노동부 관계자를 불러냈다. 콜센터 노동자들의 권익을 지켜야 한다는 사회적 합의를 끌어냈고, 일부 기업으로부터 근로환경을 개선하겠다는 약속을 받아냈다.

"이제 숨 좀 돌리겠다"

작은 변화였지만, 콜센터 노동자들이 이렇게 말했을 때 보람을 느꼈다. 숨도 돌리지 못하는 삶의 현장에서 민주주의가 어떻게 작동해야 하는지 나는 실감했다.

을지로위원회의 활동은 뉴스의 1면에 화려하게 오르며 주목을 끌지는 않았다. 그러나 거기에는 민주주의의 뿌리가 있었다. 민주주의는 투표장 안에서만 존재하지 않는다. 각자의 자리에서 땀 흘리는 성실한 사람들에게 민주주의는 '노력의 대가와 권리가 보장되는 사회'로 다가가야 한다. 그것이 지켜지지 않는다면, 국회는 존재 의미를 찾을 수 없다.

나는 국회의장으로서 계엄, 탄핵이라는 거대한 파도를 온몸으로 헤쳐나왔다. 그러나 그 와중에도 결코 잊지 않았던 것이 을지로위원회의 현장이었다. 국회가 무너질 위기에도 내가 끝내 버텨야 했던 이유는, 골목에서 만난 수많은 얼굴 때문이었다. 그들의 삶이 곧 민주주의의 토대였다. 의사봉을 두드릴 때마다, 나는 노동자와 소상공인들이 내 곁에 서 있다는 사실을 잊지 않았다.

그런 을들이 코로나19를 거치면서 경기가 침체하고 미국발 금리 인상의 타격을 받아 나라의 경제가 어렵기 짝이 없는데 대통령은 느닷없는 불법 계엄으로 민생경제를 최악의 상태로 만들었다. 연말 특수라도 누릴 것으로 기다리고 준비한 자영업자와 소상공인들은 사람들이 이 비상한 시국에 무슨 모임이냐며 줄줄이 송년회까지 취소하니 절망, 그 자체였다. 동네 식당은 텅텅 비고 골목상권은 죽어가고 있었다.

비상계엄 해제를 결의한 데 이어 탄핵소추까지 마무리하는 방망이를 두드리며 내가 생각했던 것은 서민들의 삶이었기에, 방망이를 세 번 두드린 다음 내가 가장 당부하고 싶은 말이 '취소했던 송년회, 재개하시기를 당부합니다'였다.

을지로위원회의 활동이 꽤 오래 활동을 이어오고 있는데도 나에게 이렇게 묻는 사람들이 있다.

"을지로위원회는 무엇입니까?"

대부분 밖으로 드러나지 않는 정치적 의도, 큰 그림을 듣고 싶어 한다. 그러나 나는 주저하지 않고 솔직하게 답한다. 그것은 내가 민주주의를 국민에게 다시 배우는 학교였다고. 우리는 그곳에서 법과 제도의 빈틈을 메우는 법을 배웠고, 국민의 진짜 목소리를 통해 정치를 다시 배웠다. 의사봉을 드는 모든 순간에 나는 현장의 목소리를 생각했다. 그것이 정치의 출발점이고, 내가 끝까지 지켜야 할 자리이기 때문이다.

을지로위원회는 거창하고 화려한 권력투쟁의 무대가 아니었다. 그러나 나는 그 현장에서 민주주의의 진정한 힘을 느꼈다. 약한 사람들의 억울함을 풀고, 작은 생업을 지켜내는 것, 그것이 곧 정치가 해야 할 일이다. 나라가 해야 할 일이다.

4

제2의 비상계엄

국회의장이 쏜다

 12월 15일, 문형배 헌법재판소장 권한대행은 전날 국회가 보낸 탄핵소추안의 사전 검토에 곧바로 착수했다.

 나는 국회 탄핵소추대리인단에 빈틈없는 대응을 다시 한번 당부하고, 정부와 두 교섭단체에 국정 협의를 제안했다. 무너진 민생을 되살리고 국가의 대외신인도를 회복하려면 경제, 외교, 국방 등 전방위적인 안정이 절실했다. 불법 계엄으로 인한 위기 상황을 극복하려면 정부의 책임감과 함께 국회의 초당적인 협력이 필수였다.

 국정 정상화 노력과 함께 나는 비상계엄과 탄핵 과정을 거치면서 휴일 없이 헌신적으로 일해온 국회 보좌진과 직원들을 격려

했다. 국회 보좌진과 공직자 중에는 계엄군을 막는 과정에서 다친 분들도 있었고, 며칠씩 집에 들어가지 못한 분들도 많았다. 자발적으로 국회를 지키기 위해 몸을 던지고 아이디어도 내주었다. 출입 기자의 다수도 위험을 무릅쓰고 국회의 상황이 국민들에게 잘 전달되도록 애써주었다.

내가 찾은 감사의 방법은 커피 선결제였다. 나는 국회 안에 있는 5개의 커피숍에 '국회의장이 쏜다'라고 붙이고 사비로 100만 원씩, 총 500만 원을 선결제했다. 국회 공직자들과 국회에 나와 일하는 분들께 보내는 감사의 마음을 그렇게라도 전하고 싶었다.

아침 10시에 선결제 커피를 쏘기 시작했는데 국회 직원, 당직자, 보좌관, 기자 가리지 않고 신분증만 보여주면 누구나 마실 수 있다는 소문이 삽시간에 퍼졌다. 카페마다 길게 줄을 섰다고 했다. 나도 조용히 국회 본관 3층 카페에 가보았는데 선결제 커피를 마시기 위해 줄 서 있는 분들의 얼굴에 기다리는 지루함이라고는 없었다. 모두 힘을 모아 계엄군을 물리치고 탄핵소추안까지 처리한 무용담을 주고 받으면서 자신과 국회에 대한 자부심을 만끽하고 있었다. 그들의 표정에는 한결같이 자신감과 승리감이 넘쳤다.

이 선결제는 응원봉을 들고 겨울 거리에서 싸우는 시민들을 응원하고자 누군가 집회와 시위 장소 인근의 커피숍에 선결제했다는 감동적인 미담에서 배운 것이었다. 커피숍마다 선결제했던 금

액 100만 원은 내게 특별한 의미가 있는 숫자였다.

내가 처음 정치를 시작한 평민당에서 인권위원회 부국장을 맡아 인권이 유린당하는 현장을 누비면서 만든 《인권백서》를 들고 김대중 총재를 찾아갔을 때 너무나 기뻐하시며 지갑을 털어 내게 주신 돈이 100만 원이었다.

한 번은 낙하산 후보에게 억울하게 공천장을 빼앗긴 적이 있다. 우리 당과는 정체성 자체가 달랐던 난데없는 낙하산 후보에게 지역구를 내주어야 했다. 그럼에도 당의 승리를 위해서, 기반이 취약한 김대중 대통령 정부에 1석이라도 더 보태주기 위해선 그가 당선되도록 도와야 했다. 심한 마음고생을 하며 최선을 다해 그 낙하산 후보 선거운동을 했고, 그는 당선되었다. 그때 김근태 선배가 찾아와 위로하며 선거 끝나고 여행 다녀오라고 준 돈도 100만 원이었다. 자기 선거자금이 부족했던 김근태 선배가 준 100만 원이 나를 울렸다.

김대중 총재와 김근태 선배가 그때 내게 주신 100만 원은 지금의 100만 원과 비교할 수 없다. 나는 직원들을 위해 국회 안 카페마다 한 1000만 원씩 선결제하고 싶었지만, 내 능력이 그렇게 되지 않았다. 그리고 무엇보다 김대중 대통령과 김근태 의장이 내게 주신 돈의 액수 '100만'이란 숫자는 단순히 금전적 가치로 환산할 수 없다. 그 100만 원은 무한대의 가치로 영원히 남아 있는 내 인생의 그 무엇이다.

직원들과 국회에서 일하는 상시 출입자들은 그 100만 원의 의미를 알 리 없었겠지만, 그것이 내가 보내는 감사의 마음인 것만은 알았기에 기뻐했다. 어려운 시간을 보낸 커피숍 운영자들도 좋아했다.

그런 모습을 보니 나도 국회의장으로서 더 자부심이 생기고 한잔 하고 싶은 생각이 들었는데 참았다. 카페마다 100만 원 씩이면 좀 많은 분들이 마시겠다 싶었는데 너무 기분 좋은 커피라 그런지 오전에 동이 나버렸다. 아쉬웠다. 다음에 이런 기회가 있으면 선결제액을 좀 더 높여야겠다는 생각을 했다.

국정조사를 결단하다

월요일인 16일 오전 10시, 헌법재판소는 정형식 재판관을 주심으로 내정하고 12월 27일을 첫 변론기일로 잡았다. 이제 헌법재판소의 일정에 따라 탄핵소추된 대통령에 대한 헌법심판 과정을 국회가 따박따박 진행하는 일이 중요했다. 모든 일을 헌법재판소 일정에만 맡겨두고 손을 놓을 수는 없었다.

국회는 국회가 가진 권한과 절차에 따라 비상계엄의 진상을 규명하고, 다시는 이런 헌정유린 사태가 벌어지지 않도록 주어진 일을 해야 했다.

그 첫 번째 절차로 나는 국회 몫의 '비상계엄 내란 진상을 규명하기 위한 상설특검의 특별검사 후보추천위원'을 임명했다. 이는 지난 10일 국회 본회의에서 특검법을 근거로 통과시킨 '비상계엄 내란 진상규명 특검 수사요구안'에 따른 것이었다. 이렇게 임명된 추천위원은 총 7명이었다. 국회에서 추천한 4명과 당연직인 법무부 차관, 법원행정처장, 대한변호사협회장으로 구성하게 되어 있었다. 내가 각 정당의 추천을 받아 임명한 추천위원은 이석범 변호사, 최창석 변호사, 김형연 전 법제처장, 이나영 중앙대 교수였다.

추천위원 7명의 역할은 상당히 중요했다. 특검 구성이야말로 이번 헌정유린 사건에 대한 철저한 규명과 그에 따른 사법적 책임을 엄정히 묻는 출발점이었기 때문이다.

이번 불법 계엄은 행정부 수반이자 국가원수라는 헌법적 지위를 가진 대통령이 주도했다. 또한 여러 국가기관을 동원하여 헌법기관을 유린한 사건이었다. 그렇기 때문에 국가권력으로부터 독립적인 특별검사가 성역 없이 공정한 수사를 해야만 했다. 나는 추천위원들에게 그처럼 중요한 역할을 잘 수행할 만한 신망과 수사 역량을 갖춘 특별검사를 추천해달라고 요청했다.

이어서 나는 지난 12일 제출된 '윤석열 정부의 위헌·무효 비상계엄 선포를 통한 내란행위의 진상규명을 위한 국정조사 요구서'에 따라 국정조사특별위원회 위원 명단을 제출해달라고 각 정당에 요청했다. 상설특검은 추천위원회를 구성해도 정부가 추천의뢰를 하지 않으면 추천할 수 없는 한계가 있어 사실 크게 기대하기는 어려웠다. 정부의 추천의뢰를 의무화해놓았지만 처벌 조항이 없는 한계가 있었다.

민주당을 비롯한 야당에서는 국정조사로 힘을 모으고 있었고, 나는 우선 빠른 속도로 국회의 국정조사를 실시하기로 결단했다.

국정조사는 국회의 권한이고 여야 간에 합의되지 않더라도 국회의장의 결단을 통해 시행할 수 있는 것이었다. 국정조사는 그간 여야 합의로 진행해온 것이 관례처럼 되어 있어서 국회의장의 결단으로 국정조사를 하는 것이 나에게 부담이 되었다. 그러나 나는 이미 채해병 사건 국정조사를 결정하면서 여야 합의 없이도 국정조사를 시행해야 하는 이유를 정리해둔 바 있었다.

"여야 합의란 국민적 합의의 한 표현이다. 그러나 여야 합의와 국민적 합의가 꼭 일치하는 것은 아니다!"

나는 채해병 사건 국정조사를 결정하면서 이렇게 정리했었다.

"국정조사는 국민적 합의가 있으면 해야 하는데, 여야합의가 안되었다고 국민적 합의가 없다고 말할 수 없다. 채해병 사건은 이미 1년 5개월이 지났음에도 국민의 관심이 수그러들지 않고 진상규명 요구가 높게 유지되는 상황이다. 이것은 국민적 합의가 있다고 판단한다. 따라서 여야 합의는 없었지만 국민적 합의에 따라 국회의장은 국정조사 시행을 결정한다."

나는 이와 똑같은 논리로 이번 불법 비상계엄 선포에 따른 국헌문란 사건에 대한 국정조사를 실시를 결단했다.

나라의 민주주의를 훼손하고 민의의 전당인 국회를 침탈한 참사를 두고, 진상을 규명하자고 매일 국민들이 응원봉을 들고 거리를 가득 메우고 있었다. 국민적 합의가 이보다 더 강할 수가 있을까! 이번 국헌문란 사건에 대한 국정조사 실시는 반드시 국회가 해야 할 일이었다.

경제계와 군을 만나다

그런 한편으로 나는 최태원 대한상공회의소 회장, 손경식 한국경영자총협회 회장, 윤진식 한국무역협회 회장, 김기문 중소기업중앙회 회장을 만나 경제회복을 위해 협조해줄 것을 요청했다. 불법계엄으로 비롯된 경제적 어려움은 각종 경제지표를 통해 뚜렷하게 나타났다. 우선 대외신인도가 급락했다. 수출로 먹고사는 우리나라에 치명적이었다. 비상계엄이 선포된 날 1442원으로 고점을 찍은 원-달러환율도 1400원대에서 내려올 기미가 없었다.

경제계 대표들을 만나 그들의 고충을 경청한 나는 정부를 향해 신속한 긴급 재정투입에 나서줄 것을 촉구했다.

이어서 나는 이창용 한국은행 총재를 만나 금융시장 안정화를 요청하고, 중소상공인, 자영업 단체의 대표들을 만나 국회가 지원할 수 있는 방안을 경청했다. 계엄 이후 전국의 소상공인들은 벼랑 끝으로 내몰렸다. 외식업 사업장 매출은 지난해 같은 기간 대비 9.0퍼센트 줄었다. 소매판매액지수는 윤석열 정권이 출범한 이후 지금까지 10분기째 계속 감소해, 1995년 통계 작성 이후 최장 감소를 기록했다.

경제인들 못지않게 내가 관심을 기울인 것은 군이었다. 계엄 이후 군의 사기가 떨어질 것 같아 걱정도 되고, 비상계엄 과정에서 성숙한 모습을 보여준 일선 장병들에게 고마움도 전하고 싶었다. 나는 최전방 철원의 '제3보병사단 백골부대'를 방문했다. 혹한에도 경계태세에 만전을 다하는 우리 장병들의 모습이 늠름하고 믿음직했다. 주변을 한눈에 살필 수 있는 OP에 들러 정재열 사단장에게 전방 상황을 듣고 장병들과 함께 점심을 먹었다. 나는 장병들에게 씩씩하게 인사했다.

"충성! 12845083 육군병장 출신 국회의장 우원식 인사드립니다!"

군번을 정확히 외우고 있는 예비역 병장 국회의장의 인사를 받은 장병들의 얼굴에 환한 웃음꽃이 피어났다. 철원은 보통의 인

내심으로는 견디기 어려운 강추위로 유명한 지역이다. 특히 수색대는 고생을 많이 하는 부대다.

나는 공병부대에서 근무했지만 아들이 최전방 수색대에서 근무해 그들의 어려움을 잘 알고 있었다. 특히 이번 불법 비상계엄을 겪으며 군의 위상이 추락하고 국민으로부터 비판의 대상이 된 상황에서 그들의 사기가 얼마나 떨어졌을지는 보지 않아도 충분히 짐작할 수 있었다. 나는 전체 장병들과 함께 점심을 먹는 자리에서 이렇게 그들의 헌신에 감사하는 마음을 전했다.

"최근 국가적 혼란 속에서도 묵묵히 본연의 임무를 다한 군인들이 있었기에 국민이 안심할 수 있었습니다."

일부 군 지휘부의 잘못은 있었지만 그간 군이 보여준 강한 국방력과 전체 장병들의 높은 의지가 있어 국정안정 이룰 수 있었음을 강조하고, 군이 대한민국의 안보를 지키고, 정치가 국민의 민생을 지키는 역할을 다하자고 말하자 정말 우레와 같은 박수가 터져 나왔다.

많이 위축되어 있는 우리 군 장병들에게 비상계엄 해제와 탄핵소추에 앞장섰던 국회의장의 위로와 격려가 힘이 된 것 같아 가슴 뿌듯했다. 무엇보다 어려움을 잘 견디며 군 본연의 임무를 완수해준 장병들이 고마웠다. 덕분에 국민이 안심하고, 대한민국이 더욱 굳건하게 앞으로 나아갈 것이라고 말한 다음 '백골부대 파이팅!'을 함께 외쳤다.

위문금까지 전달하고 돌아오며 나는 잠시 전두환의 계엄령 아래에서 군 복무를 했던 병장 시절을 생각했다.

한덕수, 왜
다른 사람이 되었을까

국회의장인 내가 국정안정을 위해 전방위로 뛰어다니는 동안 정부가 보여준 태도는 참으로 이해하기 어려웠다.

국민은 하루빨리 국정이 안정되고, 경제가 활성화되기를 고대했다. 그런데 최선을 다해 그 책무를 수행해야 할 정부가 도리어 몽니를 부리고 나섰다. 가장 앞장서서 국정의 안정을 위협한 것은 놀랍게도 대통령 권한대행을 맡은 한덕수 총리였다.

국정안정과 경제회복을 위해 무엇보다 시급한 것은 정국의 불확실성, 불투명성을 제거하는 것이었다. 정부가 법과 원칙에 따라 하나하나 따박따박 처리해나가겠다는 의지만 분명히 해도 국민을 안심시키고, 대외신인도를 회복할 수 있었다.

그런데 대통령 권한대행인 한덕수 총리는 법령으로 정해진 절차의 이행을 거부했다. 그는 12월 10일 국회가 의결한 '내란 상설특검' 후보자 추천을 의뢰하지 않고 미루었다. 도저히 납득하기 어려웠다. 12월 16일 나는 한덕수 권한대행에게 상설특검 추천의뢰를 하라고 촉구했다.

상설특검 추천의뢰는 현행 특검법에 규정된 대통령의 법적 의무였다. 대통령의 직무가 중지됨에 따라 그 의무는 한덕수 권한대행에게 있었다. 국회가 상설특검의 수사를 의결하고 후보추천위원회 구성을 통지하면, 대통령 권한대행은 지체 없이 추천 의뢰를 해야 했다. 다른 선택지나 재량권은 없었다. 법이 정한 대로 당연히 해야 할 의무를 불이행하는 것은 그 자체로 위법이었다. 더구나 국가적 위기 상황에서 법적 절차를 지키지 않는 것은 사회적 불안과 혼란을 심각하게 가중시키는 행위였다.

그런데도 한덕수 권한대행은 침묵으로 일관했다. 한편으로는 권한대행이 상설특검 추천의뢰를 하는 것에 대한 '법률 해석과 위헌 가능성을 검토' 중이라는 주장을 흘렸다.

12월 23일 참다못한 나는 한덕수 권한대행에게 법을 지키라는 입장문을 냈다.

"정치적 불확실성을 줄이는 것이 국정안정과 대외신인도 제고를 위한 핵심과제라는 점에서도 납득하기 어렵습니다. 온 국민과 국제사회가 비상계엄 선포와 대통령 탄핵소추 이후의 헌법적, 법적 절차를 주시하고 있습니다. 가뜩이나 어려운 경제여건에서 변동성이 커진 금융외환시장을 안정시키는 것이 시급한데, 정해진 법적 절차에서까지 불확실성을 만드는 것은 절대 안 될 일입니다. 법 집행의 안정성을 훼손해서는 안 됩니다.

대통령 권한대행께서는 오늘 중으로 상설특검 후보자 추천 의뢰 의무를 이행하기 바랍니다."

나의 경고와 촉구에도 불구하고 한덕수 총리는 멈추지 않았다. 이미 국회가 의결한 상설특검안에 따른 정당한 요구를 '여야가 다시 합의하면 검토하겠다'며 이행을 거부했다. 어이없는 일이었다. 엄연히 국회가 법에 따라 의결한 법안의 집행을 거부하면서 어떤 법적 근거도 없는 '여야 합의'를 요구했다.

국회가 어렵게 쌓아 올린 성과를 뒤흔들려는 시도였다. 그것은 법적 절차를 무시하는 것일 뿐 아니라 상식에도 반하는 일이었다. 전두환 정권 시절부터 윤석열 정권에 이르기까지 늘 조심하며 평생 관료로 살아온 그의 스타일과도 상당히 다른 모습이었다. 김영삼 정부에서 청와대 통상산업비서관을 지내다가 김대중 정부에서는 경제수석을 지낸 비결도 모나거나 무리한 처신을 하지 않는 그의 '모범생 스타일' 영향이 컸다. 노무현 정부에서 국무총리를 지낸 그가 윤석열 정권에서 국무총리로 임명된 것도 그와 무관하지 않았다.

한덕수의 고등학교 친구로 노무현 정부에서 그와 함께 일했던 유인태 전 청와대 수석은 한 대행을 이렇게 평가했다.

"원래 고위직까지 간 직업 공무원들의 특징은 과공, 좀 지나치게 공손한 게 대개 주특기고, 저 친구도 그랬던 친구예요."

대통령 권한대행을 처음 맡았을 때만 해도 직업 관료로서 원만한 관리자의 역할을 할 것이라는 기대가 없지 않았다. 그랬던 한덕수 권한대행이 법까지 무시하며 국회에 도전하는 모습은 그를 잘 안다는 사람들마저 의아하게 했다.

나는 그의 태도가 변한 이유를 두 가지 중 하나로 보았다. 우선 윤석열 대통령에게 약점을 잡혔을 가능성이었다. 그가 시키는 대로 하지 않으면 본인이 심각한 타격을 입을 만한 약점이 있을까?

다른 가능성은 '대권'에 대한 야심일 수 있었다. 윤석열도 하는 대통령을 자기라고 못 할 것도 없다는 생각.

어쩌면 둘 다일 수도 있을 것 같다. 그러나 어느 경우든 위험하기는 마찬가지였다.

최후통첩을 보내다

 상설특검의 추천의뢰를 거부하던 한덕수 권한대행의 이해할 수 없는 행동은 더욱 심각해졌다.

 12월 12일 국회가 적법절차를 거쳐 의결한 '내란특검' 및 '김건희 특검법' 공표마저 거부하고 '여야가 다시 협의해야 한다'고 나왔다. 시종일관 여야 합의안을 가지고 와야 처리하겠다고 버텼다. 법적 절차에 따라 결정한 일을 법 밖의 논의 대상으로 삼자는 터무니없는 요구를 하며 거부권을 행사했다.

 국회는 법에 따라 국회가 할 일을 한 것이었다. 정부는 법에 따라 정부의 일을 하면 되는 것이었다. 더구나 국민의 직접 선출에 의한 직무도 아니고 대통령을 대행하는 권한대행의 임무는 국회의 결정을 존중하고 집행하는 것이다. 여야가 다시 협의하라는 한 대행의 요구는 입법부와 행정부의 관계를 보아서도, 국민적 상식으로 보아서도 용인할 수 없는 것이었다.

나는 이것이 불법적인 계엄령으로 군을 동원한 윤석열 대통령의 국헌문란에 이어 한덕수 권한대행이 주도하는 제2의 국헌문란이라는 느낌을 떨치기 어려웠다.

더구나 한덕수 권한대행은 국회가 선출할 예정인 헌법재판관 3인의 임명도 '여야 합의'가 없으면 하지 않겠다는 예고까지 흘렸다. 이건 내란특검과 김건희 특검법 공표 거부보다 더 심각한 이상행동이었다.

한덕수 권한대행이 다른 생각을 한다는 의심이 들었다. 탄핵소추된 대통령에 이어 대통령 권한대행마저 헌정질서에 도전하는 꼴이었다. 국민의 불안감과 분노가 치솟았다. 나 역시 깊이 우려하지 않을 수 없었다. 국회가 계엄령 해제를 의결한 다음 풀 죽은 목소리로 내게 "죄송하다"라고 하던 한덕수 총리와는 전혀 다른 사람의 모습이었다.

헌법재판소가 차질 없이 탄핵심판 절차를 하기 위해서는 헌법이 정한대로 9명의 헌법재판관으로 구성되는 것이 중요했다. 어떤 결과가 나오든 불복의 명분을 주는 일은 막아야 했다. 헌법재판소 역시 9인 체제의 구성을 국회에 강력히 요청한 바 있다. 더군다나 헌법재판관들의 잇따른 퇴임이 예정되어 있었다. 이 상황에서 국회가 정당한 절차를 거쳐 추천, 선출할 헌법재판관을 임명하지 않을 수 있다고 예고하는 것은 헌법재판소를 무력화해 재판을 방해하겠다는 말과 같았다.

12월 24일 오후, 나는 긴급 기자회견을 열었다. 의장실은 취재진으로 가득했다. 나는 분명하고도 단호하게 입장을 밝혔다.

"대내외적 불안과 혼란의 핵심은 국정의 불안정성입니다. 국정의 중심은 국민이고, 그 실현은 헌법과 법률에 따라야 한다는 대원칙이 흔들리고 있기 때문입니다. 대통령 권한대행이 그 중심에 있다는 사실이 매우 유감스럽습니다.

한덕수 권한대행이 '내란특검' 및 '김건희 특검법' 처리와 헌법재판관 임명 문제를 '여야가 타협안을 토론하고 협상'할 일로 규정, 다시 논의 대상으로 삼자고 하는 것은 매우 잘못된 일입니다."

한덕수 대행의 주장은 나라를 더 혼란하게 만드는 것이었다. 나는 이 기자회견을 통해 더 이상의 국헌문란은 용납하지 않겠다는 것을 분명하게 경고했다.

"권한대행이 마치 국회의 헌법재판관 추천에 여야합의가 없었던 것처럼 상황을 왜곡하는 것은 국회의 책임과 역할을 방해하는 것으로 비춰질 수 있음을 유념하시기 바랍니다. 윤석열 대통령은 탄핵소추 심판과 수사에 성실히 임하고, 한덕수 권한대행이 자신에게 주어진 책무를 성실히 수행하는 것이 더 이상의 혼란을 만들지 않는 길입니다. 공직자가 헌법과 법률을 준수하고 자신의 책무를 다하지 않을 때 불확실성은 더 커질 수밖에 없습니다.

국회의장은 권한대행께 강력히 요청드립니다. 본분에 맞춰 자신의 의무와 책임을 다해주십시오. 그것이 권한대행이 말씀하신 긴 공직생활의 마지막 소임임을 명심하시기 바랍니다."

나는 한덕수 권한대행의 이상행동과 함께 또 다른 심각한 사실 하나를 확인했다. 12월 4일 새벽 4시 45분까지 국회의장 공관 주변에 계엄군이 투입되어 있었다는 CCTV 영상이 확보되었다. 그것은 국회에서 계엄 해제를 결의하고 국무회의에서 비상계엄을 해제한 지 15분이 지난 뒤였다. 그것은 나를 체포하고, 제2의 계엄을 선포하여 다시 국회가 계엄 해제를 하지 못하도록 시도한 것으로 볼 수밖에 없었다. 국헌문란 세력은 나라의 안정보다 여전히 권력유지에 집중하고 있었고, 그 동조자들이 어디까지 뻗쳐 있는지 알 수 없었다.

권한대행은 본분에 맞게
의무와 책임을 다하기 바랍니다

2024. 12. 24. 우원식 국회의장 입장문

국회는 지난 14일, 국민의 뜻에 따라 대통령에 대한 탄핵소추를 결정한 바 있습니다. 그 이후 절차가 헌법과 법률에 따라 차질 없이 진행될 것을 기대했습니다만, 여전히 국민의 불안과 혼란이 가시지 않고 있습니다. 신인도를 평가하는 나라 밖 시선도 다르지 않은 것으로 보입니다.

대내외적 불안과 혼란의 핵심은 국정의 불안정성입니다. 국정의 중심은 국민이고, 그 실현은 헌법과 법률에 따라야 한다는 대원칙이 흔들리고 있기 때문입니다. 대통령 권한대행이 그 중심에 있다는 사실이 매우 유감스럽습니다.

한덕수 권한대행이 '내란특검' 및 '김건희 특검법' 처리와 헌법재판관 임명 문제를 '여야가 타협안을 토론하고 협상'할 일로 규정, 다시 논의 대상으로 삼자고 하는 것은 매우 잘못된 일입니다.

첫째, 두 사안 모두 국회의 논의와 결정 단계를 거쳐 대통령과 정부로 넘어간 사안입니다.

국회는 국회의 일을 했고, 대통령과 정부가 자신의 일을 할 차례인데 이를 다시 전 단계로 돌리자는 것은 납득할 수 없는 주장입니다. 책임을 회피하거나 일할 생각이 없다는 뜻으로 해석될 수밖에 없습니다.

둘째, 특검법은 국민의 요구입니다.

역대 어느 대통령도 자신의 가족과 측근의 비위에 대한 수사를 거부하지 않았습니다. 그러나 윤석열 대통령은 거듭 거부권을 행사했고, 이에 대한 국민의 비판과 분노가 매우 컸습니다. 국회는 이러한 국민의 요구를 수용하는 동시에 대통령이 거부권 행사로 해친 공정성을 입법 조치를 통해 확보하고자 특검법안을 통과시킨 것입니다.

내란 특검법도 마찬가지입니다. 권력으로부터 독립된 수사를 통해 위헌적 비상계엄의 진상을 규명하고 책임을 묻자는 것이 국민의 요구가 아니라면 무엇이 국민의 요구입니까.

권한대행께서 두 특검법에 문제가 있다고 판단하신다면 다시 논의하자고 할 것이 아니라 재의요구권을 행사해 정식으로 국회로 보내면 될 것입니다.

재의요구든 수용이든 그것은 권한대행께서 판단할 일이고, 그 판단을 미루기 위해 명백한 국민의 요구를 견해의 충돌이라고 왜곡하는 것은 온당치 않습니다. 그 자체로 옳지 않을뿐 아니라 국회 의사결정의 무게를 무시하는 의미가 될 수 있습니다.

셋째, 국회가 선출한 헌법재판관 임명은 정치협상의 대상이 아닙니다.

9인 체제의 헌법재판소 구성은 헌법재판소가 국회에 강력하게 요구한 바이기도 합니다. 이에 따라 의장은 헌법재판관 추천 몫의 배분 이견을 해소하고자 11월 22일로 일자를 지정해 여야 간 합의를 촉구한 바 있고, 여야 원내대표 간 협의를 통해 국민의힘 1인, 민주당 2인으로 합의한 것입니다. 그 합의를 토대로 헌법재판관 3인이 추천되었고 어제오늘 인사청문회가 진행되고 있습니다.

이제 남은 것은 국회가 본회의에서 헌법재판관을 선출해서 보내면 권한대행께서 헌법재판관을 임명하는 일뿐입니다. 헌법기관의 정상적 작동을 위해 국회가 선출한 헌법재판관에게 임명장을 수여하는 것을 정치협상의 대상으로 삼을 수는 없습니다.

국회는 탄핵 심판의 청구인으로서 헌법재판소의 탄핵 심판 절차가 차질없이 진행되도록 충실하게 임할 책임이 있습니다. 권한대행이 마치 국회의 헌법재판관 추천에 여야합의가 없었던 것처럼 상황을 왜곡하는 것은 국회의 책임과 역할을 방해하는 것으로 비춰질 수 있음을 유념하시기 바랍니다.

윤석열 대통령은 탄핵소추 심판과 수사에 성실히 임하고, 한덕수 권한대행이 자신에 주어진 책무를 성실히 수행하는 것이 더 이상의 혼란을 만들지 않는 길입니다. 공직자가 헌법과 법률을 준수하고 자신의 책무를 다하지 않을 때 불확실성은 더 커질 수밖에 없습니다.

국회의장은 권한대행께 강력히 요청드립니다. 본분에 맞춰 자신의 의무와 책임을 다해주십시오. 그것이 권한대행이 말씀하신 긴 공직생활의 마지막 소임임을 명심하시기 바랍니다.

어느 것도 좋지는 않았다

12월 26일 오후 2시, 나는 국회 본회의에 헌법재판관 후보 3인의 선출안을 상정했다.

헌법재판소는 9명의 헌법재판관으로 구성된다. 헌법재판소는 이미 지난 8월에 국회가 추천했던 재판관 3인의 임기가 만료된다는 것을 국회에 통보했다. 이에 따라 여당인 국민의힘 추경호 원내대표와 야당인 박찬대 더불어민주당 원내대표 간에 협의를 거쳐 다수당인 더불어민주당이 2인, 국민의힘이 1인을 추천했다. 더불어민주당의 추천 후보는 마은혁, 정계선이었고, 국민의힘의 추천 후보는 조한창이었다. 어렵지 않게 인사청문위원 추천 절차까지 모두 완료했는데 그 직후 불법 비상계엄과 탄핵소추가 있었다. 이런 과정에서 국민의힘 원내대표가 추경호 의원에서 권성동 의원으로 바뀌었다. 그리고 권성동 원내대표가 헌법재판관 인사청문회에 국민의힘 불참을 선언하면서 국민의힘 없이 인사청문회가 진행되었다.

이렇게 윤석열 대통령이 계엄으로 탄핵당하면서 여당에서 이미 합의한 헌법재판관 후보 3인의 임명을 막으려는 움직임이 나타났다. 이유는 간단하고 목적은 분명해 보였다. 헌법재판소의 정상적 운영을 막고 탄핵소추된 윤석열 대통령을 지키려는 것이 세간의 평가였다.

나는 국민의힘의 반대가 있었더라도 이미 헌법재판관 후보 3인은 합의된 사안이기 때문에 헌법과 헌법재판소법에 따라 국회 몫 3인의 선출안을 의결했다. 국민의힘에서는 김예지, 김상욱, 조경태, 한지아 의원이 참여했다.

나는 표결 결과를 발표했다.

마은혁 후보자는 재석 195표 중 찬성 193표, 기권 1표, 무효 1표로 통과했다. 정계선 후보자도 재석 195표 중 찬성 193표, 반대 1표, 기권 1표로 통과했다. 국민의힘이 추천한 조한창 후보자 또한 재석 195표 중 찬성 185표, 반대 6표, 기권 1표, 무효 3표로 통과했다. 헌법재판관 후보 가결정족수는 재적의원 과반 출석에 과반 찬성이었다. 세 후보자 모두 가결정족수를 거뜬히 넘겼다.

나는 헌법재판관 후보자 3인의 선출안 가결을 선포한 다음 한덕수 권한대행에게 '헌법과 법률은 9명의 재판관 중 국회선출 3인은 국회 본회의에서 선출하도록 정하고 있다'며 '지체 없이 임명 절차를 마무리해야 한다'고 엄중히 요구했다.

나는 이틀 전인 12월 24일, 한덕수 권한대행에게 기자회견을 통해 이미 분명히 경고했었다.

"본분에 맞춰 자신의 의무와 책임을 다해주십시오. 그것이 권한대행이 말씀하신 긴 공직생활의 마지막 소임임을 명심하시기 바랍니다."

그러나 경고에 이은 또 한 번의 엄중한 요구에도 한덕수 권한대행은 자신의 '의무와 책임'을 무시하며 '여야 합의안을 제출할 때까지 헌법재판관 임명을 보류하겠다'고 나왔다. 명백한 위헌, 위법이었고 헌정질서 유린이었다.

헌법재판소 재판관의 구성과 임명 절차, 추천권자는 헌법과 헌법재판소법에 명확히 규정되어 있다.

헌법 제111조

① 헌법재판소는 다음 사항을 관장한다.

   1. 법원의 제청에 의한 법률의 위헌여부 심판

2. 탄핵의 심판

   3. 정당의 해산 심판

   4. 국가기관 상호 간, 국가기관과 지방자치단체 간 및 지방자치단체 상호 간의 권한쟁의에 관한 심판

   5. 법률이 정하는 헌법소원에 관한 심판

② 헌법재판소는 법관의 자격을 가진 9인의 재판관으로 구성하며, 재판관은 대통령이 임명한다.

③ 제2항의 재판관 중 3인은 국회에서 선출하는 자를, 3인은 대법원장이 지명하는 자를 임명한다.

④ 헌법재판소의 장은 국회의 동의를 얻어 재판관 중에서 대통령이 임명한다.

 정리하면, 헌법재판소는 국회가 선출한 3명과 대법원장이 지명한 3명, 대통령이 단독으로 임명하는 3명, 총 9명으로 구성하는 것이다.

 한덕수 권한대행에게 '마지막 소임'을 명심하라고 경고했음에도, 그는 나의 경고를 외면하고 기어이 헌정질서를 어지럽히는 국정문란의 길을 선택했다. 그는 아주 자신 있는 표정으로 대국민 담화를 발표했다. '여야가 합의하여 안을 제출하시면 즉시 헌법재판관을 임명하겠다'고 밝히고 '여야가 합의하여 안을 제출하

실 때까지 저는 헌법재판관 임명을 보류하겠다'고 주장했다.

내가 경고했는데도 그렇게 무모한 처신을 한 이유는 무엇일까. 언론과 국회의원 사이에서 여러 가지 분석이 떠돌았다. 헌법재판소에서 윤석열 대통령의 파면을 막고 차기 대권주자로 자신의 몸값을 올리려는 것이란 분석이 있었다. 윤석열 대통령에게 약점을 잡힌 탓에 그를 방어해주지 않을 수 없는 상황일 거라는 해석도 떠돌았다. 윤석열 대통령의 공범으로 그와 함께 법정에 서는 것보다 차라리 탄핵당하는 것이 안전하다고 판단했을 거라는 소문도 들렸는데, 어느 것도 듣기 좋지는 않았다.

151석인가 200석인가

12월 26일 본회의에서 헌법재판관 선출 표결을 한 후에 한덕수 권한대행에게 최후통첩을 했다.

"헌법재판관 임명을 위한 국회의 절차가 끝난 만큼 대통령 권한대행께서는 지체 없이 임명절차를 마무리 해주시기 바랍니다.

논란할 일이 아닙니다. 우리 헌법과 법률은 9명의 헌법재판관 중 국회 선출 3인의 임명절차는 국회의 인사청문을 거쳐 선출, 임명하도록 정하고 있습니다.

국회 선출 3명과 대법원장 지명 3명의 경우, 대통령의 임명행위는 새로운 헌법질서의 창조가 아닌 형식적, 절차적 과정인 만큼, 권한대행의 임명권 행사는 당연하다는 것이 헌법학계의 합의된 해석입니다. 헌법재판소와 대법원 역시 같은 입장을 밝힌 바 있습니다.

특히 이번 헌법재판관 3인은 여야의 합의로 추천된 분들입니다.

절차에 따른 임명행위를 두고 여야합의를 핑계 대는 것은 궁색합니다. 옳지도 않습니다. 임명행위는 애초 여야 논의의 대상이 아닌데도 이를 합의해달라는 것은 사실상 안 하겠다는 것이고, 국회의 헌법재판관 선출권을 침해하는 것입니다.

내일은 대통령 탄핵심판에 대한 첫 변론준비기일입니다. 헌법재판관 9명 정상체제를 복원하는 것이 온당하고 시급합니다. 헌법기관의 정상적 작동이 국가의 불확실성을 해소하는 길이고, 9명 체제가 완성된 상태라야 가부간에 어떤 결정이든 탄핵심판 후 정치 사회적 혼란을 최소화할 수 있을 것입니다.

국회 선출 헌법재판관에 대한 임명 지연이나 거부는 명분이 없는 일입니다. 대통령 권한대행께서는 헌법과 법률, 국민의 상식에 부합하게 책임을 다해야 합니다. 법이 정한 절차의 이행을 두고 또 다른 국정혼란을 야기하는 일은 없어야 할 것입니다.

국민의 녹을 먹는 모든 이들에게 가치판단의 기준은 대한민국과 국민입니다. 예외가 있을 수 없습니다. 대한민국에, 국민이 보시기에, 불안정성을 축소시키는 방향의 결단이 있어야 한다는 점을 다시 강조합니다."

한덕수 권한대행은 나의 최후통첩도 무시했다. 그가 계엄세력과 같은 줄에 서 있다는 것이 명확해졌다. 대통령에 이어 대통령 권한대행을 맡은 총리의 탄핵에 따르는 국민적 불안을 우려하는 목소리도 있었다. 그러나 국정문란의 길로 들어선 대통령 권한대행을 하루도 더 방치할 수는 없었다. 원칙을 지켜야 했다. 국정문란을 획책하고 민주주의를 훼손하는 이는 탄핵을 피할 길이 없었다. 때맞춰 더불어민주당을 비롯한 야당 의원들이 한덕수 탄핵소추안을 발의했다.

국회는 그날 즉시 한덕수 탄핵소추안을 본회의에 보고하고, 이튿날인 12월 27일 표결에 들어갔다.

"국무총리 탄핵소추안 안건은 국회법 제130조 제2항에 따라 무기명투표 방식으로 표결하도록 하겠습니다."

나는 심호흡을 한 뒤 본회의장을 천천히 둘러보았다. 의석을 꽉 채운 여야 의원들이 모두 나를 주시했다. 탄핵 대상은 대통령 권한대행 총리 한덕수였다.

대통령 권한대행을 탄핵한 전례가 없었다. 직무는 대통령 권한대행이고 직위는 총리인 그를 탄핵하는 데 필요한 의결정족수는 대통령과 같은 200석인가, 아니면 국무총리에게 적용되는 일반 정족수인 151석인가. 전례가 없다고 해서 아무런 결정도 하지 않을 수는 없었다.

이 표결에 들어가기 전에 권성동 국민의힘 원내대표 뿐 아니라 많은 의원들이 국회의장실로 찾아와 권한대행은 대통령 업무를 대행하고 있기 때문에 탄핵 의결정족수를 200석으로 해야 한다고 강력하게, 수차례 주장했다.

나는 국회법 제10조에 따라 의장에게 주어진 의사 정리 권한으로 전례를 만들어야 했다. 아무리 의장에게 그 권한이 있다고 해도 새로운 전례를 만드는 만큼 나는 최대한 합리적인 상식에 따르기 위해 국회사무처의 관련 부서들과 국회 입법조사처에 지시하여 외부 전문가들의 의견을 듣고, 학설을 검토했다. 국회 입법조사처와 헌법학자들의 압도적 다수는 총리란 직위에 대한 탄핵으로 해석했다. 헌법학 교재에도 직위를 탄핵하는 것으로 되어 있었다. 나는 그에 따라 의결정족수 기준을 일반정족수 151석으로 정리하고 의안을 상정했다.

나는 본회의장 의장석에서 최대한 목소리에 힘을 주어 단호하고 엄중하게 내가 내린 결론을 읽어 내려갔다.

"이 안건은 국무총리 한덕수에 대한 탄핵소추안입니다. 그러므로 헌법 제65조 제2항에 따라 재적의원 과반수의 찬성으로 의결한다는 점을 말씀드립니다.

이 안건의 의결정족수에 대한 일부 이견이 있습니다만, 국회의 탄핵소추 의결은 직의 파면을 요구하는 것이고 이 안건의 탄핵소추 대상자는 헌법에 따라 대통령 권한을 대신하여 행사하는 국무총리입니다. 헌법은 대통령에 대해서만 가중의결정족수를 규정하고 있습니다.

의장은 국회법 제10조에 따라 국회의 의사를 정리할 권한이 있으며, 이 안건의 의사진행을 위해 헌법학계와 국회 입법조사처의 의견을 종합적으로 검토하여 의결정족수를 판단했음을 말씀드립니다."

내가 의결정족수를 재적의원 과반수라고 말하는 순간 본회의장은 아수라장이 되었다. 권성동 원내대표를 필두로 국민의힘 의원들이 국회의장 단상을 둘러싸고 거칠게 반발했다. 험한 말과 구호가 쏟아졌다. 동료 의원들에게 모진 소리를 듣는 것은 참 편치 않은 일이다. 그런데 이렇게 많은 국민의힘 의원들에게 둘러싸여 규탄당하는 일은 참 괴로웠다. 투표가 진행되는 내내 같은 상황이 이어졌다. 나는 눈을 감고 앉아 있었다.

권한대행에 대한 탄핵소추 의결정족수가 151석이라는 점은 논리적인 데다가 헌법학계의 의견 수렴을 거쳐 충분한 검토를 한 사안이었기 때문에 자신이 있었을 뿐 아니라, 우리나라의 민주주의를 지키는 바른 길이라는 확신이 있었기에 그 괴로움을 묵묵히 견뎠다.

표결은 오래 걸리지 않았다. 나는 의사봉을 들고 표결 결과를 발표했다.

"투표 192명, 찬성 192표로 한덕수 국무총리 탄핵안은 가결되었음을 선포합니다."

참사와 위기의 국내 상황

12월 29일 오전, 나는 마석으로 가고 있었다. 김근태 선배의 13주기 기일 추모 행사가 마석 모란공원에 예정되어 있었다. 나는 이동하면서 추모사를 다시 살펴보며 김근태 선배를 생각했다.

"그날 밤부터 국회에서 대통령 탄핵소추를 결정할 때까지 155시간, 형님도 그곳에서 보셨지요? 형님이 뿌려놓은 민주주의의 씨앗이 싹트고 자라서 수백만의 국민들, 수백만의 민주주의자, 수백만의 김근태들이 만들어낸 거대한 빛의 물결을 말입니다.

그것은 민주주의의 시간이고, 민주공화국 대한민국의 주인인 국민의 시간이었습니다. 동시에 저에게는 형님의 유품 연두색 넥타이로 시작해서 형님이 늘 말씀하던 '희망은 힘이 세다'는 다짐으로 마무리한 시간이기도 했습니다."

그러나 나는 이날 추모식에 가지 못했다.

마석으로 가는 와중에 무안공항에서 181명을 태운 제주항공 여객기가 착륙 중 활주로를 벗어나 폭발하는 사고가 발생했다는 보고를 받았다. 비행기가 바퀴를 내리지 못한 채 동체착륙을 시도하다가 공항 시설물에 충돌한 것이었다. 대형 사고였다.

나는 선배님의 묘소 앞에서 선배님이 그랬던 것처럼 온 힘을 다해, 온몸을 다 바쳐 민주주의를 지키겠다고 다짐하고 싶었다. 지금 이 혼돈과 교착의 본질은 여야의 정치갈등이나 견해의 충돌이 아니라 헌법과 반헌법, 민주주의와 반민주주의, 역사의 퇴행과 진전이라는 것을 분명히 밝힐 생각이었는데, 그럴 수 없었다. 준비한 추모사를 사무총장에게 넘기고 국회로 달려갔다.

179명이 숨지고 2명이 다치는 참사였다. 국내에서 발생한 항공기 사고 중 가장 인명피해가 컸다. 나는 조오섭 비서실장을 무안공항 현장으로 급파했다. 탄핵당한 한덕수 전 총리에 이어 대통령 권한대행을 맡은 최상목 경제부총리와 인근 지방자체단체장들에게 인적, 물적 자원을 총동원해서 인명구조에 최선을 다해줄 것을 당부했다. 아울러 국회에서 비상회의를 열었다. 생존자와 유가족의 입장에서 판단하고 대처해야 한다는 원칙을 확인하고 지원책을 논의했다.

이튿날 나는 전라남도 무안 실내체육관에 마련된 합동분향소에서 분향하고 사고현장으로 갔다. 가족을 잃은 분들의 비통함을 어떤 말로도 표현할 수 없었다. 안타깝고 가슴이 미어졌다.

국가가 해야 할 첫 번째 일이 국민의 생명과 안전을 지키는 것인데, 그 일을 못 해서 이렇게 또 많은 분이 피눈물을 흘리게 되었다. 현장을 둘러보며 생명과 안전에 대한 관심이 얼마나 후순위였는지 절감했다.

나는 국회 전면의 태극기와 국회기를 조기로 내려 달았다.

너무나 힘들고 슬픈 연말을 보내게 된 국민들에게 면목이 없었다. 불법 비상계엄과 그 후속 처리 과정을 거치며 나라가 흔들리고 있는 와중에 당한 국가적 참사 앞에서 초당적으로 힘을 모으는 모습이라도 보여주는 것이 정치권의 도리였다.

한 해의 마지막 날인 12월 31일, 나는 여야 대표와 국정 현안을 협의하는 자리를 마련했다. 우선 시급한 여객기 사고 수습에 힘을 모아야 했을 뿐 아니라 새해에는 정치가 국민의 삶을 조금이라도 나아지도록 하는 작은 출발점이라도 만들고 싶었다.

나는 국회의장이기 이전에 한 명의 정치인으로서 그동안 불법계엄으로 밤잠을 이루지 못하고 여객기 참사로 슬프고 우울한 연말을 보낸 국민에게 너무나 송구스럽고 면목이 없었다. 새해를 시작하기 전에 여야가 함께 국민들에게 작은 위로와 희망이라도 드리는 게 정치가 해야 할 최소한의 예의라고 나는 믿었다.

여객기 사고현장에서 애끓는 유가족을 만나고 온 이재명 더불어민주당 대표와 권영세 국민의힘 비대위원장 모두 가용한 모든 인적, 물적 자원을 동원하는 데 동의했다. 정부를 중심으로 총력 지원하되, 유가족과 생존자 입장에서 상황을 점검하고 보완하고 지원하는 일을 국회가 빈틈없이 해나가자는 데 이견이 없었다.

경제회복, 외교 안보 문제에 대해서도 초당적인 협력을 해나가자고 이재명 더불어민주당 대표 그리고 권영세 국민의힘 비대위원장과 함께 의견을 모았다.

12월 소비자심리지수는 코로나19가 한창이던 때 이후 가장 큰 폭으로 떨어졌다. 경제 전반에 대한 기업들의 인식을 종합적으로 나타내는 12월 기업심리지수도 코로나19 이후 최저치를 기록했다. 다음 달 전망도 하락했다.

기업과 가계 등 모든 민간 경제주체의 경제심리지표가 적신호를 나타냈다. 한국은행은 물론이고 해외 평가기관들도 정치적 불안정성이 한국 경제에 미치는 영향을 심각하게 평가했다. 외교와 통상과 안보 분야의 위험 요인도 결국은 우리가 얼마나 빠르게 국정을 안정시키느냐에 달려 있었다. 다행히 여야 당대표가 손을 맞잡고 초당적 협력을 약속했다. 여야가 위기극복을 위해 국회에서 머리를 맞대는 모습은 국민에게 그나마 작은 위로와 기대로 다가갔다.

이처럼 협력하는 여야의 모습은 끝없는 대치만 이어져온 정국을 풀어가는 작은 실마리가 되었다. 그런데 여야보다 더 강하게 정쟁을 유발하는 집단이 나타났다. 바로 정부였다. 대한민국의 위기를 수습하고 안정시키는 일에 최선을 다해야 할 정부가 도리어 정쟁을 불러일으키는 데 앞장섰다.

국민과 국익을 제일 앞자리에 놓고 난국을 헤쳐가야 할 최상목 권한대행은 한덕수 권한대행이 취했던 이해할 수 없는 행동을 이상한 방식으로 이어가려 했다.

최상목 부총리를 만나다

 헌법재판관 임명 의무는 한덕수 총리의 탄핵으로 대통령 권한대행을 이어받은 최상목 부총리가 짊어지게 되었다.

 최상목 부총리는 권한대행 승계 전 부총리 자격으로 나에게 현안 협조 요청차 방문한 적이 있었다. 나는 그때 그를 강하게 질책했다.
 "계엄 당일 왜 제대로 저항하지 않았습니까? 당연히 그 자리에서 박차고 나왔어야 하지 않습니까!"
 그가 벌개진 얼굴로 해명했다.
 "의장님, 이 자리에서 다는 말씀드리지 못하지만… 저도 할 만큼 했습니다."

윤석열 대통령과의 친분으로 보아 그는 대통령 파면 절차를 정상화시켜주는 헌법재판관 임명에 응하지 않을 것이라는 전망이 많았다. 하지만 반대 전망도 만만치 않았다. 최상목 부총리가 헌법과 법률을 어기면서까지 헌법재판관 임명을 거부하는 무리를 범하지 않을 것이란 전망도 있었다. 나도 그런 기대를 버리지 않았다.

최상목 권한대행은 거시경제를 다루는 사람이라, 경제적 불안정성 해소에 중점을 두고 이 문제를 바라보는 것 같았다. 사실 한덕수 권한대행 체제에서 그가 이창용 한국은행 총재와 함께 한덕수 총리에게 경제적 불안정성 해소를 위해 재판관 임명을 건의했다는 이야기를 들은 터였다.

12월 30일, 나는 최상목 권한대행에게 말했다.

"최상목 권한대행께서 말씀하신 대로 지금 경제적 불안정성을 해소하고 안정성을 만들기 위해서는 헌법재판소를 정상화해야 합니다. 비상으로 이렇게 된 상황을 외국에서 얼마나 불안정하게 보고 있습니까. 이 문제를 잘 정리해야 합니다."

그는 곤란한 표정을 지었다. 나는 임명 불이행은 위헌임을 분명히 경고했다.

"이미 80일이나 공석인 상태인 것이 헌법위반입니다."

그의 꾹 다문 입술에서 작은 신음 비슷한 것이 흘러나왔다. 그리고 어렵게 운을 뗐다.

"그런 말씀을 잘 알고 있습니다. 하지만 저도 국무회의를 진행해야 하는데, 국무위원들의 반대가 거셉니다. 제가 국무회의를 이끌어나가는 데 고충이 많습니다."

자신이 모시던 한덕수 총리가 이 건으로 탄핵까지 당했는데 자기가 반대로 하기가 쉽지 않다고 했다. 내게는 그의 말이 '참 고심이 많지만 국가의 불안정성을 해소하려면 해야 할 일은 해야겠기에 헌법재판관 3인은 임명하겠다'는 뜻으로 들렸다.

나는 다시 최상목 권한대행에게 한덕수 총리에게 했던 것처럼 거듭 경고하고 법이 정한 의무의 이행을 요구했다.

하지만 최상목 권한대행은 2024년 12월 31일 열린 국무회의에서 기상천외한 결정을 했다. 국회가 선출한 3인의 헌법재판관 중 정계선, 조한창 후보만 임명하고 마은혁 후보는 여야 합의가 확인되면 임명하겠다는 것이었다. 전날의 내게 보여주었던 고민에 찬 표정과는 다른 태도였다. 하루 사이에 그에게 어떤 일이 있었는지 나는 알 수 없었다. 실망스러운 결정이 아닐 수 없었다. 어쩌면 그의 태도가 연기였을지도 모른다는 데까지 생각이 미치자 실망을 넘어 모욕감이 밀려왔다.

최상목 권한대행이 국회가 선출한 국회 몫의 헌법재판관을 선별 임명하겠다는 것은 국회의 권리를 정면으로 침해하는 것인 데다가, 마은혁 후보에 대한 '여야 합의'를 요구한 것은 기본적인 사실관계마저 부정하는 비상식적 행동이었다.

마은혁, 정계선, 조한창. 이 3인의 헌법재판관 후보는 동일한 절차를 거쳐 동일한 방법으로 국회가 적법하게 선출한 헌법재판관 후보였다. 무슨 차이가 있어서, 무슨 자격으로, 세 후보자를 선별하겠다는 것인지 분노를 참기 어려웠다.

2024년 12월 26일 국회 본회의에서 선출된 헌법재판관 후보자 3인이 여당인 국민의힘과 야당인 더불어민주당의 합의에 따른 결과라는 것은 국회사무처와 국민의힘, 더불어민주당 사이에 오간 공문에 명확히 기록되어 있었다.

2024년 8월 13일 헌법재판소는 헌법재판관 이종석, 이영진, 김기영 3인의 임기가 10월 17일 자로 만료된다는 사실을 국회에 통보했다. 국회의장인 나는 8월 16일 자로 국민의힘과 더불어민주당 원내대표에게 3인의 헌법재판관 후보 추천과 관련하여 헌법재판소에서 보내온 공문 사본을 송부했다. 헌법재판소가 국회 추천 몫의 빈자리를 채우지 않는 것에 대해 강하게 지적했기에 더는 미룰 수 없었다.

그래서 결국 2024년 12월 9일 국민의힘은 조한창 후보를, 더불어민주당은 마은혁 및 정계선 후보를 헌법재판관으로 추천하겠다는 공문을 국회의장인 내게 보냈다.

나는 그 이튿날인 12월 10일 헌법재판관 선출 인사청문특별위원장에게 국회 선출 3인에 대한 헌법재판관 선출안을 회부했다. 여야 양당과 국회사무처 사이에 오간 공문은 헌법재판관 선출이 여야 합의에 따라 진행되었음을 명확히 입증한다.

양당의 원내대표도 여야가 합의해 국회 몫의 헌법재판관 3인을 추천했다고 공개 천명한 바 있었다.

11월 19일, 추경호 당시 국민의힘 원내대표는 '사흘 뒤 22일까지 국회 추천 헌법재판관 3명의 추천을 마무리하기로 어제 여야가 합의했습니다'라고 발표했다. 박찬대 더불어민주당 원내대표도 '여야가 22일까지 국회 몫 3명에 대한 추천을 마무리하고 정기국회 때까지 임명될 수 있도록 노력'하기로 했다고 밝혔다.

이는 국회의장 나의 중재로 여야 원내대표가 협의한 결과, 국민의힘은 1인, 더불어민주당은 2인의 헌법재판관 후보자를 추천하기로 합의한 데 따른 것이었다. 그렇게 이루어진 합의에 따라 이후 양당이 지목한 후보자의 추천 절차를 진행해 마무리했다.

여야 원내대표가 합의 사실을 공개적으로 밝힌 11월 19일 이후 양당은 후보자에 대한 상호 논의를 진행했으며, 그 논의가 끝남에 따라 각 당의 후보자 명단을 국회사무처로 보내왔다.

이후 인사청문회와 본회의 선출 절차를 진행하던 와중에 불법 비상계엄과 대통령 탄핵소추가 있었고, 여당의 원내대표가 권성동 의원으로 교체되면서 입장을 바꾸었다고 볼 수밖에 없는 상황이었다. 여야 합의가 없었던 것이 아니었다. 그런 주장은 최상목 권한대행의 왜곡에 불과했다.

나는 이처럼 명확한 여야 합의 과정을 밝히면서 최상목 권한대행에게 국회 몫의 헌법재판관 후보자 전원의 즉각적인 임명을 요구했다.

"최상목 대통령 권한대행이 여야의 합의가 확인되는 대로 임명하겠다고 언급한 만큼, 수발신 공문과 양당 원내대표의 발언 등에 의해 여야 합의가 분명하게 확인되었으므로 마은혁 헌법재판관 후보도 즉시 임명해야 합니다."

그러나 최상목 권한대행은 2025년의 첫날인 1월 1일, 정계선과 조한창 후보자만 헌법재판관으로 임명하고 마은혁 후보자는 끝내 임명하지 않았다. 그는 양당의 요구를 상당 부분 수용했다는 명분을 내세울만한 절묘한 절충안이었다고 여겼을지 모른다. 그러나 그것은 어떠한 법적 근거도 없는 위헌, 위법한 월권이다. 헌법재판소는 9인의 재판관이 완전체이며 국회는 이 중 3인의 선출권을 가지고 있다. 국회가 자신의 몫인 3인의 헌법재판관을 선출하는 것과 관련해 대통령의 재량이 끼어들 틈은 없으며, 대통령의 임명은 의무이지 권한이 아니다.

그런데도 의무를 권한으로 착각한 최상목 권한대행의 태도는 헌법재판소에서 진행될 윤석열 대통령 파면재판이 험로를 헤쳐 나가게 될 것임을 예고했다.

1월 3일 나는 마은혁 헌법재판관 후보자의 임명을 거부한 최상목 권한대행의 결정에 대한 권한쟁의심판을 헌법재판소에 청구했다. 최상목 권한대행이 자의적으로 결정한 임명 거부는 국회의 헌법재판관 선출 권한과 함께 헌법재판소 구성의 권한을 침해했다. 헌법재판소의 정당한 구성을 방해함으로써 탄핵 심판 등에서 공정하게 심판받을 권한 또한 침해한 것이었다.

나는 권한쟁의심판 청구와 함께 마은혁 헌법재판관 후보자가 이미 헌법재판관의 지위에 있음을 확인하는 '임시지위를 정하는 가처분' 신청서도 함께 접수했다.

그래도 태양은 떠오른다

2024년은 다사다난이라는 말로는 부족한 한 해였다.

그래도 새해 첫 태양은 떠올랐다. 2025년 새해를 맞이하는 마음은 여전히 무거웠다. 비상계엄이 초래한 국가적 위기에 더해 여객기 참사까지 일어났다. 국민 모두 큰 충격과 슬픔에 빠져 있었다.

12·3 불법 계엄이 일어났던 그 밤부터 국회는 대한민국에서 가장 치열한 곳이었다. 비상계엄 선포부터 계엄군의 국회 난입, 윤석열 대통령 탄핵과 한덕수 국무총리 탄핵으로 이어지는 격랑의 한가운데에 국회가 서 있었다.

그 격랑을 헤쳐나오는 과정은 위기의 연속이었다. 그래도 나는 다행히 큰 실수를 하지 않았다. 우리 국회는 힘들었지만 잘 이겨

냈다. 보람도 있었다.

이번 불법 계엄을 이겨내는 과정에서 더불어민주당을 비롯한 야당들은 민주주의를 지켜내기 위해 최선을 다하고 있었고 의원들의 태도도 결연했다. 국민은 국회를 다시 보았으며, 어느 때보다 큰 기대를 보내주었다. 자주 국민에게 실망을 안겨주었던 국회를 '민주주의 최후의 보루'라고 인정해주었다. 그러한 국민의 인정은 내게 큰 자부심을 불러일으키는 한편으로 큰 책임감을 안겨주었다.

대통령이 헌정질서를 무너뜨리고, 권한대행이 국정의 혼란을 가중시키고, 권한대행의 권한대행이 위헌, 위법한 태도를 이어가는 상황에서 국회는 국회 이상의 책무를 감당해야 했다.

국회는 민생안정과 대외신인도 회복을 위해 탄핵심판 절차를 신속히 마무리하고 국정을 정상화하는 일을 선도해야 했다.

나는 새해 들어 비상계엄 사태 이후 운영해온 비상현안점검 태스크포스를 보강했다. 국회 입법조사처와 국회 예산정책처를 중심으로 구성된 태스크포스는 정부가 놓치고 있는 대내외 경제여건을 파악하고 선제적 대응방안을 내놓는 데 앞장섰다.

국회의 외교활동도 평소의 의원외교와는 비교할 수 없을 정도로 중요해졌다. 나는 외교 공백을 메우고 국제사회의 신뢰를 회복하기 위해 동분서주했다.

우선 윤석열 대통령에 대한 탄핵소추안이 가결되고 5일 후 국회 사랑재에서 외신 초청 기자회견을 열었다. 주요국에서 한국에 파견된 특파원이 70여 명 넘게 모였다. 나는 외신들 앞에서 향후 국회의 과제로써 탄핵심판 절차의 차질 없는 진행, 신속한 국정, 민생 안정, 의회 외교강화 등을 제시하면서 대한민국의 건재함을 알렸다. 기자들도 대한민국의 놀라운 민주주의 회복력에 큰 관심을 보였다.

다행히 대한민국 국회의 활약을 지켜본 세계 각국의 정부와 외교기관들도 전폭적인 신뢰를 보내주었다. 그러한 신뢰에 힘입어 나는 '의회외교 슈퍼위크'라는 말이 나올만큼, 집중적인 외교 노력을 펼칠 수 있었다.

골드버그 주한 미국대사와 콜린 크룩스 주한 영국대사, 제프리 로빈슨 주한 호주대사를 만난 데 이어 마르시아 도네르 아부레우 주한 브라질대사, 다이빙 주한 신임 중국대사, 아밋 쿠마르 주한 인도대사를 연쇄적으로 만났다. 그들은 우리가 생각하는 것보다 훨씬 더 우리 국민과 국회의 역량을 높이 평가하며 경의를 표시했다. 방한한 마르틴 보스마 네덜란드 하원의장과 토니 블링컨 미국 국무부 장관도 만나 국내 상황을 설명하고 협력을 요청했다. 국내에서 활동하는 가장 중요한 경제인 단체 중 하나인 주한 미국상공회의소와 간담회도 진행했다.

나는 이와야 다케시 일본 외무대신도 만났다. 한국과 일본은 지리적으로 떼려야 뗄 수 없는 가장 가까운 이웃이다. 양국은 민주주의, 시장경제, 법치주의라는 보편적 가치를 공유하고, 경제·안보 분야에서 공동이익을 추구해나가야 하는 이웃이다.

한국 상황이 좋지 않은 와중에 방한한 이와야 외무대신을 나는 특별히 환영했다. 나는 비상계엄을 두 시간 반 만에 해제시킨 대한민국의 강력한 '민주주의 회복 탄력성'을 설명했다. 그도 우리 국민이 지닌 '위기극복 유전자'를 잘 알고 있었다.

나는 이와야 외무대신에게 2025년이 한일 국교 정상화 60주년이라는 사실을 강조했다. 수교 60주년 슬로건처럼 '두 손을 맞잡고, 더 나은 미래로' 나아가기 위해 함께 노력할 것도 당부했다. 그러려면 한일관계의 세 기둥을 균형 있게 세우는 것이 무엇보다 중요하다는 것을 나는 잊지 않았다. 아픈 역사의 극복, 경제협력, 동북아시아의 평화와 안정이 그것이다. 이 중 어느 하나라도 제대로 서지 않는다면 한일관계는 발전적 미래로 나아가기 어렵다.

우리는 글로벌 질서의 대격변기에 한국과 일본이 직면한 문제가 많다는 데 공감했다. 공동의 번영과 평화를 위해 협력하자는 데에도 의견을 같이했다.

나는 주한 아세안대사단도 만났다. 한국이 외교와 무역의 다변화를 추구하는 과정에서 빼놓을 수 없는 곳이 아세안이다. 1989

년 대화관계 수립 이후 한국과 아세안 간 무역은 23배나 증가했다. 인적 교류는 37배 증가해 1000만 명을 넘어섰다. 한국과 아세안은 대화관계 수립 35주년을 맞이해 최고 수준의 관계인 '포괄적 전략동반자 관계'를 수립했다.

나는 우리 국민이 국회를 중심으로 민주주의를 지켜나가는 과정에서 아세안대사단이 굳건한 신뢰와 지지를 보내준 데 대해 감사를 표했다. 아세안대사단도 최고 수준으로 격상된 한-아세안 관계를 바탕으로 더욱 큰 번영을 이루어가자는 데 전적인 공감을 표했다.

이렇게 주한 아세안대사단 전체와 격의 없는 만남을 가지고 협력을 다짐할 수 있었던 것은 아세안 10개국 의회가 모두 참석하는 아세안의회총회(AIPA)에 우리 국회가 참여해온 덕분이었다. 나는 앞으로도 우리 국회가 그러한 노력을 계속해나갈 것임을 약속했다.

아울러 나는 주요 국가들에 파견할 국회의장 특사 성격의 5개 그룹 의원외교단을 준비시켰다. 대외신인도를 신속하게 회복하기 위해서는 국제적인 신뢰와 찬사를 얻은 대한민국 국회의 '초당적인' 움직임이 필요했다.

나는 여야 국회의원들이 함께하는 초당적 특별방문단을 구성하기 위해 특별한 노력을 기울였다. 그 결과 여야 모두를 대표하는 특별방문단이 '대한민국 국회의장'의 친서를 미·중·일·영·프·EU 등 핵심 우방국에 전달했다. 미국 방문단의 친서는 도널드 트럼프 대통령을 비롯해 제임스 데이비드 밴스 부통령, 마이크 존슨 연방하원의장 등 총 3인 앞으로 보내졌다.

유럽 방문단의 친서는 영국 총리와 상·하원의장, EU 집행위원장과 의장, 국제의회연맹(IPU) 회장까지 총 3개 주체, 6인 앞으로 보내졌다.

정국이 혼란한데도 국익을 위해 초당적 특사단으로 나서주신 여야 의원들의 결단은 우리 의정사의 모범으로 기록될 것이다.

체포에 저항하는 대통령 윤석열

12·3 불법계엄이 일어나고 정확히 한 달이 되는 2025년 1월 3일, 공수처와 경찰 국가수사본부가 윤석열 대통령 체포에 나섰다. 법원이 체포영장을 발부한 지 나흘 만이었다.

국가원수인 대통령에게는 불소추 특권이 부여되어 있다. 다만 내란죄와 외환죄는 예외다.

헌법 제84조
대통령은 내란 또는 외환의 죄를 범한 경우를 제외하고는 재직 중 형사상의 소추를 받지 아니한다.

따라서 내란 우두머리 혐의를 받는 윤석열 대통령은 긴급체포와 구속, 기소가 가능한 대상이었다. 체포영장은 피의자가 범죄를 저질렀다고 의심할 만한 상당한 사유가 있고, 수사기관의 출석요구에 정당한 사유 없이 불응할 경우 발부된다. 내란죄는 대통령의 불소추 특권에서 배제될 만큼 중대한 범죄다. 내란우두머리의 법정형은 형량은 무기징역과 사형, 두 가지뿐이다. 의심할 만한 상당한 이유를 넘어 전 국민이 방송을 통해 그 행위를 지켜본 증인이었다. 더구나 윤석열 대통령은 이미 세 차례에 걸친 출석 요구에도 불응했다.

법원이 체포영장을 발부한 다음에도 그는 영장집행에 불응하겠다는 태도를 바꾸지 않았다.

그의 체포영장 집행은 1월 3일 4시 30분경에 시작되었다.

1월 3일 5시부터 경찰 기동대가 한남동 대통령 관저 인근에 배치되었다. 7시가 지나 공수처 검사와 수사관들이 대통령 관저 앞에 도착했다. 나는 텔레비전 생중계를 통해 체포영장 집행 과정을 지켜보았다.

경호처와의 대치 끝에 8시가 넘어서야 공수처 검사가 관저 안으로 들어갔다. 하지만 윤석열 대통령은 경호처 병력을 동원해 영장집행을 막아섰다. 법원은 수색영장에 형사소송법 제110조와 제111조의 적용을 예외로 한다는 것을 직접 명시함으로써 그 적법성을 강조했다. 따라서 영장집행의 저지는 특수공무집행방해가 될 수 있는 것이었다. 그런데도 그는 국가공무원인 경호처 직원들을 방패막이로 삼아 영장집행을 가로막았다. 심지어 국방의 의무를 수행하는 제55경비단 병력까지 동원했다.

자신을 지키기 위해서라면 경호처 직원과 군인들이 어떤 운명에 처하게 되더라도 아랑곳하지 않는 대통령을 지켜보는 내 마음은 참담했다. 현직 대통령에 대한 법원의 체포 영장 발부는 국가적으로 불행한 일이었다. 그러나 대통령이 물리력을 동원해 적법한 법 집행을 거부하는 것은 더욱 큰 불행이었다. 탄핵소추당한 대통령이 법치주의의 근간을 뒤흔들고 사법체계를 정면으로 부정하는 장면을 전 세계가 지켜보고 있었다. 지난 한 달 동안 국가 신인도 회복을 위해 헌정사상 유례없는 국회의장과 의원들의 외교 노력이 모두 수포로 돌아가는 것 같았다. 하룻밤에 대한민국을 군사쿠데타가 일어나는 후진국으로 끌어내린 그가 얼마나 더 많은 공직자와 군인을 범법자로 만들려고 하는지 알 수 없었다.

10시가 넘어서야 공수처가 영장집행 방해 저지선을 뚫고 대통령이 거주하는 건물 앞까지 도착해 체포영장을 제시했지만, 그는 끝내 관저 안에 몸을 숨긴 채 박종준 경호처장을 내보내 영장집행을 거부했다.

13시 36분, 결국 공수처는 13시 30분부로 체포영장 집행을 중지한다고 발표했다. 총기를 소지하고 집행을 방해하는 경호처와의 충돌이 우려되어 일단 영장 집행을 중지한다는 것이었다.

수많은 국민이 이 과정을 모두 생중계로 지켜보았다. 윤석열 대통령이 대한민국의 법질서를 유린하는 최대의 위험요소임을 전 국민이 새삼 확인한 한나절이었다.

나는 불법 계엄을 하고, 국회를 침탈하고, 민주헌정을 유린하고도 반성조차 없이 불법적으로 경호처 직원과 경찰, 군을 동원해 자신을 지키려는 대통령 못지않게 최상목 권한대행에게도 화가 났다.

윤석열 대통령은 이미 국회의 탄핵소추로 직무가 완전히 중지된 상태였다. 그는 경호처를 포함한 그 누구에게도 명령을 내릴 수 없었다. 경호처를 포함한 정부기관과 경찰, 군의 모든 통수권은 최상목 권한대행에게 있었다. 그는 당연히 대통령 비서실과 경호처, 경찰, 군을 포함한 모든 공직자에게 법원이 발부한 적법한 체포영장의 집행에 협조할 것을 명령하고 이를 어길 경우 처벌한다는 것을 분명히 밝혔어야 했다. 그러나 그의 태도는 실망스러웠다.

그나마 다행인 것은 군·경찰 소속의 경호 병력 상당수가 영장집행을 저지하지 않았다는 점이다. 관저 경호에 투입된 경찰청 소속 제101경비단, 제202경비단과 수도방위사령부 소속 제55경비단은 한때 경호처의 지시에 따라 영장집행을 가로막았지만, 곧 저지선에서 철수했다.

법원이 적법한 절차를 거쳐 발부한 체포영장을 무력을 동원해 불법적으로 저지하는 윤석열 대통령을 보며 또 한 번 놀라고 분노한 시민들이 맹추위를 뚫고 한남동으로 모여들었다. 이 불법무도한 상황을 끝내려는 시민들이 대통령 관저 앞 도로를 가득 메웠다. 12·3 비상계엄 사태 이후, 탄핵과 민주주의 수호의 흐름을 만들어낸 가장 큰 동력은 바로 거리에 나온 국민들이었다. 응원봉 시위대는 자신들이 좋아하는 아이돌의 응원봉을 들었고, 신나는 K-POP 음악에 맞춰 목소리를 냈다. 그들의 열정은 12월 7일 탄핵소추안 1차 표결 불성립 이후, 12월 14일 국회의 탄핵소추를 끌어냈다.

　한겨울 남태령에서는 전국 각지에서 올라온 농민들이 '녹두장군 전봉준'의 이름을 내걸고 대통령의 탄핵과 체포를 요구했다. 남태령고개에서 응원봉과 트랙터가 만났다.

　일명 '키세스 시위대'는 윤석열 대통령에 대한 체포영장 집행을 촉구하며 한남동 대통령 관저 앞에서 시위를 이어갔다. 추위를 막기 위해 은박지를 뒤집어쓴 시위대의 모습이 키세스 초콜릿과 비슷해 붙여진 이름인데, 국민들의 기발함에 놀라기도 했다.

　영하의 맹추위와 눈보라 속에서도 민주주의를 수호하겠다는 국민들의 뜨거운 의지를 보면서, 대한민국은 '나라가 어려울 때마다 밝은 것을 들고나온 위대한 국민'이 지켜낸 나라임을 다시금 깨달았다. 국민들의 모습을 보면서 나 또한 힘을 내고 마음을 다잡았다.

국민의힘 내부에서도 일부 의원들은 반발했다. 김상욱 의원은 '윤석열 대통령이 수사기관에 자진 출석해서 어떤 일이 있었는지 사실대로 얘기하면 되는데 법 논리를 주장하면서 핑계를 대는 건 전형적인 법꾸라지 행태'라고 비판하며 여당 지도부를 향해 '국민의 신뢰를 얻기 위해선 헌정질서를 부인한 대통령과 단절하는 것이 첫 단계다'라고 주장했다.

김성태 전 의원도 대통령에게 '염치'를 주문하며 계엄 주모자 김용현 전 국방부 장관, 이상민 전 행정안전부 장관, 이철규 의원을 간신 모리배 3인방이라고 비난했다.

심지어 외신까지 강하게 비판했다. 《가디언》은 윤석열 대통령이 스스로 초래한 정치적 위기에 오만하게 대응하고 있다고 비판했다. 《뉴욕타임스》는 윤석열 대통령이 탄핵되었는데도 경호처의 전폭적인 경호를 받고 있다며, 경호처에 의지해 법집행을 피한 겁쟁이라고 평가했다.

그런데도 윤석열 대통령은 한남동 관저에서 버텼다. 동시에 맹목적인 지지자들을 향해 '자유와 민주주의를 사랑하는 애국시민'이라고 부추기며 결집을 호소하는 메시지를 잇달아 내놓았다.

나는 헌법수호의 책무가 있는 입법부의 수장으로서 법치라는 헌법 가치가 부정되는 상황을 지켜보고만 있을 수 없었다. 나는 입장문을 내고 윤석열 대통령에게 사법 절차에 응할 것을 요구했다.

"현직 대통령에 대한 법원의 체포 영장 발부는 국가적으로 불행한 일입니다. 그러나 대통령이 물리력을 동원해 적법한 법 집행을 거부하는 것은 더욱 참담합니다. 전 세계가 지켜보고 있습니다. 대한민국의 근간인 법치주의와 국가 사법체계를 정면으로 부정하는 일이 더는 없기를 바랍니다.

이번 비상계엄 사태를 수습하는 과정에서 혼돈과 교착의 상황이 이어지고 있습니다. 그러나 계엄군이 총을 들고 국회로 들어온 사건입니다. 절대로 사안의 본질이 호도되어서는 안 됩니다. 여야의 정치갈등, 진보-보수의 이념 갈등이 아닙니다. 헌법과 반헌법, 민주주의와 반민주주의가 문제의 본질입니다.

우리는 지금 대한민국이 어떤 나라가 될지의 갈림길에 서 있습니다. 불확실성을 해소하고 정상궤도를 회복하지 않으면 안 됩니다.

한국이 민주주의와 헌법적 절차에 따라 정상적으로 움직인다는 것을 보여줘야 합니다. 그것이 국정안정이고, 대외신인도 회복입니다. 대통령은 더 이상 나라를 혼란에 빠뜨리지 말고 책임 있는 자세로 사법절차에 임해야 할 것입니다."

이익이 보이면 정의를 생각하라

2월 5일 나는 중국 공식 방문에 나섰다.

나를 초청한 자오러지 전국인민대표회의 상무위원장을 만나 1만 9000개에 달하는 한국의 중국 진출 기업이 안정적으로 사업할 수 있도록 관심과 지원을 요청했다. 2025년은 광복 80주년이자, 안중근 장군 순국 115주년인 만큼, 중국 내 독립운동 사적지 관리·보존과 안중근 장군의 유해발굴 협조도 특별히 요청했다.

이에 대해 자오러지 상무위원장은 1992년 수교 이래 양국이 지역안정과 동반발전을 이루어온 만큼, 양국의 전략적 협력 동반자 관계가 계속해서 발전할 수 있도록 힘쓰자고 화답했다.

동계아시안게임이 열리는 하얼빈에 도착한 나는 첫 일정으로 안중근 장군이 이토 히로부미를 격살한 현장과 기념관을 둘러보고, 헌화했다. 기념관의 안중근 장군 동상 위에 설치된 시계는 이토를 격살한 시각, 오전 9시 30분을 가리키고 있었다. 김구 선생의 증손자 김용만 의원도 대표단의 일원으로 함께해서 더 뜻깊었다.

승강장에는 세모와 네모 표시로 1909년 저격 당시의 위치가 표시되어 있었다. 겨우 아홉 걸음 남짓 되는, 생각보다 가까운 거리였다. 그 의미가 참으로 무겁게 다가왔다. 이 정도 근접하면 격살 후 도피하는 것이 불가능하다. 죽음을 각오했음이 분명했다. 고개가 절로 숙여졌다.

방명록에는 '견리사의 견위수명(見利思義見危授命)'이라고 썼다. 이 문장은 뤼순감옥에 수감 중이던 장군께서 남긴 유묵 가운데 가장 대표적인 글귀다. '내게 이로운 것이 눈앞에 보이면 정의를 생각하고 나라가 위태로우면 목숨을 바치라'는 뜻이다. 엄중한 시국을 겪은 탓에 더욱 와닿는 장군의 말씀을 가슴에 새겼다.

나는 자오린 공원에도 들렀다. 장군께서는 순국 전 '내가 죽거든 내 뼈를 하얼빈 공원에 묻었다가 국권이 회복되거든 조국 땅에 옮겨 묻어달라'라는 유언을 남겼는데, 그 하얼빈 공원이 바로 자오린 공원이다. 공원 남문 근처에 마련된, 장군의 친필 글씨와 손바닥이 새겨진 유묵비 앞에 서서 나는 옷깃을 여미고 고개를 숙였다.

이렇게 수많은 분이 피 흘리고 목숨 바쳐 되찾은 나라가 유린당한 지난 한 달을 생각하니, 쉽게 고개를 들 수 없었다.

장군께서 뤼순 감옥에서 교수형을 당한 것이 1910년 3월 26일이었으니 올해 115주기를 맞는다. 그러나 가슴 아프게도 유해조차 아직 찾지 못하고 있다. 그간 중국, 북한과 각자 또 공동으로 수차례 조사가 진행되었지만, 찾지 못했다.

나라를 위한 희생을 기억하고 보답하는 것은 우리에게 남겨진 책무다. 중국 당국에 협조를 거듭 당부했고, 우리 외교부에도 위치를 특정할 만한 자료가 남아 있을 가능성이 큰 일본 외교부에 적극적으로 알아볼 것을 요청했다.

이날 오후 4시에는 하얼빈 시내의 태양도 호텔에서 시진핑 주석과 단독회담을 가졌다. 시진핑 주석은 나를 정상급으로 대우했다. 미리 나와서 나를 기다리고, 자리도 대등하게 배치하면서 최선의 예우를 다했다.

처음 우리나라의 국회의장에 해당하는 자오러지 상무위원장으로부터 중국 하얼빈에서 열리는 동계아시안게임에 초청받았을 때, 나는 가지 않으려고 했다. 국내 사정이 어려워서 곤란하다는 뜻을 완곡하게 전하자, 시진핑 주석을 만날 수 있고 20여분간의 면담 일정이 예정되어 있다고 알려왔다. 20분은 인사를 나눌 정도의 시간이었다. 내가 국내 상황이 엄중한데 인사만 나누러

가기는 아닌 것 같다고 하자, 시진핑 주석은 상대방의 말을 경청한다고 하였다. 시진핑 주석이 나의 방문을 원한다는 것으로 들렸다. 나는 시진핑 주석이 정권 교체기에 있는 대한민국의 향방을 직접 듣고 싶었던 것이 아닐까, 하고 짐작했다.

40여 분간 진행된 회담에서 나는 시진핑 주석에게 광복 80주년을 맞아 더욱 뜻깊은 2025년, 경주에서 열리는 APEC 정상회의에 참석해줄 것을 요청했다. 나는 한국의 최대 교역상대국인 중국과 변함없는 경제협력을 이어가기를 바란다는 뜻을 전하며, 중국에 진출한 우리 기업의 사업환경 개선과 문화 분야의 개방을 특별히 요청했다.

"한국에서는 중국의 영화, 드라마, 게임 등 문화콘텐츠를 자유롭게 누리고 있는데, 중국에서는 한국 관련 문화콘텐츠를 찾기 어렵다. 문화 개방을 통해서 청년들이 서로 소통하고 우호감정을 갖는 것이 매우 필요하다."

나는 안중근 장군 유해발굴과 중국에 있는 독립운동유적지 보호에도 관심을 기울여달라고 당부했다. 시진핑 주석은 APEC 정상회의가 2025년에 한국에서 개최되고 이듬해에는 중국에서 개최된다면서 '국가주석이 APEC 정상회담에 참석하는 것이 관례인 만큼 관련 부처와 논의하고 있으며, 진지하게 참석하는 것을 고려 중이다'라고 말했다. 그는 양국의 문화교류는 굉장히 매력적인 부분이라면서, 문화교류 과정에서 문제가 생기지 않도록 관리하면서 시행하자고 했다. 그러면서 '지난해 중국 정부의 한국민에 대한 사증면제 이후 한국 관광객이 중국을 많이 방문하고 있다'면서 '중국인들도 한국을 더 많이 찾게 될 것으로 기대한다'고 화답했다. 중국에 진출한 한국 기업의 불편사항은 최근 들은 적이 없는데 살펴보겠다고 했다.

시진핑 주석은 안중근 장군 유해발굴과 관련해서도 '중국이 그동안 많은 일을 해왔다'라고 설명하면서 '앞으로 안중근 장군 유해발굴에 대해 한국 측의 구체적인 요구가 있으면 지속적으로 소통해 나가겠다'며 적극적인 반응을 보였다.

마지막으로 그는 나에게 내일부터 열리는 동계 아시안게임에서 한국이 선전하기 바란다고 덕담을 했다. 나는 다시 마이크를 받아 이렇게 대답했다.

"시 주석님, 우리는 선전하러 온 것이 아닙니다. 중국과 겨뤄 우승하려고 왔습니다. 좋은 경쟁 상대가 좋은 친구 아니겠습니까!"

우리는 함께 껄껄 웃으며 회담을 마무리했다.

시진핑 주석을 만나면서 나는 그가 우리나라의 회복력과 대한민국 국민의 위대함, 그리고 국회의 역할에 대해 대단히 존중하고 있다는 느낌을 받았다.

 이어서 나는 하얼빈에서 열리는 동계아시안게임 개막식에 참석해 선수단의 주요 관계자와 대표선수들을 만나 격려와 응원을 보냈다. 선수들의 컨디션 유지에 방해될까 봐 단 2분만 만났는데, 안중근 장군을 비롯한 항일무장투쟁 영웅들의 혼이 서린 하얼빈에서 열리는 대회인 만큼 아주 담대하게 기량을 뽐내주기를 기대한다고 말했다.
 우리 대표선수들은 내가 참관했던 첫날의 쇼트트랙 경기에서만 7개의 금메달을 땄다. 시진핑 주석에게 내가 한 말이 아주 빈말이 아님을 보여주게 되어서 기뻤다. 귀국행 비행기에 오르는 내 마음도 무척 가벼웠다.

5

파면의 밤

스스로 걸어 나오는 것이 최선이다

　윤석열 대통령 체포에 실패한 공수처는 최상목 권한대행에게 대통령 경호처의 영장집행 협조 지시를 요청했다. 그러나 최상목 권한대행은 여전히 기관 간의 충돌을 피하라며 수수방관했다.
　1월 7일 대통령에 대한 체포영장이 재발부되었다.
　경호처가 대통령의 명령을 따르고, 최상목 권한대행도 협조하지 않는다면 다시 한번 영장집행에 나선다고 해도 지난번과 같은 상황이 벌어질 것이 자명했다.

　나는 1월 12일 입장문을 발표하여 윤석열 대통령이 스스로 걸어 나올 것을 강력하게 촉구하는 동시에 최상목 권한대행에게 경호처에 대한 지휘권 행사를 요구했다.

"대통령에 대한 체포영장 집행을 앞두고 나라 안팎으로 긴장이 높습니다. 탄핵심판 첫 변론기일에도 대통령은 출석하지 않을 것이라고 하니, '탄핵이든 수사든 당당히 맞서겠다'고 한 대통령은 어디로 간 것입니까.

직무가 정지되었더라도 대통령은 대통령입니다. 더 이상의 국격 훼손을 막기 위해, 최소한의 품위는 지켜줄 것을 간곡히 요청합니다. 법치주의의 예외를 주장할 것이 아니라 법 집행에 순순히 응하는 것이 그래도 대통령다운 모습이지 않겠습니까.

경호처 직원들이 겪을 시련도 생각하기 바랍니다. 이대로라면 경호처에 근무하는 젊은 사람들까지 평생에 걸친 오명과 불이익을 받을 수 있는 상황인데, 그래도 나는 모르겠다 하는 것은 너무 비겁한 것이 아닙니까. 젊은 사람들의 앞길까지 막아서는 안 됩니다.

경제에 미칠 악영향과 대외신인도는 또 어떻습니까. 위헌·불법 비상계엄으로 나라 전체가 혹독한 대가를 치르고, 민생이 더는 버티기 어려운 지경까지 몰려있는데, 여기서 더 대통령의 그릇된 행동으로 대내외적 불확실성을 가중시켜서는 안 됩니다.

대통령 스스로 걸어나오는 것이 최선입니다. 국가를 위해서도, 대통령 자신과 지지자들을 위해서도 그렇습니다. 대통령은 더는 경호처를 앞세우지 말고 당당히 법 앞으로 나오십시오. 그것이 국민이 대한 최소한의 도리입니다.

최상목 권한대행에게도 요청합니다. 경호처에 지휘권을 행사하기 바랍니다. 기관 간 갈등이 아니라 법치주의 회복이냐 아니냐가 본질입니다. 경호처에 체포영장 집행협조를 지시하고, 국가기관끼리 충돌을 막는 것이 지금 권한대행께서 할 일입니다.

대한민국이 헌법과 법률에 따라 움직이는 민주주의 국가임을 입증하는 것이 경제의 불확실성을 가장 확실하게 제거하는 방법입니다."

물론 나도 윤석열 대통령이 순순히 걸어 나오지 않으리라는 것을 모르지 않았다. 최상목 권한대행이 갑자기 태도를 바꿔 책무를 다할 가능성도 크게 보지 않았다. 그러나 법치주의에 대한 최소한의 믿음과 양식이 있는 공직자들은 주저하고 고민할 것으로 기대했다.

내 예상이 맞아떨어졌다. 대통령의 경호처 내부에서 불법적인 영장집행 저지에 반대하는 기류가 강하게 일어났다. 박종준 경호처장이 먼저 사직서를 제출한 다음 경찰의 소환조사에 응했고, 중간간부와 경호원들 사이에서도 부당한 명령에 거부하는 움직임이 확산되고 있다는 정보가 잇따라 들어왔다. 자신들을 사지로 몰아넣으며 제 살길만 찾는 대통령의 불법적인 명령에 계속해서 맹목적으로 따를 경호원이 얼마나 될까.

1월 15일 오전 8시부터 공수처 수사관과 경찰관 1200명이 2차 체포영장 집행에 나섰다. 1차 저지선을 돌파하는 데 시간이 걸렸지만 2차 저지선은 쉽게 넘어섰다. 경호 병력들이 영장집행을 저지하라는 불법적인 명령에 따르지 않은 것이었다.

윤석열 대통령이 숨어 있던 관저 바로 앞의 3차 저지선에서 격렬한 저항이 예상되었지만, 특별한 저항이 없었다. 그동안 맹목적인 충성을 바쳐온 소수의 경호처 요원조차 더는 그를 지키려 하지 않았기 때문이다.

공수처는 10시 33분 체포영장이 집행되었다고 발표했다.

제 발로 걸어 나오는 것이 최선이라는 나의 경고를 무시한 윤석열 대통령은 결국 초라하게 체포되었다. 그는 대한민국 헌정 역사상 처음으로 체포된 대통령이었다. '내란 우두머리' 혐의로 체포된 것도 그가 처음이었다. 그가 과천의 공수처로 압송되는 장면을 지켜보며 만감이 교차했다. 그의 자업자득이었다. 나는 우려되는 혼란을 막기 위해 즉시 국회의장 명의의 입장문을 발표했다.

"대통령에 대한 체포 영장이 집행됐습니다. 우려하던 충돌 없이 법 집행이 되어 다행입니다. 혼란한 상황이 일단락된 만큼 국정안정과 민생 회복에 역량을 모아야겠습니다. 불필요한 갈등과 혼란을 조장하는 언행은 자제되어야 합니다. 국회는 대내외적인 불확실성을 줄이기 위한 적극적인 의원외교와 민생안정을 위한 '국정협의회'의 조속한 가동 등 최선을 다하겠습니다. 여야 간에 논의 중인 특검법도 신속하게 처리할 것입니다."

서부지법 난동을
부추긴 사람들

　서부지방법원 앞에서 폭력점거 사태가 일어났다는 보고를 받은 순간, 나는 귀를 의심했다. 계엄군이 군홧발로 국회를 공격한 것이 불과 한 달 전이었다. 그날의 긴박했던 기억이 떠올랐다. 법원이 폭력으로 점거되는 모습은 상상만으로도 섬뜩했다.

　텔레비전을 켰다. 사실이었다.

　대통령의 셀프 쿠데타, 체포영장 집행 거부에 이어 또 하나의 전례 없는 상황이 벌어지고 있었다. 5·18과 같은 국가 주도의 폭력사태를 제외하고, 경찰과 기자들을 무차별 집단폭행하고 사법기관을 침탈한 사건은 헌정사에 처음 있는 일이었다. 명백한 폭동으로 분류될 첫 사건의 진행 과정은 경악스러웠다. 폭도들은 법원을 지키던 경찰의 진압용 방패를 강탈해 경찰을 집단폭행했다. 그들은 집단적으로 법원 청사의 유리창을 깨고 외벽을 부수며 난입했다. 건물 전체를 파손하며 법원 내부를 휘저었다. 일부는 3층까지 올라갔는데, 특히 몇몇은 윤석열 대통령의 구속영장을 발부한 차은경 판사를 색출하겠다며 판사들의 사무실이 있는 7층까지 올라가 문을 부수고 난동을 부렸다. 폭력으로 사법부를 무력화하려는 시도였다.

비상계엄으로 무장한 군인들이 국회를 침탈한 사건과 다를 바 없는 헌법기관에 대한 테러였다.

참담했다.

심지어 일부 정치인들이 폭도들을 옹호하는 듯한 발언을 하거나 양비론을 펼치는 모습에 매우 실망했다.

이것은 결코 우발적인 사건이 아니었다. 대통령이 계엄령을 통해 국회에 계엄군을 투입하고 체포조를 풀어 국회의원과 언론인 등을 노렸다는 증거들이 나오고 있었다. 그로부터 불과 한 달이 지난 시점에 이런 일이 발생한 것이다. 그들은 자기 마음에 들지 않는다고 무력으로 입법부를 점령하고자 시도한 윤석열 대통령과 유사한 사고구조를 가지고 있다고 볼 수 밖에 없었다. 자신들이 바라는 대로 되지 않는다고 폭력을 동원해 사법부를 공격했다.

사법부는 법 앞의 평등을 지키는 최후의 보루다. 그 판단은 얼마든지 비판할 수 있다. 절차에 따라 이의를 제기할 수도 있다. 그러나 어떠한 이유로든 폭력으로 법원을 공격하는 것은 용인할 수 없다.

법원에서 폭력을 행사하고 방화 시도가 난무하는 모습은, 민주주의의 또 다른 기둥 하나가 붕괴하는 듯한 공포를 안겼다. 지난달, 계엄군에게 공격당한 입법부의 수장으로서 사법부에 가해지는 공격을 방관할 수 없었다.

사법질서를 부정하고 폭력으로 국가기관을 유린하려는 세력을 방치해서는 안 되었다. 침묵은 곧 묵인이고, 범죄였다. 국민 앞에서 분명한 입장을 밝히는 것만이 사법부를 지키고 법치주의를 지키는 길이었다. 나는 곧바로 입장문을 냈다.

"밤사이 발생한 법원에 대한 공격은 대한민국 헌법과 법치주의를 정면으로 부정한 중대한 범죄행위입니다. 12·3 비상계엄으로 무장군인이 국회를 침탈한 사건과 다를 바 없는 헌법기관에 대한 실질적 위협행위입니다. 입법부 수장으로 매우 우려스럽고 참담합니다. 이러한 무법적이고 극단적 행위가 용인되어서는 안됩니다. 빠른 수사와 엄중한 처벌이 필요합니다."

그 발언은 법원만을 위한 메시지가 아니었다. 국회와 법원, 두

축을 동시에 무너뜨리려는 폭력적 시도 전체에 맞서는 선언이었다. 민주주의의 적들은 언제나 폭력을 부추겨 정당한 절차를 무력화했다. 서부지방법원 난동은 그 연장선이었다. 일부 정치인은 내 발언을 두고 '국회의장이 사법부 문제까지 끌어안는다'라고 비판했다. 그러나 나는 그렇게 보지 않았다. 입법부와 사법부는 서로 다른 기능을 담당하지만, 민주주의라는 한 몸의 두 팔이다. 어느 한쪽이 무너진다면 다른 쪽도 설 자리를 잃는다. 나는 국회의장으로서 다른 한 팔을 잘라내려는 도전을 좌시할 수 없었기 때문에 나섰던 것이다.

길어지는 탄핵 심판,
가중되는 혼란

   2월 27일, 마침내 내가 낸 권한쟁의심판 청구가 받아들여졌다. 헌법재판소는 최상목 권한대행이 마은혁 헌법재판관을 임명하지 않은 행위가 국회의 권한을 침해했다고 결정했다.

   동시에 국회의장인 내가 국회를 대표해 권한쟁의심판을 청구한 것 또한 적법하다고 보았다. 헌법재판소는 국회의장의 심판청구가 본회의 의결을 거치지 않아 무효라는 일각의 주장을 받아들이지 않았다. 국회의장의 정당한 대표권 행사란 것을 확인해준 것이었다.

   최상목 권한대행은 헌법재판소의 판단을 존중해 헌법에 부합하는 후속조치를 취하는 것이 당연했다. 그것이 국회의 권한에 대한 위헌적 침해를 막고, 헌정질서를 유지하는 유일한 방법이자 의무였다. 그러나 최상목 권한대행은 헌법재판소의 결정에도 불구하고 마은혁 헌법재판관 임명 절차를 진행하지 않았다.

불법 계엄 지지세력은 서부지방법원을 공격한 것과 같은 방법으로 헌법재판소를 공격할 기세로 혼란을 부추겼다.

탄핵심판이 끝날 줄 알았던 3월 초가 지나, 3월 하순에 접어들면서 국민의 불안감은 커져만 갔다. 심리가 끝나고도 결과가 나오지 않자 온갖 억측과 소문이 난무했다. 확인되지 않은 정보가 쏟아졌다.

나로서도 답답한 상황이었다. 국민의 일상이 마비되다시피 한 상황이 지속되는 것이 안타까웠다. 탄핵을 찬성하는 세력은 헌법재판소 결정이 늦어지는 것을 비판했고, 윤석열 대통령이 파면될 가능성이 크다고 보며 헌법재판소를 공격하던 세력조차 결정이 예상보다 더 오래 지체되자 다른 의미에서 헌법재판소를 의심하고 비난하기 시작했다. 나는 이 상황이 매우 위험하다고 직감했다. 이렇게 다수가 헌법재판소를 흠집 내고 공격하면 헌법재판소의 심판 결과가 힘을 가지기가 어려울 텐데, 그것이야말로 헌정질서를 유린하려는 세력이 바라는 일이었다.

3월 20일, 나는 답답하더라도 헌법재판소의 시간을 존중하고 기다려야 한다고 판단하고, 인내를 호소하는 입장문을 냈다.

"자의적 예측과 정보의 범람이 헌법재판소에 대한 불신과 선고

후 혼란의 단초가 되어서는 안 됩니다. 모두가 차분히 헌법재판소의 결정을 기다려주실 것을 당부드립니다."

대통령의 탄핵심판이 지연되고 있는 와중에 과정에서 한덕수 총리의 탄핵심판 결정이 먼저 나왔다.

3월 24일, 헌법재판소는 한덕수 총리가 국회가 추천한 헌법재판관을 임명하지 않는 것이 헌법위반이라고 인정하면서도, 파면할 정도는 아니라고 결정했다. 잘못인데 파면할 정도는 아니라는 모순적인 결정을 국민이 수긍하기란 쉽지 않았다. 나도 납득하기 어려웠지만 받아들여야 한다고 판단했다. 우리가 헌법재판소 결정을 부인하면 헌법재판소는 무력해지고, 헌법재판소가 윤석열 대통령의 탄핵소추를 인용한다고 해도 그 결정이 무력해질 것이며, 그러면 법 없는 세상이 되는 것이었다. 그것을 바라는 자들이 누군가.

나는 헌법재판소가 결정한 대로 한덕수 총리의 탄핵 기각을 받아들였다. 그와 동시에 헌법위반 결정 또한 받아들여서 한덕수 총리가 마은혁 헌법재판관을 하루빨리 임명해야 한다고 입장을 밝혔다.

"정부가 헌법재판소의 헌법적 판단을 거부하는 것은 법치주의를 훼손하는 온당하지 않은 일이며, 헌법재판소의 판단이 이행되지 않는 전례를 만들어서도 결코 안 됩니다.

　한덕수 총리는 즉시 마은혁 헌법재판관 후보를 임명하기 바랍니다."

　그러나 한덕수 총리는 자신의 탄핵을 인용하지 않은 헌법재판소의 결정은 받아들여 대통령 권한대행으로 복귀하면서도, 헌법재판소가 위헌이라고 결정한 헌법재판소 마은혁 재판관 임명 불이행은 그대로 이어나갔다. 헌법재판소의 결정을 이행하지 않는 한덕수 권한대행의 이상한 행동이 계속되는 상황에서 윤석열 대통령의 탄핵심판 결정까지 지연되면서 국민의 불안과 분노는 점점 치솟았다.

　나는 한덕수 권한대행의 오만과 위헌 위법행위를 지켜보고만 있을 수 없었다. 그러는 사이 헌재 판결이 더 늦어지자 국민적 우려와 갈등은 더욱 심해졌다. 일주일 전 헌법재판소의 시간을 존중하자고 성명을 냈었지만, 여기서 더 늦어지면 국론분열의 수습이 훨씬 어려워질 것이라고 다시 판단했다. 3월 27일 나는 헌재 선고를 촉구하는 담화문을 발표했다. 매일 헌재의 선고기일 통보를 검색하는 것이 국민의 일상이 되어서는 더 이상 안되고, 국민의 시간 없이 헌재의 시간도 없다는 취지로 헌재의 결정을 촉구했다. 이미 이재명 더불어민주당 대표와 박찬대 원내대표를 구심점으로 국민들이 함께했고, 일주일이 넘게 국회의원들과 시민사회 단체가 함께 단식했다. 사회적 갈등이 커진다는 우려도 있었지만, 더 단단한 민주주의를 향한 큰 흐름은 이미 도도하게 우리 사회를 관통하고 있었다.

3월 28일, 나는 한덕수 권한대행이 헌법재판관을 임명하지 않는 국헌문란 상황을 해소하고자 다시 한번 권한쟁의심판을 청구하는 동시에 마은혁의 헌법재판관의 임시지위를 정하는 가처분 신청을 냈다.

나는 '한덕수 권한대행이 스스로 헌법을 위반하는 국기문란 상태를 해결하지 않고서는 법치를 결코 논할 수는 없는 상황'임을 지적하고 '훼손된 헌정질서의 회복을 위해 마은혁 헌법재판관 임명이 매우 중요한 선결과제이기에 할 수 있는 모든 조치를 강구해나갈 것'이라고 분명히 밝혔다.

제주는 우리에게 묻는다

헌법재판소가 윤석열 대통령의 탄핵심판 선고일을 4월 4일로 결정했다. 아무도 예상하지 않았던 길고 긴 시간이었다.

4월 4일은 내가 탄핵소추안 가결을 선포한 날로부터 정확히 111일째 되는 날이었다. 예상했던 것보다 헌재의 탄핵심판 선고가 지연되면서 온갖 억측이 난무했다. 당연히 파면이 될 것으로 믿었던 국민들의 불안이 극에 달했다.

2025년 4월 3일, 나는 제주도에 갔다. 탄핵심판을 하루 앞두고 4·3 77주년 추념식장으로 가는 내 마음은 무거웠다.

하늘은 잔뜩 흐렸고, 바람은 매서웠다. 4.3 평화공원에는 유가족과 제주도민, 전국에서 모여든 시민들이 동백꽃 배지를 단 채 자리를 지키고 있었다. 나는 그들 곁에 서면서 스스로에게 물었다. 지금, 국가는 무엇을 지켜야 하는가.

제주는 국가폭력이 가장 잔혹한 얼굴을 드러냈던 곳이다. 1948년, 민주공화국 헌법이 막 공포된 직후, 국가는 국민에게 총부리를 겨눴다. '빨갱이'라고 낙인찍힌 무고한 양민들이 쓸려나갔고, 마을은 불타 사라졌다. 어린아이와 노인, 여성도 예외는 아니었다. 동백꽃처럼 쓰러진 수많은 생명 위로, 우리 민주주의의 기초가 얼룩져 세워졌다.

그들은 '백살일비'의 제물이 되었다. 백살일비는 100명을 죽이면 그 중에 1명의 비적이 있다는 말이다. 만주에서 일본군과 간도특설대가 우리 독립군을 토벌할 때 쓴 수법이었다. 봉오동과 청산리전투에서 패배한 일본군이 보복작전을 감행하면서 만주의 우리동포를 그렇게 죽인 사건이 '간도참변'이다. 100명 중에 한 명 있을지 모를 독립군을 잡기 위해 100명을 무참하게 학살했다.

나는 제77주년 4·3추념식 연단에 올라 이렇게 말했다.

"4·3이 묻습니다. '국가는 무엇을 지켜야 하는가?' 제주의 무고한 주민들은 정부가 내린 포고령과 계엄령하에서 무참히 희생됐습니다. 국민이 나라의 주인이라는 헌법이 공포되고 석 달이 채 되지 않은 때였습니다. 군경의 총구가 국민을 향했습니다. 민주공화국이 배반당했습니다. 4.19와 5·18, 불의한 권력이 다시 국민을 겪었을 때 우리는 묻고 또 물었습니다. 국가는 무엇을 지켜야 하는가, 헌법은 누구를 위한 것인가?"

제주 4·3이 던진 이 질문에 답하며 우리는 민주주의를 발전시키고 나라를 바로세워 왔다. 12·3 불법계엄은 우리에게 77년 전 제주가 던진 질문을 다시 던지지 않을 수 없게 만들었다. 국가는, 헌법은 무엇을 지켜야 하는가?

이 질문은 지나간 과거의 것이 아니었다. 불과 몇 달 전, 대통령은 국회에 계엄군을 보냈고, 누군가는 법원을 공격했다. 나는 그것이 4·3과 다르지 않다고 생각했다. 형태는 바뀌었지만, 적대와 혐오, 폭력으로 민주주의를 무너뜨리려 한다는 본질은 같았다.

제주는 다른 길을 보여주었다. 진실을 직시하고, 상처를 치유하며, 화해와 공존을 선택했다. 유해발굴은 여전히 진행 중이고, 재심재판도 이어지고 있다. 억울한 옥살이 끝에 돌아가신 분들이 뒤늦게나마 무죄를 선고받는 순간이면, 나는 늘 울컥했다. 4·3 수형인 직권재심 법정에서 재판부가 전원 무죄를 선고하며 판사가 낭독한 판결문 속의 한 문장을 나는 잊지 않는다.

"피고인들은 극심한 이념대립 속에 희생되었고 목숨마저 빼앗겼다. (…) 국가는 국민의 기본권을 지켜야 함에도 그러지 못했다."

이 판결문은 오늘의 우리에게 주는 민주주의의 교훈이었다. 그래서 나는 추념사에 이렇게 덧붙였다.

"4·3의 가해자들은 생각이 다른 사람을 적으로 규정했습니다. 낙인찍어 제거하고, 배제하고, 차별했습니다. 그 뿌리가 깊고 질기게 남아 오늘 우리 공동체를 위협하고 있습니다. 4·3 왜곡과 모독이 그렇습니다. 12·3 비상계엄과 탄핵정국에서 일어난 적대와 선동, 혐오와 폭력도 다르지 않습니다."

나는 4·3 기록물의 유네스코 세계기록유산 등재 추진도 언급했다. 제주에서의 경험이 단지 한지역의 고통을 넘어, 세계가 함께 배우고 나눌 인권과 평화의 메시지로 승화하기를 바랐다. 대한민국 민주주의의 상처와 회복의 경험이 인류 모두의 자산이 될 수 있다면, 그 또한 희생자들이 남긴 유산일 것이다.

이날 나는 무거운 책임을 느꼈다. 탄핵 심판을 앞둔 대한민국은 여전히 혼란 속에 있었다. 불법 계엄을 일으킨 대통령이 적법한 체포 영장의 집행에 무력으로 저항하는 전대미문의 상황을 국민들은 참담하게 지켜보았다. 탄핵심판 선고를 기다린 111일은 국민들에게 너무나 깊은 상처를 남겼다.

연설을 마치고 내려오는데, 유가족 한 분이 손을 잡았다. 주름진 손에는 아직 눈물이 맺혀 있었다. 그는 아무 말도 하지 않았다.

그러나 그 침묵 속에서 나는 무거운 책임을 느꼈다. 국가는 무엇을 지켜야 하는가.

나는 그 질문을 마음에 새기며 다시 서울로 향했다. 내일이 국회가 의결한 윤석열 대통령 탄핵소추안의 인용 여부를 결정하는 헌법재판소의 선고기일이었다.

대통령 윤석열을 파면한다

 2025년 4월 4일 오전, 나는 이른 시간부터 의장실에 앉아 있었다.

 헌법재판소의 선고가 예정된 날이었다. 시계의 초침이 움직일 때마다 심장이 조여왔다. 국회가 계엄 해제를 의결하고, 대통령 탄핵소추안을 통과시킨 지 111일. 이제 그 결정이 확정되는 순간이었다.

 나는 탄핵소추안의 표결 결과를 발표하며, 의사봉을 두드리던 순간을 회상했다.

 "윤석열 대통령 탄핵소추안이 가결되었음을 선포합니다."

땅. 땅. 땅, 내가 두드린 의사봉 소리를 떠올리며 나는 중계방송을 지켜보았다. 문형배 헌법재판소장 권한대행의 결정문 낭독이 22분간 이어졌다. 그리고, 마침내 주문을 낭독했다.

"피청구인 대통령 윤석열을 파면한다."

나는 그 짧은 문장을 들으며 숨이 멎는 듯했다. 국회가 명운을 걸고 지켜낸 절차가 111일 만에 결국 헌법재판소의 결정으로 완결되는 순간이었다.

결정 이유는 명확했다. 위헌·위법한 비상계엄을 선포한 행위, 국회에 군경을 투입하여 국회의장과 국회의원들의 출입을 통제하고 끌어내라고 지시한 행위, 일체의 정치활동을 금지하는 포고령을 선포한 행위, 선거관리위원회에 병력을 동원한 압수·수색을 지시한 행위, 이 모든 것이 헌법이 정한 국민주권주의와 민주주의, 법치주의를 부정하고 국민의 기본권을 침해하는 심각하고 중대한 파면사유로 적시됐다. 나는 결정문을 들으며 지난 4개월의 격렬했던 시간을 되돌아보았다. 국회 본청 복도에서 계엄군의 군홧발에 맞서던 직원들, 한밤중에 개의한 본회의, 그리고 끝내 탄핵소추안을 통과시키던 순간. 그 모든 장면이 주마등처럼 스쳤다.

선고 직후에도 마음은 가볍지 않았다. 대통령 파면이라는 역사적 사건 앞에서 국민의 마음은 복잡했을 것이다. 분노와 안도, 허

탈감과 슬픔이 뒤섞였을 것이다. 나도 마찬가지였다. 민주주의의 회복에 안도하는 한편, 국가적 혼란이 남긴 상처가 얼마나 크고 오래갈지 걱정되었다.

나는 곧바로 대국민 특별담화를 발표했다. 선고 직후 가장 먼저 해야 할 일은 그동안 불면의 밤을 보낸 국민을 위로하고, 감사드리는 것이었다. 헌법재판소의 결정은 국회나 정당의 승리가 아니라, 헌법의 승리임을 분명히 해야 했다.

카메라 앞에 섰을 때, 나는 마음을 가다듬었다. 목소리에 차분함을 담으려 애썼다.

"존경하는 국민 여러분, 오늘 헌법재판소가 만장일치로 대통령 파면을 결정했습니다. 그 결정의 무게를 깊이 새깁니다. 대한민국은 이제 한 걸음 더 전진해야 합니다. 이것은 어느 한 정당의 승리가 아니라, 헌법과 민주주의의 승리입니다."

나는 국민께 마음으로부터 우러나오는 진심을 담아 위로의 말을 전하고 싶었다.

"깜깜하고 긴 터널을 지나온 것 같습니다. 충격과 혼란의 시간을 함께 견뎌낸 국민 여러분께 깊은 위로와 감사의 말씀을 드립니다. 이 길고 험한 시간을 견뎌주신 국민이 있었기에 오늘의 결정을 맞이할 수 있었습니다."

그러면서 당면한 과제를 짚었다. 대통령 파면은 끝이 아니라 시작이었다. 국정 공백을 최소화해야 했고, 조기대선을 준비해야 했다. 무엇보다 극단적 갈등과 혐오의 정치를 끊어내야 했다.

"분열과 갈등을 넘어 통합의 길로 가야 합니다. 국민의 삶을 지키는 데 모든 정당이 함께해야 합니다. 나라를 걱정하는 마음에는 좌우가 없습니다. 성별도, 계층도, 지역도, 세대도, 종교도 없습니다. 그 모든 마음을 모으기 위해서 꼭 필요한 것은 있습니다. 의견이 달라도 서로를 존중하고, 우리 모두가 대한민국 국민이라는 사실을 잊지 않는 것입니다. 혐오와 적대, 배제와 폭력을 단호히 거부하는 것입니다. 이것이 대한민국이라는 공동체를 지키는 길이고 통합의 출발입니다. 국회는 혼란을 수습하고 새로운 미래를 열기 위해 최선을 다하겠습니다."

나는 담화에서 경제 문제도 언급했다. 정치는 헌법적 절차만으로 굴러가는 것이 아니었다. 물가와 일자리, 서민의 삶은 혼란 속에서 더 위태로워져 있었다.

"민주주의가 제자리를 찾았다고 해서 국민의 삶이 곧바로 나아지는 것은 아닙니다. 이제부터가 진짜 시작입니다. 국회는 민생과 경제 회복에 전념하겠습니다."

  담화를 마치고 난 뒤, 나는 비로소 깊은 한숨을 내쉬었다. 대통령을 파면하는 과정은 힘들었고, 그 결과는 결코 가볍게 받아들일 수 없는 것이었다. 그러나 나는 분명히 확인하고, 확신할 수 있었다. 국회가 헌법에 따라 절차를 밟았고, 헌법재판소가 그 결정을 추인했다. 헌법을 지켜내고, 주권자인 국민의 뜻을 지켜낸 것이었다. 이것은 대한민국이 어떤 어려움도 이겨내고 앞으로 나아갈 강력한 회복력을 지녔다는 확실한 방증이었다.

  거리에서는 환호와 침묵이 교차했다. 누군가는 눈물을 흘렸을 것이고, 누군가는 분노했을 것이다. 그러나 중요한 것은, 그 모든 감정을 껴안고 다시 나라를 세워야 한다는 점이었다.

  국민들 사이에서 그동안 뿌리 깊게 갈라진 갈등을 치유해야 한다.

  나는 국회의장으로서 그 책임을 온몸으로 받아들이려고 했다.

권한 없는 요청은
접수하지 않는다

 한덕수 권한대행이 기어코 헌정질서에 정면으로 도전했다. 헌법재판소가 의무라고 결정한 헌법재판소 재판관 임명은 하지 않고, 권한에 없는 헌법재판관을 임명한다고 발표했다.

 4월 8일, 한덕수 권한대행은 문형배, 이미선 헌법재판관의 후임으로 이완규 법제처장과 함상훈 서울고등법원 부장판사를 지명했다. 문형배, 이미선 헌법재판관의 후임 지명은 국민이 직접 선출한 대통령의 몫이었다. 권한대행이 대통령 몫의 헌법재판관을 지명한 일은 단 한 번도 없었다. 이는 권한대행의 직무 범위가 아니기 때문이었다. 대통령 몫의 헌법재판관 임명은 국민에 의해 선출된 대통령의 고유 권한이지, '권한대행'의 몫은 아니었다. 더구나 탄핵으로 곧 새로운 대통령이 선출될 터였다.

헌법재판소는 대통령 몫 3인, 국회 몫 3인, 대법원장 몫 3인, 총 9명의 재판관으로 구성된다. 그동안 대통령 권한대행이 임명한 헌법재판관으로는 3명이 있었다.

2017년 3월 황교안 권한대행이 이선애 헌법재판관을 임명했다. 이선애 후보자는 대법원장 몫이었다. 대법원장이 결정한 사람은 임명한 것이다. 황교안 권한대행은 대통령 몫이던 박한철 헌법재판소장의 후임자는 지명하지 않고 직접 선출될 차기 대통령에게 지명 및 임명권을 넘겼다.

2024년 12월에는 최상목 권한대행이 정계선, 조한창 헌법재판관을 임명했다. 그 둘은 국회 몫이었다.

한덕수 권한대행은 그동안 국회가 선출한 헌법재판관과 대법원장이 제청한 대법관에 대해 헌법재판소의 결정까지 무시하며 임명을 거부해왔다. 국회가 의결한 상설특검 추천의뢰도 하지 않았다. 국회와 헌법재판소를 무시하며, 헌법상 의무와 법률상 책임을 이행하지 않던 권한대행이 헌법이 부여하지도 않은 권한을 행사한 것이었다.

민주적 정통성이 없는 임시 지위인 권한대행의 권한 행사는 최소한에 그쳐야 했다. 그건 다른 누구도 아닌 한덕수 자신이 지금까지 줄곧 해온 주장이었다. 헌법재판관 임명과 특검 의뢰를 거부하며 그가 수없이 주장해온 '국민이 선출한' 대통령에게 부여된 권한을 스스로 행사한 것이었다. 이건 도저히 납득하기 어려웠다.

중대한 헌법질서를 해치면서 월권까지 하며, 이렇게 무리하게 하는 것을 보며 한 대행이 다른 의도가 있음을 명확하게 알 수 있었다.

나는 결코 용납할 수 없었다.

나는 기자회견을 열고 지명 철회를 단호히 요구했다.

"오늘 국회는 한덕수 대통령 권한대행 국무총리가 대통령 몫 헌법재판관 2명을 지명한 것은 '중대한 헌법질서 위반'이며, '헌법기관 임명에 관한 국회의 인사청문권을 침해하는 행위'라고 판단하여, 헌법재판소에 효력정지 가처분 신청과 권한쟁의심판을 청구했습니다.

헌법기관 구성은 대통령 고유 권한입니다. 국민이 선출하지 않은 국무총리가 대통령 권한대행의 지위를 이용해 헌법기관 구성을 시도하는 것은 명백한 월권입니다.

더구나 한덕수 권한대행은 파면된 대통령이 임명한 인물입니다. 한 대행의 권한 행사는 더욱 신중하고 겸손해야 마땅합니다.

한덕수 대행은 마은혁 헌법재판관 임명을 거부하며, "대통령 권한대행은 나라가 위기를 넘길 수 있도록 안정적인 국정 운영에 전념하되, 헌법기관 임명을 포함한 대통령의 중대한 고유 권한 행사는 자제하라는 것이 우리 헌법과 법률에 담긴 일관된 정신"이라고 말한 바 있습니다.

한덕수 대행은 자신이 한 이 말을 스스로 뒤집고 헌법재판관을 지명해 국가적 혼란을 가중시켰습니다. 조기 대선 관리라는 막중한 임무를 제대로 수행할 수 있을지에 대한 우려도 커지고 있습니다.

한덕수 권한대행은 지금이라도 공직자의 기본자세로 돌아가, 대통령 몫 헌법재판소재판관 지명을 철회하고 나라를 어지럽히는 행동을 즉시 중단하기 바랍니다.

국회는 이번 청구뿐만 아니라 훼손된 헌정질서를 바로잡기 위해 적극적 대응을 해나가겠습니다."

나는 국회의장으로서 나라의 미래까지 위협하는 한덕수 권한대행의 월권을 막아낼 방법을 찾기 위해 총력을 기울였다. 나라의 명운이 걸린 일이었다. 헌법재판관 임명 관련 법규와 절차를 샅샅이 뒤지고 검토했다.

첫 번째 방법은 한덕수 권한대행이 보내올 인사청문회 요청을 접수하지 않는 것이었다. 헌법재판관 임명을 위해서는 국회 청문회를 거쳐야 했다. 나는 청문회 진행 거부가 아니라 아예 청문회 요청 자체를 접수하지 말라고 지시했다. 한덕수 권한대행은 국회에 인사청문 요구서를 제출할 수 있는 주체가 아니었다. 청문회 요청 권한이 없는 자의 청문회 요청을 국회가 받아들일 이유가 없다는 점을 나는 분명히 했다.

 한덕수 권한대행의 권한 밖의 위헌 행위에 맞서 나는 국회의장이 가진 정당한 권한을 찾아내고 단호하게 사용한 것이었다.

헌법재판소에 손대지 마라

 인사청문 요청안 접수를 거부한 다음 수순으로 나는 헌법재판소에 권한쟁의심판을 청구하기로 했다. 권한쟁의심판 청구는 한덕수 권한대행의 정당하지 않은 인사청문 요청이 국회의 정당한 인사청문 심사 권한을 침해한다는 점에 착안했다.

 아직 인사청문 요청안이 국회에 공식 제출되지는 않았기 때문에 권한쟁의심판을 청구할 수 없다는 주장이 제기되었다. 그러나 나는 인사청문 요청안이 국회에 오기를 기다리지 않기로 했다. 헌법재판소법 제61조 제2항에 따르면 권한이 실제로 침해된 경우뿐 아니라 침해될 현저한 위험이 있는 경우에도 권한쟁의심판 및 가처분 신청이 가능했다.

 4월 11일, 나는 헌법재판소에 권한쟁의심판을 청구하는 동시에 한덕수 권한대행의 헌법재판관 지명 효력정지 가처분도 함께 신청했다.

이는 국회입법조사처를 통해 권한대행의 헌법재판관 임명 전례를 조사하고, 관련 법리를 검토한 결과였다. 실로 전례가 없는 데다가 헌법에 명시되지 않았기 때문에 법적, 논리적 근거가 분명해야 했다. 과거 사례를 보면, 권한대행은 필요불급한 상황이 아닐 때 권한의 행사를 자제했고 당시 법원과 학계도 그것이 적절했다고 보고 있었다. 확신이 있었지만 돌다리를 두드리는 심정으로 다시 한번 헌법학자들의 의견을 수렴했고, 한덕수 권한대행의 행위는 위헌이라는 해석이 다른 어떤 사례와 비교해도 압도적이었다. 헌법재판소의 의견도 다를 수 없다고 판단했다.

헌법재판소의 결정을 앞두고 국회 본회의에 '결의안'이 제출되었다.

《국회의안편람》에 의하면 '국회는 의사를 표시하기 위하여 결의할 수 있다'고 되어 있다. 법률 제정이 아닌 방법으로 국회의 입장을 공식적으로 모으고 공표하는 방법이 결의안이었다.

4월 15일, 나는 국회 본회의에 '헌법재판소 재판관 이완규, 함상훈 지명철회 촉구 결의안'을 상정했다. 결의안은 법률이 아니기 때문에 법적 강제력은 없지만 정부와 각급 국가기관에 국회의 입장이 무엇인지를 분명히 밝히는 강력한 수단이었다. 이 결의안은 한덕수 권한대행의 대통령 몫 헌법재판관 임명이 '권한에 없는 권한의 행사'임을 입법기관인 국회가 헌법재판소에 분명히 전달하고, 국민께 이 임명이 위헌 위법한 일임을 공표하는 수단이었다. 물론 여당은 결의안 상정을 반대했다.

국민의힘은 내가 편파적이라고 규탄했다. 박형수 국민의힘 원내수석부대표는 본회의에서 의사진행발언을 얻어 "각 당의 의견이 첨예하게 갈리는 안건을 일방적으로 상정해서는 안 된다"며 국회의장의 공정성을 문제 삼았다. 나는 "중립적 위치에서 22대 국회를 국민의 뜻에 따라 충실히 이행하고 있다"라고 밝히고 권한에 없는 헌법재판소 재판관 지명권을 행사한 다음 연 이틀째 대정부 질문에 불참한 한덕수 권한대행을 강력하게 비판했다.

"헌법재판소가 권한쟁의심판과 가처분 신청을 결정해나가는 과정에 국회가 어떻게 생각하는지, 국회의 의견은 무엇인지 밝히는 것이 필요하다고 판단했습니다. 그래서 오늘 이 안건을 상정했다, 라는 말씀을 드립니다. 더불어 대통령 권한대행인 국무총리의 본회의 출석에 대해 한말씀 드리겠습니다. 권한대행이 대정부 질의 전체기간 중에 한 번도 출석하지 않은경우는 없었습니다. 어제도 출석하시라고 말씀드렸습니다. '그것이 국민의 뜻이다, 국민이 물어보는 것에 답변해야된다' 이렇게 이야기했음에도 불구하고 오늘 또 출석하지 않은 것은 매우 유감입니다. 대통령 권한대행께서는 국민들의 질문에 답변할 수 있어야 합니다. 왜 안 나옵니까. 본회의에 출석해서 국회의원들의 질의에 정정당당하게 답변하는 것을 통해 국민들에게 답변하시기를 다시 한번 촉구한다는 말씀을 드립니다."

나는 분명히 밝혀왔다. 국회의장은 중립이다. 여의 편도 야의 편도 아니다. 그러나 그 중립은 기계적 중립이 아니다. 국민의 편에서 국익을 지켜나가며 여야를 아우르는 중립이다. 국회의장이 중립을 지키며 여러 정당의 의견 차이를 조정하고 합의를 이끌어내는 것은 민주 헌정질서를 지켜내기 위해서다. 양편이 아무런 합의가 되지 않는다는 이유로 아무것도 하지 않아도 된다는 의미는 아니다. 국익을 저버리고 헌정질서를 파괴하는 조정과 협의를 시도하는 것이 중립이 아니다. 그것은 국민이 국회에 맡긴 책무를 저버리는 일이다.

22대 국회는 22대 국회를 구성한 국민들의 뜻을 받들어 일을 하고, 국회의장은 그러한 국민의 뜻에 따라 적법한 절차에 따라 협의 토론하고 결정하는 책무를 가지고 있었다. 국민의 편이 되는 것이 국회의장이 추구해야 할 가치이고, 그래서 중립은 몰가치가 아니다.

'민주주의를 제대로 지켜라', '민주공화국의 헌정질서를 지켜라'라는 것이 불법 비상계엄을 겪는 국민들의 집약된 뜻이었다.

국민과 민주주의를 지키는 것은 22대 국회의 의무이고, 국회가 그 의무를 다하도록 만드는 것이 국회의장인 나의 임무였다.

새로운 대통령 선출을 위한 조기대선이 이제 50여 일 남았다. 이 시점에 대통령 권한 대행이 직접 국민이 선출한 대통령 몫으로 주어진 헌법재판소의 재판관에 대한 임명권을 행사하는 것은 명백한 헌법위반이었다. 따라서 국민의힘이 아무리 나를 비난하며 결의안 상정 철회를 요구한다고 해도 받아들일 수 없었다.

국민의힘 의원들은 표결을 끝내 반대하며 퇴장했다. 표결 결과는 재석 의원 168명 전원 찬성이었다. 나는 '헌법재판소 재판관 이완규, 함상훈 지명철회 촉구 결의안'은 가결되었음을 선포하고, 의사봉을 두드렸다.

할 일과
하지 말아야 할 일을 구별하라

4월 16일, 헌법재판소는 이완규·함상훈 헌법재판관 지명자에 대한 임명 절차를 정지시켰다. 헌법재판관 전원 일치였다. 국회에 앞서 김정환 변호사가 낸 가처분 신청을 인용한 것이었다.

헌법재판소는 '대통령의 권한을 대행하는 국무총리가 재판관을 지명해 임명할 권한을 행사할 수 있다고 단정할 수 없다'며 한덕수 권한대행의 후보자 지명으로 이들의 임명이 거의 확실시된 상태이므로 즉시 제동을 걸 필요가 있다고 밝혔다. 또한 헌법재판소는 가처분 인용으로 얻는 이익이 불이익보다 더 크다고 했다. 이로써 헌법소원 본안 판단이 나올 때까지 한덕수의 헌법재판관 지명 절차는 정지되었다.

나는 한덕수 권한대행의 사과를 요구했다.

"헌법재판소가 한덕수 대행의 위헌적 헌법재판관 지명에 대해 그 효력을 정지시켰습니다. 지명행위와 후속 임명절차 진행 전부를 포함한 결정입니다. 당연한 결정, 사필귀정입니다.

한덕수 대행은 그동안 권한을 벗어나는 행위를 거듭하며 헌법을 무시하고, 더 나아가 국민을 기만하려 했습니다.

마은혁 헌법재판관 임명을 거부하면서, '헌법기관 임명을 포함한 대통령의 중대한 고유 권한 행사는 자제하라는 것이 우리 헌법과 법률에 담긴 일관된 정신'이라고 주장하더니, 스스로 이를 뒤집고 헌법재판관 후보를 지명했습니다.

여기에서 그치지 않고, 가처분 판결을 앞두고는 지명이 아니라는 궤변으로 국민을 어리둥절하게 했습니다. 권한대행이 직접, '국민께 드리는 말씀'을 발표하고, 후임자를 '지명'했다고 알린 사실이 분명한데도, 말 한마디로 사실을 호도해 헌법재판소 결정에 영향을 미치려고 했습니다. 부끄러운 일입니다.

도를 넘어도 지나치게 넘었습니다. 그동안 한덕수 대행이 벌인 위헌적 행위는 반드시 역사에 기록될 것이고, 역사적 책임을 지게 될 것입니다.

한덕수 대행은 헌법과 국민 앞에 겸손하십시오. 위헌적인 헌법재판관 지명으로 헌법과 국민을 모독한 사실, 사실을 호도하는 궤변으로 헌법재판을 기각시키려고 한 꼼수에 대해 국민께 사죄할 것을 요구합니다. 참으로 부끄러운 대통령 권한대행 국무총리입니다."

나의 사죄 요구에도 한덕수 권한대행은 사죄하지 않았다. 그러나 위헌적으로 헌법재판관을 임명하려한 한덕수 권한대행의 어처구니 없는 행위는 좌초되었다. 헌법재판소의 본안 판단은 대선 전에 끝나는 것이 일정상 불가능했다.

4월 24일 2025년도 제1회 추가경정예산안에 대한 정부의 시정연설을 듣기 위한 본회의가 열렸다. 나는 작년 12월 10일 본예산안이 통과된 그날부터 추경의 필요성을 강조해왔다. 비상계엄 후 국정협의회 구성을 제안하고 협의를 이끌어오면서 가장 강조했던 의제이기도 했다. 만 4개월이 넘는 동안 정부는 이런저런 이유를 들어 추경안 제출을 미뤄왔다. 나는 공식, 비공식 기회를 통해 수차례 추경 편성을 촉구했다. 그리고 마침내 정부의 추경안이 제출되었다.

한덕수 권한대행이 시정연설을 했다. 나는 시정연설을 마친 한덕수 권한대행에게 잠깐 자리에 앉아 계시라고 요청했다. 작심하고 할 말이 있었기 때문이다. 관례를 보면 한덕수 권한대행은 연설을 마치고 본회의장에서 퇴장할 것이기 때문에, 그에게 본회의장에 있을 것을 요청했다. 그리고 말했다.

"만시지탄이지만, 이제라도 추경안이 제출되어 다행입니다. 추경예산 집행이 하루라도 빨리 시작되도록 각 상임위와 예결위에서는 최대한 심사를 서둘러주시길 당부드립니다.

국회 예산정책처를 통해 살펴보니 정부의 공언과 달리 올해 본예산 조기집행실적이 상당히 부진한 것으로 파악됩니다. 벌써 2/4분기입니다. 추경편성을 미뤄온 정부의 설명에 비춰볼 때, 유감스럽습니다. 국민의 삶이 도탄에 빠져있다고 말해도 과하지 않을 때입니다. 정부는 본예산과 이번 추경예산 조기 집행을 위해 필요한 조치에 박차를 가해주기를 당부합니다.

국회의장으로서 권한대행께 한말씀 드리지 않을 수 없습니다. 헌법재판소 결정에서도 이미 확인되었듯이 대통령과 권한대행의 권한이 동일하다는 것은 헌법에 위배되는 발상입니다. 권한대행께서는 대정부질문 국회 출석 답변과 상설특검 추천의뢰 등 해야 할 일과 헌법재판관 지명 등 하지 말아야 할 일을 잘 구별하시기 바랍니다.

국가적으로 매우 엄중한 상황입니다. 12·3 비상계엄 여파가 여전합니다. 직격을 맞은 민생을 비롯해 산적한 현안의 어려움과 혼란이 가중됐습니다. 파면당한 대통령을 보좌한 국무총리로서, 권한대행으로서 책임을 크게 느껴도 부족한 때입니다. 국민이 지켜보고 있습니다."

파면당한 대통령을 보좌한 총리로서 할 일과 하지 말아야 할 일을 구별하라고 했지만, 한덕수 권한대행은 끝내 할 일을 하지 않고 하지 말아야 할 일을 했다. 자신이 모시던 대통령이 위헌 위법한 비상계엄으로 나라를 위기에 빠뜨렸음에도 국민에게 사죄도 없었다. 또한 그 일을 잘 수습해야할 대통령 권한대행이 해야 할 일을 팽개치고 대통령 선거에 뛰어들었다. 그러고 싶어서 그동안 이상한 일들을 해왔구나 싶었다. 참 부끄럽고 이상한 권한대행이었다.

6

역대 최고 신뢰도

징역 3년으로
다 갚지 못한 빚

5·18 전야제에 초청받았다. 국회의장을 초청한 것은 처음이라고 했다. 광주가 지켜낸 민주주의를 국회가 더 단단히 이어가라는 뜻으로 나는 받아들였다.

광주 5·18은 내 인생과 떼어놓을 수 없다. 1980년 5월 17일 계엄령이 전국으로 확대되었을 때 광주는 민주주의를 지키기 위해 싸웠다. 계엄군의 잔혹한 진압으로 시민들이 피 흘리며 죽어가는 동안 다른 모든 도시가 침묵했다.

"우리를 잊지 말아달라."

그들이 죽어가며 남긴 이 외로운 절규가 우리를 다시 일으켜 세워 대한민국을 민주주의의 길로 가게 했다. 고립무원의 상황에서 계엄군에 맞선 광주시민들의 양심과 용기 덕분에 대한민국은 길을 잃지 않고 여기까지 올 수 있었다.

나는 광주가 죽어가던 그해 군복무 중이었다.

제대 후 학교로 돌아온 나는 5·18 1주기를 도저히 그냥 지나갈 수 없었다.

1981년 5월 6일, 광주학살을 자행한 전두환 정권 규탄 시위를 벌였다. 광주민중항쟁 1주년에 벌인 최초의 대학교 시위였다. 나는 사복 경찰 수백 명이 깔린 연세대학교 교정에서 유인물을 뿌리며 구호를 외치다가 불과 5분 만에 후배인 배정환, 김상규와 같이 개처럼 끌려갔다. 1심에서 징역 1년을 선고받았다. 5분 시위의 대가가 징역 1년이었다. 그런데 2심에서는 1심보다 형량이 세 배 더 늘어난 징역 3년을 선고받았다.

"광주에서 무고한 국민을 학살한 전두환 정권과 끝까지 싸우겠다."

재판장은 이렇게 말한 내 최후진술의 대가로 징역 2년을 추가했다. '괘씸죄' 치고도 과했다. 나는 헛웃음이 나왔다. 5월에 구속되어 11월에 2심 재판을 받았으니 1심 판결대로면 6개월만 뒤에 석방이었는데, 2년 반을 더 감옥살이를 하게 된 것이다. 분통을 터뜨린 건 내가 아니라 어머니였다. 방청석에서 아들의 재판을 지켜보던 어머니가 벌떡 일어나 재판장을 향해 소리쳤다.

"야! 이 나쁜 놈들아! 도둑놈들아! 이런 재판이 어디 있냐!"

감옥으로 면회를 온 어머니는 이렇게 한탄했다.

"나는 무슨 팔자를 타고났기에 아버지도 괘씸죄로 징역을 2년이나 더 살고, 아들도 2년을 더 사는 것을 보냐. 괘씸죄는 왜놈 때나 지금이나 2년으로 똑같이 정해져 있기라도 한 모양이다."

어머니의 아버지 김한, 나의 외할아버지 김한 선생은 의열단원이었다. 김상옥 선생의 종로경찰서 폭파 사건으로 투옥되었던 김한 선생은 1심 재판에서 징역 5년을 구형받았는데, 7년을 선고받았다. 최후진술에서 일본 통치를 비판한 괘씸죄 2년이 추가된 것이었다. 어머니는 장탄식을 하셨다.

"어쩌면 내 아버지와 내 아들의 길이 60년을 사이에 두고 이렇게도 똑같을 수가 있단 말이냐."

결국 나는 1983년 크리스마스 특사로 출감할 때까지 2년 8개월여의 징역살이를 했다. 내가 징역을 살면서 가장 많이 울었던 날은 박관현의 죽음을 전해 들었던 1982년 10월의 어느 저녁이었다. 전남대 총학생회장으로 1980년 광주민중항쟁을 이끌었던 박관현이 '5·18 진상규명'을 요구하는 단식투쟁 끝에 대전교도소에서 숨졌다는 소식을 나는 춘천교도소에서 들었다. 나는 박관현의 죽음에 항의하며 단식투쟁을 시작했다. 그의 뒤를 이어 '5·18 진상규명'을 내걸고 열흘 넘게 단식투쟁을 벌였던 그 가을의 춘천교도소를 나는 지금도 잊지 못한다. 10월 하순인데도 뼈가 시리게 추웠던 가을이었다.

 1980년 광주에 진 빚은 아직도 다 갚지 못했다. 민주주의가 완성될 때까지, 민주주의가 국민의 삶에서 밝게 빛날 때까지 그 빚은 내게 남아 있을 것이다.

5월 광주를
헌법 전문에 새기겠다

 나는 세 번의 가을을 감옥에서 보내고, 3년 징역의 만기를 4개월 앞둔 1983년 12월에 성탄절 특사로 석방되었다. 광주항쟁 1주기에 체포되어 2주기와 3주기를 감옥에서 보낸 나는 출소한 다음 해부터 광주에 가려고 했지만, 그럴 수 없었다. 1984년의 4주기, 1985년의 5주기, 1986년의 6주기… 해마다 5월 18일이면 광주로 가는 길은 다 막혔고, 길목마다 최루탄 연기만 가득했다. 5·18을 기억하는 것조차 그렇게 범죄로 취급되는 시절을 나는 잊지 못한다.

 광주에서 열리는 5·18전야제에 국회의장으로 참석한 나는 만감이 교차했다. 도청 앞에서 진행된 전야제에서 한 나의 발언은 가슴 저 깊은 곳으로부터 나온 것이었다.

"그 무도한 시대를 광주와 우리 국민은 결국 물리쳤습니다. 그 역사가 쌓여 이번 비상계엄도 국민과 국회가 해제할 수 있었습니다. 국회의장으로 함께한 이 자리가 저는 정말 자랑스럽고 영광스럽습니다.

대한민국 민주주의는 광주가 먼저 내디딘 걸음으로 수많은 길을 열어온 역사입니다. 광주가 함께했기에 민주주의의 길을 열었을 뿐 아니라, 그 자유로운 민주주의 속에서 우리의 산업도, 경제도, 문화예술도, 기술도 꽃을 피웠습니다. 식민지를 겪은 나라 중에 유일하게 선진국이 된 대한민국은 위기 때마다 단결한 국민의 힘, 독재 시대를 뚫은 국민의 힘, 바로 5월 광주가 있었기 때문에 가능했다고 생각합니다.

지난해 12월 3일, 계엄이 선포되던 순간을 기억합니다. 그날 광주는 강기정 시장과 함께 계엄 해제를 위한 연대회의를 바로 소집했습니다. 시민들이 느꼈을 전율과 공포를 극복하려 노력했습니다. 왜냐하면 5·18에서의 희생과 아픔을 국민 모두가 겪었기 때문입니다. 수많은 국민이 그 순간 5월 광주를 떠올렸습니다. 저 역시 그랬습니다. 한걸음에 국회로 달려온 시민들, 그 시민들이 바로 5·18 광주를 기억한 이들이었기에 두려움 없이 국회로 와서 계엄군을 막아냈습니다. 그래서 이번 비상계엄을 국민의 힘으로 막아낼 수 있었고, 계엄 해제의 승리는 곧 5월 광주의 승리였습니다.

전국 곳곳에서 민주주의 광장이 열렸습니다. 1980년 광주의 횃불은 1987년 촛불로, 오늘의 광장에서는 응원봉으로 이어졌습니다. 국민을 이기는 권력은 없고, 민주주의는 반드시 승리한다는 믿음을 만들었습니다. 바로 이것이 5월 광주의 유산입니다.

그러나 아직도 5·18의 진실은 다 밝혀지지 않았습니다. 왜곡과 폄훼의 시도를 막고, 5월 정신을 헌법에 올려야 합니다. 5월 정신의 헌법 수록은 국민의 명령이고 시대의 사명입니다. 민주주의의 자부심을 새기고, 대한민국을 지켜온 힘이 국민에게 있다는 것을 분명히 새기는 일입니다. 국회가 그 책임을 다하겠습니다.

광주의 빛이 민주주의와 함께 영원히 빛나도록, 민주주의의 뿌리를 더 단단히 만들 수 있도록 여러분과 끝까지 함께하겠습니다."

나는 아무도 광주의 희생을, 박관현의 투지를 잊지 못하도록 '5월 광주'를 반드시 헌법에 새겨 넣겠다고 다짐했다. 5·18 국립묘지에 국회의장으로서 사상 처음 기념 식수를 한 것도 그러한 다짐의 표현이었다. 내가 5·18 국립묘지에 심은 나무는 반송이다. 반송은 하나의 뿌리에서 여러 줄기가 나와 하나의 큰 나무를 이루어서 번영과 통합을 상징한다. 광주라는 단단한 뿌리가 있기에 대한민국이 어떤 비바람에도 흔들리지 않고 번영과 통합의 길로 나아갈 것이란 변함없는 믿음이 나에게 있다.

노무현 대통령님, 보고 계십니까

다시 노무현 대통령의 기일이 돌아왔다. 그를 지켜내지 못한 미안함과 그리움이 여느 해보다 더 컸다. 그가 계셨으면 우리에게 얼마나 큰 힘이 되었을까.

16주기 추도식을 맞아 봉하마을로 가면서 나는 처음 노무현 대통령을 만났던 시절을 생각했다. 37년 전이었다.

노무현 대통령은 당시 부산 동구 국회의원 선거에서 당선해 여의도로 올라온 초선의원이었다. 노무현 의원이 소속된 정당은 김영삼 총재가 이끄는 통일민주당이었다. 나는 김대중 총재가 이끄는 평민당의 인권부국장이었으며, 재야입당파 모임인 평민연의 총무국장이었다. 내 전임자는 김한정 총무국장이었는데, 그가 김대중 총재의 비서로 옮겨가면서 내가 이어받았다. 평민당에는 나처럼 김대중을 돕겠다고 입당한 재야 출신들이 많았다. 당시 재야입당파들은 평민련 사무실에 자주 모였다. 서울 관악구에서 당선한 초선의 이해찬 의원이 가장 자주 드나들었고, 이해찬 의원의 보좌관이었던 유시민도 자주 만났다.

　노무현 의원은 당이 다른데도 평민련 사무실에 두어 번 들린 적이 있다. 통일민주당 소속인데도 평민당 사람들과 거리낌 없이, 가까이 어울렸다. 그는 오랫동안 정치를 해온 정객들이 모인 통일민주당을 답답해했다. 정치권 밖에서 민주화운동을 해온 평민련과 뜻이 잘 맞았다. 우리와 어울릴 때면 그는 늘 정치가 어떤 일을 해야 할지, 정치가 어떻게 국민의 삶을 바꿔야 할지를 격정적으로 이야기하곤 했다. 평민당 총무국장으로 민생현장, 인권이 유린되는 현장을 누비고 다니며 '정치가 약한 사람들의 가장 강한 무기가 되어야 한다'는 신념을 키워가던 나는 노무현 의원이 너무나 마음에 들었다. 그의 변함없는 열정과 힘없는 서민에 대한 애정이 존경스러웠다.

　봉하마을에서 열린 16주기 추도식장에 앉아 있는 내 귓전으로 노무현 대통령의 목소리가 울렸다.
　"우리도 목에 힘 좀 주려고 합니다!"
　노무현 대통령이 그렇게 말씀하신 건 내 지역구에 있는 성북역 앞에 와서 총선 지원유세를 할 때였다. (성북역-지금의 광운대역. 광운대역은 성북구가 아닌 노원구에 있다) 어려운 사람들도 목에 힘 좀 줄 수 있는 세상을 만들어야 한다고 호소하시던 노무현 대통령의 모습이 생생하게 떠올랐다. 나도 모르게 또 울컥하며 눈시울이 뜨거워졌다.

추도식에는 권양숙 여사님과 유족, 이재명 더불어민주당 대통령 후보를 비롯해 노무현 대통령을 그리워하는 1만 5000여 명의 시민이 참석했다. 나는 추도식장에 새겨진 노무현 대통령의 어록을 올려다보았다.

"민주주의 최후의 보루는 깨어 있는 시민의 조직된 힘입니다."

그랬다. 12·3 불법 계엄의 밤에 국회 앞으로 달려와 대한민국의 민주주의를 지켜낸 것은 시민의 힘이었다. 노무현 대통령께서 말씀하신 시민의 힘으로 비상계엄을 이겨내고, 그 책임자를 탄핵하고, 조기대선을 치르게 되었다.

나는 시민의 힘을 누구보다 깊이 신뢰했던 노무현 대통령을 기억하며 추도사에서 그가 우리의 가슴을 얼마나 뛰게 했는지를 이야기했다.

"그 당당하고 떳떳한 용기가 우리를 흔들어 깨웠습니다. 정직하고 성실하게 일해도 반칙과 특권 앞에서 좌절할 수밖에 없었던, 그래서 계란으로 바위 치는 일은 시작도 말고 체념해야 했던 수많은 우리, 평범한 시민들의 가슴을 다시 뛰게 했습니다."

지난 겨울을 거쳐 봄에 이르자 노무현 대통령의 어록이 가슴 깊이 와닿았다. 이를 많은 사람들과 함께 기억하고 싶었다.

"민주주의에 완성은 없고 역사는 더디지만, 우리가 소망하는 한 희망의 등불은 꺼지지 않는다."

나는 추도사를 마치고 돌아서며 식장을 가득 채운 시민들을 바라보았다. 그들 모두가 노무현이었다.

노무현 대통령
16주기 추도사

"노무현 대통령님, 보고 계십니까? 올해도 변함없이 노란 그리움들이 이곳 봉하 들녘 가득히 모였습니다.

'낮은 사람, 겸손한 권력으로, 강한 나라'를 만들기 위해 대통령님께서 걸으셨던, 그 치열하고 고단했을 걸음을 생각합니다. 정치개혁의 길, 부패청산의 길, 균형발전의 길, 평화와 번영의 길, 그 수많은 '노무현의 길'을 따라 우리가 이렇게 모였습니다.

대통령님을 향한 그리움을 다짐과 희망으로 새기는 이 자리에 '야~ 기분 좋다!' 대통령님의 목소리가 들리는 것 같습니다.

1990년 1월 30일, 통일민주당 임시전당대회장, 한 더벅머리 초선의원이 오른팔을 들고 주먹을 불끈 쥔 채 외쳤습니다. '이의 있습니다!'

그것은 3당 합당 반대를 넘어, 그때까지 우리 사회와 정치를 주도해온 견고한 낡은 질서의 벽에 던지는 도전장이었습니다. 권위주의의 벽, 정경유착과 부패정치의 벽, 지역주의의 벽, 학벌과 연고의 벽, 민주주의를 발목 잡고, 평범한 시민들의 꿈을 주저앉히는, 그 모든 기득권 현실에 대한 강력한 이의제기였습니다.

그 당당하고 떳떳한 용기가 우리를 흔들어 깨웠습니다. 정직하고 성실하게 일해도 반칙과 특권 앞에서 좌절할 수밖에 없었던, 그래서 계란으로 바위 치는 일은 시작도 말고 체념해야 했던 수많은 우리, 평범한 시민들의 가슴을 다시 뛰게 했습니다.

바보 노무현의 진심이 함께 가는 길이 되었습니다. 그렇게 '노무현의 도전'이 나의 도전이 되고 원칙과 상식이 통하는 사회, 사람이 사람답게 사는 세상이 모두의 꿈, 시대정신이 되었습니다.

대통령이 되어서도 '노무현의 도전'은 멈추지 않았습니다. 인기 없는 일, 되기 어려운 일이라도 해야 할 일이라면 피하지 않았습니다. 당장에 해결은 못 해도 꺼내놓기라도 해야 과제가 되고, 언젠가는 해결할 수 있다고 했습니다. 역사의 진보에 대한 신념이고, 지도자의 용기였습니다.

대통령님은 주권자 시민의 힘을 누구보다 깊이 신뢰한 지도자였습니다. 역사의 진보를 밀고 가는 주체는 시민이고, 시민의 각성과 참여가 시대를 바꾼다는 것을 믿었습니다. 지난 12·3 비상계엄 사태에서 우리는 그것을 다시 한번 확인했습니다.

그날 밤, 절박한 마음으로 담장을 넘은 것은 저만이 아니었습니다. 그곳에 '깨어있는 시민'이 있었습니다. 함께 계엄군에 맞섰고, 응원봉을 들었습니다. 민주주의의 역행을 막고, 시대를 구했습니다.

'민주주의 최후의 보루는 깨어있는 시민의 조직된 힘'이고 '이것이 우리의 미래'라던 당신의 말씀 그대로, 지난겨울 우리는 그 미래와 만났습니다.

그러나 그것은 시작입니다. 노무현의 못다 한 꿈, 수많은 평범한 사람들의 바람으로 이어져 온 그 꿈, 광장에서 만난 그 미래를 온전히 국민의 것으로 만들어야 합니다.

우리가 바라볼 곳은 민주주의 회복, 그 너머에 있습니다. 민주주의가 진보해야, 사람들이 행복하게 살 수 있습니다. 사람 사는 세상이 만들어진다는 대통령님의 말씀을 기억합니다.

누구나 일한 만큼 대가를 받고 힘이 없어서 억울한 꼴 당하지 않는 사회, 이것이 국민의 삶으로 증명되는 민주주의이고, 진짜 사람 사는 세상입니다.

대통령님께서는 민주주의에 완성은 없고 역사는 더디지만, 우리가 소망하는 한 희망의 등불은 꺼지지 않는다고 말씀하셨습니다.

그렇습니다. 희망은 힘이 셉니다. 그리고 그 희망은 언제나 국민들 속에 있습니다.

이제 저희가 하겠습니다. 대통령님께서 온몸으로 맞선 기득권의 벽, 그 벽을 함께 넘어 정치가 약한 자들의 가장 강한 무기가 되는 길을 열겠습니다. 국민의 마음속에서, 국민의 삶의 현장에서 입증되는 민주주의를 꼭 만들겠습니다.

대통령님, 보고 싶습니다. 그립습니다. 부디 편히 쉬십시오.

권양숙 여사님, 함께 계셔주셔서 감사합니다."

우리는
대한민국입니다

불법 계엄의 긴 터널에서 벗어나는 마지막 순서는 대통령 선거였다. 6·3 조기대선은 훼손된 헌정질서를 복원하고, 무너진 민생을 회복할 지도자를 선택하는 중요한 절차였다.

나는 1987년 대통령 선거에 출마한 김대중 선생을 재야에서 도운 이후 지금까지 어떤 선거에서도 손을 놓고 있었던 적이 없다. 대통령 선거, 국회의원 선거, 지방선거를 가리지 않고 모든 선거에서 열심히 돕고, 직접 뛰었다. 처음으로 한발 비켜서서 이 중요한 대통령 선거를 지켜보려니 참 어색했다. 더구나 나의 출신 정당인 더불어민주당의 이재명 후보는 지난 대선에서 내가 선거대책위원장과 공동선대위원장을 맡아 밤낮으로 뛰면서 도왔던 후보였다.

그러나 지금의 나는 국회의장이었고, 국회의장은 무소속으로 중립의 의무가 있었다.

동시에 입법부의 수장인 국회의장에게는 대의민주주의의 꽃인 선거가 공정하고, 자유롭고, 안전하게 진행되도록 감시하고 힘써야 할 책무가 있었다. 특히 여전히 위헌·불법 비상계엄으로 불붙은 국민 갈등은 극에 달하고 있었고 이미 주요정치인들에 대한 테러가 있었기 때문에 대통령 후보들의 안전이 무엇보다 중요했다.

주요 대선후보를 해치겠다고 위협하고, 대선을 파행으로 몰고 가려는 조짐까지 나타났다. 걱정하지 않을 수 없었다. 나는 이주호 대통령 권한대행 사회부총리에게 공정하고도 안전한 선거 관리를 직접 당부했다. 후보자들에 대한 경호 강화를 특별히 요청했다.

중립의 의무를 지닌 내가 할 수 있는 또 다른 역할은 선거 참여 독려였다. 오직 참여하는 사람만이 세상의 방향을 결정한다는 사실을 거듭 강조하며 국민의 투표 참여를 독려했다. 투표 당일인 6월 3일에도 투표 독려에 나섰다.

아침 일찍 노원구 하계동에서 본투표를 한 나는 마지막 투표 독려 메시지를 냈다.

"오늘은 제21대 대통령 선거 본투표 날입니다. 저도 오늘 아침

노원구 하계동에서 본투표를 마쳤습니다.

6월 3일, 오늘의 선거로 대한민국은 지난 12월 3일 시작된 민주주의 파괴행위를 헌법과 법률의 질서에 따라 극복하고, 다시 안정된 민주주의 국가, 번영의 길로 나아가게 될 것이라 기대합니다.

본투표는 오늘 6월 3일 오전 6시부터 오후 8시까지 지정된 투표소에서 투표하실 수 있습니다. 우리 모두 소중한 권리, 소중한 한 표를 행사합시다.

투표는 힘이 셉니다. 대한민국을 위해 꼭 투표해주십시오."

투표는 힘이 셌다.

21대 대통령 선거 투표율은 79.38퍼센트였다. 2000년대 들어 실시된 여섯 번의 대통령 선거 중에서 가장 높은 투표율이었다. 49.42퍼센트를 득표한 더불어민주당 이재명 후보가 41.15퍼센트를 얻은 국민의힘 김문수 후보를 8퍼센트 이상 차이로 누르고 당선했다.

짙게 드리워졌던 국민적 갈등을 딛고 새로운 대한민국을 향한 국민의 기대와 열망은 이재명 후보를 선택했다.

대한민국 21대 대통령이 확정됨으로써 12·3 비상계엄으로 무너진 헌정질서를 회복하는 헌법적 절차는 마무리되었다. 새로운 대한민국의 질서, 국민의 삶으로 입증되는 진정한 민주주의를 만드는 과제가 새로운 정부로 넘어갔다.

지난 6개월 동안 민주공화국을 지켜낼 수 있었던 것은 힘을 모아주신 국민들 덕분이었다. 나는 국민을 향한 진심 어린 존경과 감사의 마음이 담긴 짧은 메시지를 발표했다.

"대한민국은 이제 새로운 시대의 출발선에 섰습니다. 국민의 마음을 더 크게 하나로 모으는 통합의 길, 국민의 삶이 더 편안해지는 민주와 민생의 길, 대한민국이 세계 속에 더 우뚝 서는 평화와 번영의 길로 나아가길 바랍니다.

산적한 과제 어느 하나 쉬운 일이 아니지만, 우리는 대한민국입니다. 국민과 국익이 최우선인 성공적 국정 운영을 기대합니다. 국회가 함께 힘을 모으겠습니다."

민주주의 최후의 보루

 2025년 7월 17일, 제77주년 제헌절을 맞았다. 국민 모두에게 어느 해보다 뜻깊은 제헌절이었다. 그 뜻깊은 날을 맞아 나는 국회에 민주주의 상징석을 세웠다.

 지난겨울, 헌법이라는 방패가 있었기에 국회는 비상계엄을 막아낼 수 있었다. 제헌절 노래의 가사처럼 '삼천만 한결같이 지킬 언약', 즉 헌법을 지키기 위해 우리 국민은 하나로 뭉쳤다.
 돌이켜보면 지난겨울은 헌정질서의 최대 위기를 맞은 시기였지만, 헌법의 가치와 소중함을 온 국민이 함께 확인한 소중한 기회이기도 했다. 국민에게 정쟁의 상징으로만 여겨졌던 국회는 민주주의 헌정질서를 지키는 최후의 보루로 새롭게 인식되었다. 국민이 국회의사당을 또 하나의 '민주주의 성지'로 받아들인 것은 기적적인 인식의 대전환이었다. 국란의 위기에서 국회의원, 보좌진, 직원이 힘과 지혜를 모으고, 국민의 뜻을 저버리지 않았기에 이루어낸 놀라운 성취였다.

특히 김민기 국회사무총장을 중심으로 입법부 공무원 및 공무직 노동자 등 전체 구성원이 합심하여 국회를 지켜줬다. 진선희 입법차장, 박태형 사무차장, 정명호 의사국장, 황충연 경호기획관, 이양성 국회사무처 기획조정실장 등 국회 공직자들과 김성록 의장 경호대장과 경호관들은 자신의 역할을 헌신적으로 그리고 완벽하게 수행했다.

또한 국회의장을 보좌하는 의장실 비서실의 역할도 빼놓을 수 없다. 비서실을 진두지휘한 조오섭 비서실장의 침착한 대응력, 곽현 정무수석의 상황판단력, 조경숙 메시지수석의 간결한 전달력, 이원정 정책수석의 현장대응력, 박태서 공보수석의 언론대응력이 모여 비상계엄국면을 돌파하는 요새가 되었다.

이지환 정무조정비서관과 임도균, 김형민, 조상호, 김성용, 이현철, 이승원, 정의찬, 탁정석, 박현석, 김준섭, 최승원, 서영준, 윤석민, 조현준, 김민철, 정수영, 원은설, 박소정, 이시현, 최해선, 송동민, 김준연, 윤유선, 이수남, 이민우, 박정권, 박영선, 서리라, 이경주, 우영진, 남선우, 육건우, 강금란 등 40여 명의 비서진이 똘똘 뭉쳐 국회 초유의 비상 사태에 완벽하게 응전했다.

그러나 12.3. 계엄을 물리치고 대한민국 민주주의를 지켜낸 최고의 수훈 갑은 우리 국민들과 위헌적 비상계엄에 단호하게 맞선 국회의원들이었다. 나는 우리 국회가 책무를 다할 수 있게 지켜준 국민들의 위업을 작은 바위에 단단히 새겨 기리고자 했다. 마침 2025년은 여의도 국회의사당 준공 50년이 되는 해이기도 했다.

7월 17일, 국회 본관 정면 앞마당에 세운 '민주주의 상징석'이 모습을 드러냈다. 가려두었던 흰 천을 벗기자 오래된 자연석에 새겨진 문장이 도드라졌다.

'민주주의 최후의 보루 대한민국 국회'

이 상징석을 내가 발견한 것은 12·3 불법 계엄령 때문이었다. 나는 계엄령을 해제하고 윤석열 대통령을 탄핵할 때까지 관저로 퇴근하지 않고 매일 국회 경내를 돌아봤다.

민주주의를 위해 싸웠던 사람들을 떠올릴 수 있는 기념물과 공간을 민의의 전당인 국회에서부터 만들어야겠다고 생각하면서 발견한 것이 바로 이 상징석이었다.

국회에서 숙식한 지 사흘째 되던 날 나는 국회 제2문과 제3문 사이를 걷다가 널찍하며 낮고 작은 바위 하나를 발견했다. 그동안 수없이 많이 지나다녔으면서도 보지 못한 바위였다. 심지어

지난 이틀 동안에도 매일 세 바퀴식 국회를 돌며 지나갔는데 그 존재를 몰랐었다. 거대하진 않지만 눈에 띄지 않을 정도로 작지도 않았다. 언제부터 왜 거기에 있었는지 모르지만 그 자리를 지켜온 바위가 마치 어떤 기억의 보살핌도 받지 못한 독립군, 민주주의를 지켜낸 시민들 같았다. 나는 이 바위를 불러내 '민주주의 상징석'이라 이름을 붙이면서 몇 가지를 기대했다.

하나는, 국회의원과 직원들이 국민께서 보여준 민주주의에 대한 열망과 헌신, 헌법과 국회에 대한 신뢰를 잊지 말자는 것이었다. 그래서 국회 정문을 들어서면 가장 먼저 마주하는 자리로 옮겨 세웠다.

다른 하나는, 국회의 문을 활짝 열고 국회를 방문하는 국민들에게 국회의 존재 이유와 책무를 확인시켜드리자는 것이었다. 국민께서 국회의 책무를 다하려는 의원들의 활동을 격려하고, 그렇지 않을 때 질책해주시기를 기대하며 이렇게 새겨넣었다.

"민주주의 최후의 보루"

낮고 편안한 상징석의 모습은 국민 앞에 겸손한 국회, 낮은 자세로 넓게 포용하는 국회를 의미했다. 이 상징석 아래에는, 지난 2024년부터 2025년으로 이어지는 추웠던 겨울 대한민국의 민주주의를 지켜낸 국회와 시민들을 기억할 수 있도록 타임캡슐을 묻었다.

나는 상징석을 세우면서 또 하나의 은근한 기대도 품었다. 우리 국민뿐 아니라 외국인 관광객들도 많이 찾아와서 인증샷을 찍는 명소로 만드는 것이었다. 수백, 수천 년이 지난 문화재만 관광명소가 아니다. 인류의 보편적 가치를 지켜나가는 세계 민주주의의 상징공간, K-문화를 뒷받침하는 K-민주주의의 명소로서 국회가 발돋움하기를 바랐다.

위기의 상황에서 기민하고 단호하게, 헌법이 정한 민주적 절차에 따라 불법 계엄을 무효화한 대한민국 국회에 세계 각국이 놀라며 찬사를 보내지 않았던가. 그 국회를 지키기 위해 한밤중에 국회 앞으로 달려와 맨몸으로 완전무장한 계엄군에 맞선 시민들은 얼마나 세계의 부러움을 샀는가. 이제 여의도 국회는 아시아, 나아가 세계 민주주의의 살아 있는 상징으로 발돋움했다.

여의도를 찾은 외국인들이 국회의사당을 배경 삼아 민주주의 상징석 앞에서 인증샷도 많이 찍어가면 좋겠다고 생각했다.

더 단단한 헌법을 만드는 개헌으로 가자

 헌법은 위기의 순간에 민주주의를 지키는 강력한 무기였다. 계엄군의 총구 앞에서도 국회가 버틸 수 있었던 것은 헌법이 부여한 권한 덕분이었다. 국회가 계엄을 해제할 수 있다는 조항 하나가 민주주의의 생사를 가르는 분수령이 되었다.

 역사를 되짚어보면, 헌법은 언제나 국민의 손으로 쓰였다. 동학농민운동은 '사람이 곧 하늘'이라는 사상으로 신분질서를 흔들었고, 만민공동회에서는 백성들이 직접 모여 의사를 결정했다. 1919년 4월 11일 제정된 대한민국 임시정부의 첫 헌장은 3.1운동에 참여한 국민들의 뜻을 모은 것이었다. 주권은 국민에게 있고, 정치는 국민의 이름으로 이루어져야 한다는 그 경험과 과정이 쌓여서 제헌헌법으로 이어졌고, 오늘에 이르렀다. 헌법은 위정자들이 하사한 문서가 아니다. 국민이 투쟁과 희생으로 쟁취한 상식의 기록이 헌법이라는 사실을 증명해온 것이 대한민국의 역사다.

헌법은 민주적 가치뿐 아니라 국민의 삶을 구체적으로 바꾸어왔다. 부모의 빚을 자식에게 대물림하지 않도록 막은 조항이 그랬다. 과거에는 부모가 진 빚 때문에 자녀들이 삶을 포기해야 하는 경우가 허다했다. 헌법이 바뀌고 법이 정비되면서 억울한 대물림은 끊어졌다. 가족제도에서도 헌법정신은 힘을 발휘했다. 평등과 인간 존엄에 반하는 동성동본금혼제와 호주제는 폐지되었고, 그 결과 수십만 가구가 구제되었다. 여성의 지위와 가족 구성의 자유는 크게 진전했다. 표현의 자유 역시 마찬가지였다.

영화 검열이 폐지되자, 한국 영화는 세계 무대에 진출할 수 있었다. 오늘날 한류라 불리는 문화적 성취의 토대에는 표현의 자유를 보장한 헌법이 있다.

그러나 우리 헌법은 40여 년 전 그대로다. 6월 항쟁으로 대통령 직선제를 쟁취했던 1987년과 지금의 사회환경은 엄청나게 변화했다. 지금까지 드러난 허점을 보완하고 시대적 환경에 맞게 고칠 필요가 절실하다.

이번 계엄사태에서 보았듯이, 헌법의 허점은 국가를 뒤흔들 수 있다. 민주적 가치를 존중하는 대통령이 집권한다면 헌법의 가치는 빛나지만, 민주적 가치를 외면하는 대통령은 이번에 겪은 바와 같이 헌법을 쉽게 훼손할 수 있다. 따라서 그 누구도 헌법과 민주주의, 국민의 생명과 기본권을 훼손하지 못하도록 더 단단한 헌법과 민주주의를 만들어야 한다.

계엄 요건을 강화하고, 국회 승인 절차를 명문화하며, 권력기관을 민주적으로 재편해야 한다. 감사원을 국회로 이관해 권력 감시를 강화하고, 대통령 4년 연임제와 결선투표제, 5·18 정신을 헌법 전문에 담아 민주주의의 뿌리를 더욱 튼튼히 만들어야 한다. 또한 지금의 헌법이 휴대폰은커녕 삐삐도 사용되지 않던 시절, '하나씩만 더 낳아도 삼천리가 초만원'이라는 구호가 유행하던 시대에 만들어진 만큼, 이처럼 낡은 헌법으로는 미래로 나아가기 어렵다.

인터넷과 인공지능, 기후위기와 같은 새로운 과제가 쌓여가지만 헌법은 여전히 1987년에 머물러 있다. 고도성장기에 맞춰진 조항들이 지금의 불평등과 저출생, 지역 불균형, 세대갈등을 풀어내기에는 역부족이다. 기후위기 대응, 노동권 강화, 디지털 기본권 보장, 돌봄과 복지의 책임은 이제 헌법 차원에서 명시되어야 한다. 헌법이 현실을 따라가지 못하면, 국민의 권리는 설 자리를 잃는다.

위기 때마다 국민은 헌법정신을 재확인하면서, 시대의 요구에 맞춰 헌법을 더 단단하게 고쳐왔다. 지금 우리에게 필요한 것도 마찬가지다. 민주주의를 더 단단히 완성하기 위해, 경제적 민주주의를 구현하기 위해, 창의적 미래를 열어나가기 위해 개헌이 필요하다.

그러나 여야가 합의 가능한 몇 가지부터 먼저 바꾸자는 나의 제안은 벽에 부딪혔다. 개헌 논의가 불법 계엄 청산과제에 대한 관심을 분산시킬 것을 우려하는 분들이 상당했다. 나는 그분들의 우려를 받아들여 개헌 논의를 미루기로 결정했다.

개헌의 필요성에 대한 생각은 이재명 당시 대통령 후보도 나와 같았다. 이재명 후보는 5월 18일 5·18 묘역에서 개헌을 공약으로 발표하면서, 본인과 사전에 개헌논의에 대해 많은 이야기를 나누고 공감대를 형성하여 우원식 국회의장이 발표한 것인데, 의장이 여러 오해도 받고 고생해서 매우 유감스럽게 생각한다고 밝혔다. 아무 근거도 없이 나를 내각제 추진론자로 비난하는 분들도 있었다. 1987년 직선제 개헌투쟁에 몸을 던졌던 나는 대통령 직선제 대한 신념을 한 번도 바꾸어본 적이 없다.

나는 제헌절을 맞아 개헌의 필요성을 다시 한번 강조했다. 이재명 대통령도 이날 같은 시각에 당신의 페이스북에 개헌의 필요성을 쓰면서 제헌절을 다시 국민의 날로 만들자는 제안을 했다.

국경일 중 유일하게 공휴일이 아닌 날이 제헌절이다. 헌법이 국민의 삶을 바꾸어온 역사와 국민이 헌법의 주인이라는 사실을 기념하는 날이 제헌절이다. 이날을 공휴일로 국민에게 온전하게 돌려드리는 것이 맞다.

제헌절을 대한민국 임시정부가 제정한 최초의 헌법인 임시헌장 제정일인 4월 11일로 바꾸는 것도 검토해볼 필요가 있다고 나는 생각한다. 우리 헌법은 이미 대한민국 임시정부의 법통을 계승한다고 명시하고 있다.

기억하는 것만이 역사다

 광복 80주년을 하루 앞둔 2025년 8월 14일 저녁, 국회 앞 잔디광장에는 특별한 긴장감이 감돌았다. 나는 국회의장으로서 수많은 기념식을 치러왔지만, 이날만큼 마음이 무겁고 또 벅찼던 적은 드물었다.

 무대 위에는 '독립기억광장'이라고 적힌 현수막이 나부끼고 있었다.

 국회도서관 앞마당에 조성한 독립기억광장에는 바닥과 벽, 길이 놓여 있다. 별무리가 반짝이는 바닥을 따라 벽을 지나 빛의 길로 나아가게 설계된 공간이다. 이때 벽은 항일의병의 벽, 광복군의 벽, 독립군 무기의 벽, 독립군가의 벽으로 구성되어 있다.

 기념비 제막식장의 제일 앞자리에 이종찬 광복회장을 비롯한 독립투사 후손들을 모셨다. 이학영, 주호영 국회부의장과 각 당 대표, 권오을 국가보훈부 장관 외에 시민들도 많이 참석했다.

그러나 내 마음은 자리에 앉은 사람들보다, 그날 우리가 비로소 기리고자 한 '자리 없는 사람들'로 자꾸만 기울었다.

광복은 우리에게 단순히 주어진 선물이 결코 아니었다. 아직도 '광복은 일본의 항복 덕분에 따라온 결과'라고 말하는 사람들이 있다. 나는 전혀 그렇게 생각하지 않는다. 광복은 제국주의에 맞서 싸운 우리의 승리였다. 제2차 세계대전 전승국 명단에 대한민국 임시정부가 포함되었고, 샌프란시스코 강화조약 초안에도 우리의 이름이 올랐다는 사실이 그 증거다. 그러나 우리는 너무 오랫동안 이 사실을 덮어버리고 지내왔다. 그래서 나는 외부의 힘으로 주어진 듯한 뉘앙스를 풍기는 '해방'이라는 말보다, 우리가 빼앗긴 빛을 되찾았다는 능동적 의미가 강한 '광복'이란 말을 좋아한다.

나는 12·3이후 빛의 혁명에 참여하는 국민들을 보며 독립군들을 떠올렸다. 독립군을 이끈 장군들은 그래도 역사에 이름을 남겼다. 그러나 만주와 연해주에서 이름도 빛도 없이 사라진 사람들은 어떤 기억의 보살핌도 받지 못한 채 사라졌다. 이름 없는 그들이 있어 무려 40년 동안 항일독립전쟁 끝에 나라를 되찾을 수 있었던 것처럼, 지난겨울 광장과 거리를 지킨 시민들이 있어 우리가 불법 계엄을 이겨내고 민주주의를 되찾을 수 있었다.

그래도 국회의장인 내 이름은 어딘가에 남겠지만, 위대했던 시민들의 활약은 어디에 남겨질까. 나는 우리가 진정으로 기억하고 기려야 할 분들은 이름 없이 사라져간 무명의 독립군이고 위기의 순간에 민주주의를 지켜낸 이름 없는 시민들이라는 생각이 점점 확고해졌다.

나는 단상에 서서, 기념비에 새겨진 '무명 독립군·광복군 기념비'라는 글자를 바라보았다. 기념비는 단순한 기념물이 아니라, 수십 년 동안 불리지 못한 이름들을 모신 위패였다. '어제는 농사꾼이었지만 오늘은 독립군이었다'라는 말이 있다. 독립투쟁은 몇몇 영웅들만의 몫이 아니었다. 논밭을 일구던 농민이 내놓은 금비녀로 군자금을 마련했고, 장터에서 장사하던 상인이 독립군의 은신처를 제공했다. 여학생들이 경찰서 앞에서 격문을 뿌렸고, 노동자들이 조선총독부 건물에 벽보를 붙였다. 어떤 이들은 조선총독부의 심장부에서 일하며 항일 문구를 몰래 새겨 넣었다. 이름도, 얼굴도, 기록도 남기지 못한 수많은 이의 피와 땀이 쌓여 광복이 가능했던 것이다.

나는 오래전부터 이 문제를 마음속에 품고 있었다. 독립운동을 이야기할 때 우리는 장군과 지휘관들의 이름을 먼저 떠올린다. 물론 그들의 헌신을 결코 잊지 말아야 한다. 그러나 무명의 독립군들이 없었다면 그 장군들도 홀로 싸울 수 있었겠는가. 만주 벌판에서 무기를 나르다가 쓰러진 농민, 조선 땅 곳곳에서 군자금을 모으다 가산과 가족을 잃은 부녀자, 이름조차 기록되지 못한 채 형장의 이슬로 사라진 청년들이 없었다면, 독립투쟁은 그토록 오래 지속될 수 없었을 것이다. 나는 그들을 기리기 위해 국민의 대의기관인 국회의 이름으로, 또 국민의 이름으로 기념비를 세워야 한다고 생각했다.

제막식장에서 천을 걷어내자, 돌에 새겨진 문구가 햇살을 받아 빛났다.

"이름도 없이, 빛도 없이 스러져간 무명 독립군, 무명 광복군을 기린다."

순간 나는 목이 메어왔다. 수십 년 동안 역사책에서조차 언급되지 못했던 이들이 비로소 '기억'되고 '호명'되는 순간이었다. 나는 스스로에게 물었다. 왜 이렇게 늦었을까. 왜 이제야 우리가 그들을 기리는가.

광복 이후 80년, 우리는 수많은 굴곡을 겪었다. 분단과 전쟁, 독재와 민주화의 고비를 넘고, 세계 10위권의 경제대국이 되었으며, 세계가 인정하는 민주주의 국가로 자리 잡았다. 그러나 이 모든 길 뒤에 이름 없는 이들의 희생이 있었다는 사실은 잊히고 말았다. 광복군의 일부는 해방 직후 군과 경찰 조직에 편입되지 못한 채 잊혔고, 많은 이가 가난 속에 생을 마감했다. 후손들조차 보상이나 명예회복을 제대로 받지 못한 경우가 많았다.

내가 국회의장으로서 기념비 제막식을 추진한 이유는, 이제라도 국가가 나서서 그 빚을 갚아야 한다는 사명감 때문이었다.

나는 제막 연설에서 이렇게 말했다.

"광복은 국민 모두의 승리였습니다. 영웅 몇 사람의 업적이 아니라, 이름 없는 모든 국민이 함께 만든 성취였습니다. 오늘 국회 앞마당에 세운 이 기념비는, 그 무명의 독립군과 광복군에게 드리는 뒤늦은 헌사입니다."

그날 국회 앞에 모인 분들의 얼굴은 밝으면서도 숙연했다. 몇몇 독립운동가 후손들은 눈물을 훔쳤다. 어떤 이는 내 손을 꼭 잡으며 '우리 할아버지도 무명 광복군이셨습니다. 감사합니다'라고 말했다. 나는 오히려 부끄러웠다. 그들의 희생을 기리는 일이 이렇게 늦어진 것을 인정해야 했기 때문이다.

계엄 해제를 이끌었던 기억이 문득 겹쳐 떠올랐다. 군홧발이 국회를 에워싸던 그날, 우리가 지켜낸 것은 단순한 의사 절차가 아니었다. 그것은 민주주의의 근본 원리였다. 마찬가지로, 무명의 독립군을 기리는 일도 단순한 추모가 아니었다 그것은 민주주의의 뿌리를 다시 확인하는 작업이었다. 민주주의는 누군가의 이름으로만 지켜지는 것이 아니다. 기록되지 못한 무수한 이름이 함께 지켜내는 것이다.

돌이켜보면, 독립운동과 민주화운동, 그리고 계엄 해제까지 이어진 이 나라의 역사는 모두 같은 맥락을 공유한다. 그 역사는 국민이 직접 나서서 권력을 제어하고, 자유와 평등을 지켜온 과정이다. 나는 국회의장으로서 그 역사를 연결해내는 역할을 맡았다고 생각했다. 기념비를 세운 것도, 계엄을 해제한 것도, 개헌을 제안한 것도 모두 그 연장선에 있었다.

제막식이 끝난 뒤, 나는 잠시 홀로 기념비 앞에 섰다. 바람에 잔디가 흔들리고, 기념비의 그림자가 길게 드리워졌다. 이름 없는 독립군들의 희생이 그 그림자 속에서 다시 살아나는 듯했다. 나는 마음속으로 조용히 다짐했다. 이 빚을 끝까지 기억하겠다고. 광복 100주년을 맞는 그날, 우리 후손들이 더 당당하게 그들의 이름을 부를 수 있도록, 지금 우리가 해야 할 일을 다 하겠다고.

국회 앞에 세운 이 작은 돌 하나가 모든 것을 해결해주지는 못할 것이다. 그러나 이것은 시작에 불과하다. 광복이 우리 모두의 승리였듯, 기억 또한 우리 모두의 책임이다. 있었던 사실은 역사가 되지 않는다. 기억하는 것만이 역사가 된다. 이름 없는 독립군들의 희생을 온전히 기억할 때, 우리의 민주주의도, 우리 역사도 비로소 더 단단해질 것이다. 나는 그것이 국회의장의 책무이자, 이 시대를 사는 정치인의 의무라고 믿는다.

독립기억광장은 의병과 독립군, 광복군의 정신을 민의의 광장에 새겨 나라의 기틀로 삼자는 국회의 다짐이자 약속으로 영원할 것이다.

광복 80주년 전야제

독립기억광장 제막식에 이어 광복 80주년 전야제를 열었다.

국회가 80년 만에 처음으로 여는 광복절 전야제였다. 그 시작은 2024년 광복절에서 비롯되었다. 당시 윤석열 대통령은 독립기념관장을 뉴라이트 인사로 임명했고, 정부의 광복절 공식 행사는 축소되고 왜곡되었다. 당시 광복회는 강력하게 항의하며 정부의 광복절 행사 불참을 선언했다.

정부 여당은 사과는커녕 오히려 이종찬 광복회장을 공격했다. 나는 무참한 심정으로 이 과정을 지켜보았다. 국회의장으로서 나는 고민 끝에 정부 행사에 불참하기로 했다. 광복절 행사에 광복회장이 불참하는 것도 전례가 없는 일이었지만, 의전 서열 2위인 국회의장이 빠지는 것도 전례 없는 일이었다. 광복절은 나라의 가장 큰 축제인데, 정부가 그것을 훼손한다면 국회가 바로잡아야 했다. 윤석열 대통령의 남은 임기 중 2번 더 이런 광복절을 지내야 했다. 국가와 민족으로서 가장 기쁜 날을 이렇게 속상하게 보낼 수는 없다고 생각해 국회가 나서기로 했다.

그 결단은 나에게 새로운 사명을 일깨웠다.

윤석열 정부는 말할 나위도 없거니와 사실 과거의 광복절은 국민이 모두 함께하는 축제의 날이 되지 못했다. 국민은 소외되고, 정부만의 의례적인 행사로 그치기 일쑤였다. 이 기회에 나라의 최고 경축일인 광복절을 범국민적인 축제일로 만들어보자. 이를 민의의 전당인 국회에서 먼저 시작하자. 국민이 주인으로 참여하는 광복절 축제는 그렇게 시작되었다.

"광복절을 국민의 축제로 되살리자."

탁현민 전 대통령 의전비서관을 국회의장 행사기획자문관으로 임명해 도움받았다. 그는 무보수임에도 바쁜 시간을 쪼개 최선을 다했다. 참 고마웠다. 그러나 2025년 광복 80주년 기념 축제를 준비하는 과정은 순탄하지 않았다. 소극적으로 나오는 정부와 예산 편성을 두고 싸우다시피 해서 간신히 3억 원 정도의 예산을 편성했다. 다행히 조기대선으로 국민주권정부가 들어섰다. 새 정부의 국가보훈부도 뜻을 같이했다. 광복회도 흔쾌히 동참했다.

마침내 8월 14일 저녁, 광복절 전야제가 국회 광장에서 국민 축제로 열렸다. 행사 무대에서 김형석 작곡가는 나를 '독립운동가 후손으로서 처음 국회의장이 된 사람'이라 소개했다. 청중의 박수가 터져 나왔을 때, 나는 외조부 김한 선생의 이름을 떠올렸다. 임시정부 법무국 비서국장이자 의열단원이었던 그는 고려인들이 강제이주당한 1937년 무렵 몰아친 숙청의 물결을 피하지 못하고 사라졌다. 시신도 남기지 못한 그 이름 없는 희생 위에 나라가 세워졌고, 그 후손인 내가 오늘 국회의장으로서 지금 이 행사를 주관하고 있었다.

이날 무대에는 한류스타들도 함께 올랐다. 가수 알리가 〈진달래꽃이 피었습니다〉를 불렀고, 매드클라운과 〈대한이 살았다〉도 불렀다. 크라잉넛이 〈신독립군가〉를 부르자 참석자들이 따라 불렀다. 다이나믹듀오, 폴킴, 10CM, 김형석, 메이트리, 거미, 비비지, 강산에가 차례로 무대에 섰다. 노개런티로 출연한 세계적 스타 싸이의 무대는 가히 폭발적이었다.

공연 중간에는 독립투쟁과 6·25전쟁, 민주화의 장정으로 이어지는 승리의 역사를 미디어 파사드로 보여주었다. 독립영웅들의 초상을 밤하늘에 아로새긴 드론 퍼포먼스는 벅찬 감동을 불러일으켰다.

시민들의 환호가 광장을 가득 채웠다. 나는 이 감격적인 축제를 지켜보며 백범 김구 선생의 말씀을 떠올렸다.

"오직 높은 문화의 힘만을 원한다."

2025년 대한민국은 경제적 풍요를 이루었고, 계엄과 탄핵을 뚫고 단단한 민주주의를 세웠으며, 이제는 한류를 통해 세계가 주목하는 문화강국의 반열에 올랐다. 광복 80주년 전야제는 그 모든 성취를 하나로 모아서 보여주는 무대였다.

나는 이번 전야제를 단순한 기념행사로 만들고 싶지 않았다. '이름 없이 빛도 없이 스러진 독립군'을 기리는 자리가 되어야 했다. 장군들의 이름은 남았지만, 농부로 살다가 총을 잡고 간도 참변 속에 학살당한 수많은 무명용사의 이름은 역사에서 지워졌다. 그들을 기억하기 위해 조성한 독립기억광장 앞에서 진행된 이 행사에 수많은 국민이 참여했다. 국회방송과 여러 플랫폼이 이 행사를 생중계했다. 여의도를 들썩인 K-문화강국의 광복절 전야제는 온라인을 통해 실시간으로 국경을 넘어 전 세계에 울려 퍼졌다. 광복절 전야제가 우리 국민의 축제로, 가난과 독재를 이겨낸 대한민국의 오늘을 보여주는 세계인의 축제로 자리 잡는 첫 순간이었다.

3만 명이 넘는 국민들이 참여해 신나게 뛰었던 전야제가 끝나고 난 잔디밭의 훼손이 매우 심했다. 그러나 그동안 국민들에게는 바라만 보아야 했던 국회의 너른 잔디밭이 국민축제의 마당이 되었다. 엄숙하고 무겁게만 느껴지던 국회의사당 벽이 미디어파

사드로 물들여지면서 축제의 무대가 되었다. 비로소 국회가 국민 곁으로 가고 있다는 것을 실감할 수 있었다.

내가 이때 국회의장이라는 것이 너무나 뿌듯했다.

광복 80주년을 기념하는 합창과 환호 속에서 나는 정치의 사명을 벅찬 가슴으로 되새겼다.

다시 현장민원실로

8월 17일, 나는 현장민원실로 향했다.

오늘의 현장민원실은 경춘선 숲길 공원이었다. 무더운 여름인데도 현장민원실 앞은 벌써 많은 사람들로 북적였다. 문을 여는 6시부터 3시간 동안 화장실도 가지 못하고 주민들을 만났다. 초등학생부터, 중학생, 어르신들까지…

현장민원실은 15년 전 불암산 헬기장에서 시작해, 지역구 사무실을 거쳐 6년 전부터 매주 일요일마다 거리로 나와 지금의 자리에 이르렀다. 불암산 헬기장에서 할 때는 운동 삼아 올라오는 사람들과 막걸리도 한 잔씩 나눠 마시는 운치가 있어 좋았다. 그런데 하다 보니 산에 오는 사람들만 오게 되는 한계를 벗어나기 어려웠다. 사무실로 옮긴 다음에는 접근성이 높아졌는데도 사람이 생각처럼 많이 오지 않았다. 정당 사무실이라는 게 당원이 아닌 분들은 드나들기 부담스러운 장소였다.

그래서 기다리지 말고 찾아가자고 해서 밖으로 나오게 되었다. 찾아가는 현장민원실로 전환하고 나서 찾아갔던 곳 중에 가장 해결할 일이 많았던 곳은 임대아파트였다. 상하수관과 수도꼭지에서 환풍기와 바퀴벌레에 이르기까지 참 많았다. 아예 한국토지주택공사(LH)와 서울주택도시개발공사(SH)에 요청하여 직원들이 나와 하나씩 해결했다. 힘은 들었지만 내가 힘든 만큼 많은 것이 개선되었고, 그곳에 사시는 분들이 편안해졌다.

그렇다고 현장민원실이 단순히 시민들의 불편과 어려움을 해결하는 것에 그치는 것은 아니다. 지역발전을 위한 크고 작은, 좋은 제안을 받아들여 성과를 낸 것도 많다. 주민들의 아이디어로 만든 월릉교의 분수대, 중계동의 익스트림 스포츠장은 인기가 대단하다. 익스트림은 정식 국제대회가 열리는 명소가 되었다.

지금은 월계동, 공릉동 경춘선 숲길, 중계동 중계근린공원, 세 곳에서 매주 현장민원실을 운영하고 있는데 국회의장이 되고 난 후는 찾아오는 분들도 많아졌고 다른 지역, 지방에서도 많이 찾아왔다.

현장민원실로 찾아오는 분들이 늘어나는 것은 내가 어떻게든 해결할 방법을 찾아내려고 한다는 믿음이 늘어나서 그렇기도 하지만 살기가 그만큼 더 어려워져서이기도 하다.

좋은 일자리는 줄고, 떠밀려서 뛰어든 자영업은 어렵기만 하다. 어려움도 어려움이지만 빈부의 양극화, 대기업과 중소기업의 차이도 상대적 박탈감과 좌절감을 키운다.

나는 현장에 나갈 때마다 정치적 민주주의의 성장을 따라가지 못하는 경제적 민주주의를 절감한다. 우리 사회의 정치적 민주주의는 크게 성장했다. 국민은 군사독재를 끝내며 절차적 민주주의를 이뤄냈다. 이제 생명을 위협받지 않고도 권력자에게 대항할 수 있고, 선거로 정권을 교체할 수 있다. 그러나 경제적 민주주의는 아직 갈 길이 멀다. 생활 속의 불평등, 기업 간의 격차, 부의 불균형은 정치가 반드시 해결해야 할 숙제로 남아 있다. 국가의 미래를 위해 반드시 해내야 할 과제이기도 하다.

우리가 다음 시대를 준비하려면, 단순한 경제지표를 넘어 삶의 질을 바로 세워야 한다. 중소기업과 대기업의 임금격차를 줄이고, 불공정한 계약구조를 개선하며, 누구든 어디서 일하든 인간다운 생활을 할 수 있게 만들어야 한다.

즉, '민주주의가 국민의 삶을 바꿀 수 있는가? 민주주의가 국민의 밥을 해결할 수 있는가?' 이 질문에 '그렇다'고 말할 수 있어야 한다.

경제적 민주주의는 이제 우리가 반드시 완성해야 할 두 번째 과제이다. 그것을 이루지 못한다면, 정치적 민주주의 또한 허약한 뿌리 위에 흔들릴 수밖에 없다. 나는 그 책임이 정치에, 그리고 국회에 있다고 믿는다.

그리고 정치와 국회가 찾아야 할 답은 언제나 현장에 있다는 믿음을 김대중 대통령의 평민당에서 정치를 시작해 오늘에 이르기까지 한 번도 버린 적이 없다.

8월 17일, 공릉동 경춘선 숲길 공원에서도 절박하고 안타까운 시민들의 사연을 들었다. 중증장애인 학교인 정민학교의 학생과 학부모들의 사정이 특히 그랬다. 시간을 쪼개서 학교에 들러 함께 방법을 찾아보아야겠다는 생각을 했다.

내가 조금 더 움직이면 그만큼 많은 시민들이 힘을 얻고 희망을 가질 수 있다. 그것이 어떤 정쟁 속에서도 내가 민생현장으로 이어진 끈을 놓지 않는 이유다.

정당 간 갈등을 줄일 수 있는 해법도 현장에 있다. 모든 정당의 활동 근거는 민심이다. 그러나 각 정당이 이야기하는 민심은 다르다. 정말 다를까?

나는 그렇지 않다고 생각한다. 민심의 큰 흐름은 하나인데, 각 정당의 구성원은 자신을 지지하는 사람들만 만나면서 자기가 진짜 민심을 대변한다고 주장한다. 이 문제를 해결하려면 국민들의 진짜 민심이 있는 현장으로 나가서 들어야 한다. 나는 국회의장 취임사에서부터 '보다 많은 국회의원들이 각자 조건에 맞는 생민심을 듣는 통로를 갖자'라고 제안했다. 국회의 담을 넘어 민생의 현장으로 향할 때, 정치는 진정한 답을 찾을 수 있다.

국회,
신뢰도 역대 최고가 되다

 2025년 9월 《시사IN》에서 대한민국 신뢰도 조사 결과(한국갤럽 조사)를 발표했다. 매년 추석에 조사하는 전국 여론조사다.

 나는 국가기관 신뢰도 조사를 보고 놀라고 기뻤다. 국회가 얻은 신뢰도는 32.4퍼센트로 유사 이래 최고였다. 국회는 국가기관 신뢰도 조사에서 늘 꼴찌였다. 국회의원이 300명이나 되는 데다가 어느 한 사람 만만한 사람이 없다 보니 바람 잘 날이 없는 곳이 국회다. 여야가 서로 쉬지 않고 싸우고, 의원들끼리도 서로의 비리를 들추다 보니 국민이 좋게 보아주기가 쉽지 않다. 게다가 국회의원들의 선행, 공부하는 모습은 보도되지 않는다. 싸워야 보도가 되기 때문에 회의장에 카메라가 들어오면 싸움이 더 격화되기도 한다.

올해 국회가 거둔 높은 신뢰도는 과거의 국회 신뢰도와 비교할 때 그 의미가 더 분명해진다.

2023년 국회 신뢰도는 9.1퍼센트로 압도적인 꼴찌였고 2024년에는 15.6퍼센트를 기록했으며 2025년에는 무려 32.4퍼센트로 약진했다.

국회와 검찰의 신뢰도 변화를 함께 비교해보면 그 차이는 더욱 극적이다.

지난해 처음으로 검찰보다 높은 신뢰도를 얻은 국회는 올해 조사에서 검찰을 압도했다. 올해 신뢰도 조사에서 검찰은 15.6퍼센트의 신뢰도를 얻는 데 그쳤다. 국회의 절반에도 미치지 못한 것이었다.

국회는 24.9퍼센트를 얻은 경찰, 22.2퍼센트를 얻은 국정원, 22.3퍼센트를 얻은 감사원, 25.7퍼센트를 얻은 대법원을 10퍼센트 안팎의 차이로 압도했다.

이 조사를 보면 우리 국민의 수준이 얼마나 높고, 또 평가가 엄정한지 분명히 알 수 있다.

내가 국회의장으로 일하는 동안 국회 신뢰도가 9.1퍼센트에서 32.4퍼센트로 약진한 것은 큰 영광이자 행운이다. 국회 신뢰도의 비상은 지난 12·3 불법 계엄을 용감하고 유능하게 해제한 국회의원들에게 보내준 국민의 격려일 것이다. 그러나 그것만이 전부는 아니다. 불법 계엄이 있기 이전인 2024년의 조사에서도 2023

년보다 두 배 가까이 높은 수치를 얻었다. 이는 그전의 국회보다 민생과 민주주의를 지키려 애쓰는 국회의원이 더 많아지고, 국회 자체가 더 유능해졌기 때문일 것이다.

정치를 혐오하고 정치인을 싸잡아 불신하기보다는 정치의 중요성과 효용을 인정하고 좋은 정치인을 응원하려는 국민의 성숙한 변화가 국회에 대한 신뢰도를 이렇게 높였다는 사실이 나는 너무나 기쁘고, 국민들에게 감사하다.

그 고마움을 나는 더 나은 정치, 국민의 삶을 챙기는 국회를 통해 보답하려고 한다.

나오며

우리가 함께 써 내려갈 내일

 계엄이 선포된 그날 밤부터 탄핵 가결의 순간, 그리고 광복 80주년 전야제의 무대까지, 쉼 없이 달려왔다. 그 과정에서 느낀 것은 한 가지였다. 역사는 언제나 예고 없이 닥치고, 우리는 아무리 준비해도 당황스러운 상황에 맞서야 한다는 사실이다.

 국회의장이었던 나는 절차를 지키고 의사봉을 두드렸을 뿐이지만, 그 자리를 지탱해준 힘의 원천은 오로지 국민이었다. 추운 거리와 광장에서 민주주의를 지켜준 시민들, 국회를 지켜낸 국회의원과 당직자들, 국회 직원들과 보좌진들, 그리고 수많은 국민들의 연대가 있어서 가능했다. 나는 국민이 열어준 길을 따라 걸었을 뿐이다. 모든 분들께 감사드린다.

 외조부 김한 선생의 흔적 없는 무덤을 떠올릴 때마다, 나는 스스로에게 다짐했다. 무명의 독립군들이 흘린 피, 광주의 희생, 빛의 혁명으로 이어진 용기, 그 위에 서 있는 오늘을 헛되이 하지 말자고. 그것이 내 정치의 출발점이자 목적지다.

광복 80주년을 맞은 지금, 대한민국은 풍요로운 경제와 단단한 민주주의, 그리고 세계가 주목하는 문화의 힘을 함께 가진 나라가 되었다. 그러나 동시에 불평등과 분열, 외부의 위협과 내부의 흔들림이 여전히 우리 앞에 있다. 민주주의는 완결된 상태가 아니라, 매일 새로이 지켜내야 하는 과정임을 다시 확인한다.

나는 이제 이 기록을 마치며 국민 앞에 약속한다. 국회의장으로 일한 이 순간들은 지나간 역사의 일부로 남겠지만, 더 중요한 것은 앞으로 우리가 함께 써 내려갈 내일이다. 권력은 언제든 흔들리지만, 국민이 서로의 손을 놓지 않는 한 대한민국은 앞으로 나아갈 것이다.

넘고 넘어
12월 3일 비상계엄의 밤, 국회의장의 기록

2025년 11월 25일 초판 1쇄 발행

지은이 우원식
기획 스토리텔링콘텐츠연구소
표지디자인 검정글씨
펴낸곳 (주)아시아 | **출판등록** 2006년 1월 27일 | **등록번호** 제406-2006-000004호
주소 경기도 파주시 회동길 445
전자우편 bookasia@hanmail.net

ISBN 979-11-5662-811-8 (03340)
값은 뒤표지에 있습니다.

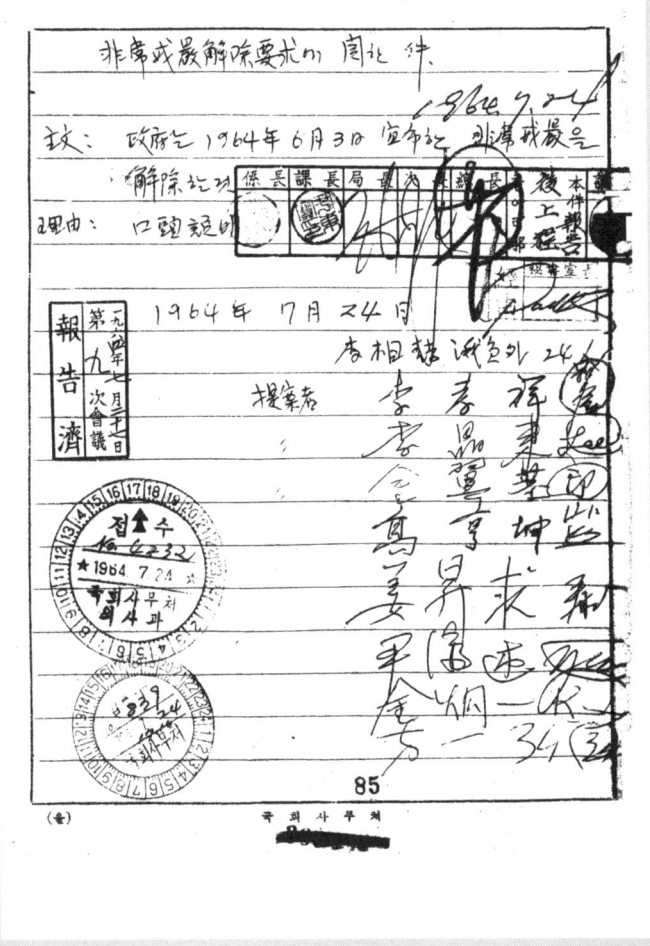

1964년 6·3 사태 당시 국회가 계엄령 해제를 '결의안' 형식으로 처리한 전례

2024년 12월 3일, 경찰의 국회 봉쇄를 피해 국회 담장을 월담하는 국회의장